25

其他卷

柏杨全集

人民文学出版社

图书在版编目(CIP)数据

柏杨全集:限量版.25/柏杨著.—北京:人民文学出版社,2010

ISBN 978-7-02-008000-7

Ⅰ.柏… Ⅱ.柏… Ⅲ.柏杨(1920~2008)-全集 Ⅳ.C52

中国版本图书馆 CIP 数据核字(2010)第 048993 号

责任编辑:宋 强 装帧设计:翁 涌

责任校对:罗翠华 责任印制:张文芳

25 其他卷

柏杨全集

柏杨在火烧岛

柏杨说故事

路，要你自己走

目　　录

柏杨在火烧岛

柏杨说故事

路,要你自己走

柏杨在火烧岛

提　要

柏杨把在火烧岛(绿岛)写给女儿的信和女儿给他的信结集成一本书《柏杨在火烧岛》,这是标准的"狱中家书"。为什么入狱?火烧岛是一个什么地方?入狱以后的家庭情况,女儿的个性、年龄及其所处的环境等因素,都将影响持续多年的父女"两地书";不解这些背景,纯从往返信件,亦清楚可感柏杨父女的至情之爱。作为一个戒严体制下的"政治犯"柏杨,他在绿岛的生活情况隐约可以看得出来,备受煎熬的心情却被对成长中女儿的关爱给掩盖,所以事实上这些信的主角是女儿。一个"政治犯"的女儿,母亲再嫁,而这一段时间,她从十二岁的小女孩成长为十七岁亭亭玉立的少女。

珍贵的父女之爱,涉及的人事等记录,都将成为一个远去的时代的见证,对于作家柏杨来说,这些信则不只是感人的书信散文,同时更是重要的传记资料。

1. 为什么说不敢呢?

爸爸:

您记〔寄〕来的信我收到了,但因功课太忙,只好延后两天才给您写回信!

上上次您所问的问题我都忘了,所以在写回信时都忘了答复您,非常地抱歉。

我的出生日辰是1960年阴历7月27日下午7时,妈妈是1937年11月6日下午7时生(阴历),照片我本来有的,但不知何时却丢掉了,找了半天也找不到,不过有空时我一定去照几张照片寄去给您。

我的压岁钱是两千元,不是一千元,我一字上的一点就是一字。舅舅在台北的一家电子公司做事,待遇还算不错,可能还没有出国的打算。我的成绩是二十四不是二十六,也许上一封信写错了吧!

您需要什么就写信来好了,没有关系,为什么要说不敢呢?只要我们能做到的,一定尽力去做,您不要再如此说了。

大伟最近非常的不乖,在阳台上尖叫不停,那声音之刺耳,把我给气死了,也许是地方太小,它不习惯吧?(从前院子很大,可供它跑来跑去,现在阳台又短又小所以使它四枝〔肢〕伸展不开来,才在那里啼叫不已!)祝身体健康!

儿 佳佳敬上

1972.3.2晚6时

2. 爸爸，我好高兴，不知道您替不替我高兴？

爸爸：

好久没有通信了，最近捷报连连，我在这里向您通报一下。

第一次抽考是不排名次的，但董老师将我们的分数加起来排名次，我这次算术得满分，内心好不高兴，国语只得九十六分，这还是我第一次国语的分数比算术差，再说到名次，我得到第四名，全班有一个第一，他是两科一百，第二名有两个是一九七分（算术与国语合算），没有第三，接着就是我了，爸爸我好高兴，不知道您替不替我高兴与欢喜？

妈妈替我在银行内开了一个户头，但我没有身份证，只好借妈妈的名义去存款，户头是上礼拜五（3月30日）开的，到现在已经存了二千二百元，我希望能越存越多，把整个存折都存满。祝

快乐！

女 佳佳敬上

1972.4.1晚

最近天气冷热不〔无〕常要多穿衣服，天气很冷小心感冒！

3. 盼望吾儿来信

佳儿:

4月1日信收到,你算术得满分,最使爸爸高兴,国语比算术差没有关系,我相信你将来的国语一定会很好,所以只担心你的算术,只要算术好,别的功课都容易赶上。第四名也很光荣呀,让爸爸吻你、贺你。妈妈替你开户存款,已有两千元,是一个大数目,一定要作有益的使用才好。我已迁来绿岛,通讯处为:"台东县绿岛邮政信箱七〇五二号附六号"。告诉妈妈:这里不准吸烟,我咳嗽也就好了,健康得像一条牛。一切都很有趣,盼吾儿来信。

爸爸

1972.5.8

4. 原来您搬"家"了

爸爸:

原来您搬"家"了,害我寄了好几封信到军法处看守所去,都退回来,气死我了,妈妈代我打听,也没有下落,如今才知道是搬走了,才安下心来。

我这次的算术退步了,假如对题目细心一点儿我就一百分了。分数:算术是九五分,错一应用题,国语九三分,不及算术,真是意料之外的事。

最近几天忽情〔晴〕忽雨，令人捉摸不定，也容易感冒，最好要小心一点，我的身体健康，体重高达四四公斤，身高有一五二点五公分，快要比妈妈高了，我的脚也大得出奇，穿妈妈的鞋子还嫌紧呢！祝

身体健康！

万事如意！

女 佳佳敬叩

1972.5.17

5. 刷牙要上下刷，以免伤及牙床

佳儿：

5 月 17 日信及毕业照片接到，你已不是孩子，而是小姑娘了。眼看你从一点点婴儿长大，既高兴，又感伤，希望你早一点长大到爸爸不再担心的年龄，但也希望你仍是需要爸爸、在爸爸身上爬来爬去的小女孩。我在景美看守所给你做了一只“大”木船，预备装入镜框，送你作毕业礼物，还没有完成，就被仓促送来绿岛，不能携带。但我身边有一支原子笔和三支笔芯，是孙伯伯托人送到景美的，我下月会寄给你，作为你的毕业礼物和未来的生日礼物。告诉妈妈，5 月初寄的钱还未收到，一定是被景美看守所退回了！此地不收报值，请改用邮局汇票。并请妈妈寄稿纸五本、活页练习纸（小号）两三本、单面复写纸二三十张、草席一张（二十多元者即可），一切麻烦妈妈。爸爸爱吾儿，只盼你算术好，盼你刷牙不可左右刷，要上下刷，以免伤及牙床。

爸爸

1972.5.29

6. 不能生气,只要焦急

佳儿:

6 月 16 日,接到六百元,代爸爸向妈妈致谢,爸爸因为需一笔钱镶牙,且绿岛蔬菜缺乏,有赖水果,故 5 月间两信都问到钱的事情,当能谅解。5 月 29 日,有一函寄吾儿。6 月 5 日,有一原子笔(附三个笔芯)寄吾儿,都收到没有? 再看吾儿 5 月 17 日信上说:“原来您搬‘家’了,害我寄了好几封到军法处看守所的信,都退回来,气死我了。”应该写作“急死我了”,怎么能用“气”字呢? 气谁呢? 心里应该十分焦急才对,“气”是漠不关心的人才有的感情,以后用字要小心。毕业考和升初中的情形,盼告诉爸爸,爸爸很担心你的算术,记住! 算术不好,上学就会变成一件苦事。

爸爸

1972.6.26

7. 爸爸送金笔,带来好运

爸爸:

最近是我最轻松的时候,以后就很难得遇见了。这几天,没有升学的忧虑及考试的烦恼,因为前天到学校去,老师发录取的名单,第一个就是我,我实在无法掩饰心中的快乐,我好高兴啊! 放下了心中的一块石头,毕业典礼于 6 月 27 日已举行过,竟然没有人留〔流〕下一滴眼泪,出人意料之外。

如今我已是复兴中学的中学生了,更要感谢爸爸您送我的那枝〔支〕金笔,替我带来了如此的好运,也没有升学之忧了。

妈妈寄去的一些文具不知接到了吗?没有回音,令人着急!(附上一张毕业典礼时,妈妈在中山堂前所拍的照片)祝

身体健康愉快!

女 佳佳上

1972.7.3

不知上月六百元收到否?衣物收到否?念念。夏日炎热多注意卫生为要。(编者注:佳佳母亲附笔)。

8. 爸爸吻你

佳儿:

6 月 26、7 月 3 日两信收到,六百元也早收到,我于 6 月 26 日曾有一信,现在到了没有呢?妈妈所寄文具、衣衫等十件也收到,代爸爸叩谢。狱中热如火烧,能有草席可睡,可谓阿拉伯人三大天堂外的第四天堂,只是草席为尼龙所织,享受未免太过豪华。请放心,爸爸的身体奇佳,心情更奇佳,这大概和天老爷慈悲有关吧。再看到吾儿毕业照,甚为高兴,中学生,嗨!了不起呢,让爸爸吻你。以后要注意算术,别的功课不妨缓一缓。告诉我,你暑假怎么玩?请妈妈再给爸爸寄一瓶 V 口卜眼药、二盒牙签、一瓶维他命 B 复合剂(高单位)。

祝福你!我儿!愉快、盼望。

爸爸

1972.7.11

9. 请买两三盒牙签，谢谢！

佳儿：

妈妈7月6日寄的六百元，7月8日到绿岛，我于7月16日即行收到，代我谢谢。7月11日的信接到了吧？请买眼药及维他命的信发后，在这里已可申请购买，所以不要买了。只是牙签实在太需要，我牙齿不好，在景美时，难友有家人探望的，我就托他们向家人要一点分用，现在他们家人要半年才能来一次，托带不便。最初捡些火柴梗使用，现在亦无处可捡，务请买两三盒，装入信封投邮就可以了，谢谢吾儿。

爸爸

1972.7.18

10. 我会写英文了！

爸爸：

今天是星期六，写封信给您，慰问安好。

暑假，到学校交了一千二百元，开始补习及做制服，等于开学了。我现在会写英文字母及一些生字了，如：猪 pig、钥匙 key、蜜蜂 bee、蛋糕 cake、脸 face、床 bed、背心 vest，这些都是三个礼拜来所教的（还有英文字母，大写及小写，草写没教），我费尽脑汁才将这些英文背起，好辛苦。

身体可好？祝

安康！

女 佳佳上

1972.8.5

牙齿不好，希多注意，牙签即寄上，但多用也不好，多吃水果，注意清洁，需何物请来信。（编者注：佳佳母亲附笔。）

11. 台风夜，我好怕

爸爸：

台风没有造成什么灾害吧？在家中我好怕，风、雨都很大，晚上我睡着了，所以也没有看到台风的全貌。

我们快搬家了，9 月多就完工，妈妈现在正在街上买家具，因为家中有些椅子坏了，“摇摇欲坠”，坐在上面担心会跌下来！

我一、三、五要到学校补习，这是硬行〔性〕规定，一定要去，不去就不让你读，而且事先交了一千元，也不会不去读的。这几个礼拜，英文教了二十六个字母、拼音、音标，必须背得很熟，所以每天回家都啃书，也用功多了。

星舅舅交了个女朋友，全家都不喜欢，可是舅舅对她却很好，大概跟您提过了，现在他们快要“结婚”了，您相不相信？当然别人的事我也干涉不了，妈妈也没办法，那个女的姓徐，好胖，不漂亮就是了！

愿台风没有给您带来事情！祝

快乐健康！

女 佳佳上

1972.8.19

12. 爸爸爱你

佳儿：

牙签收到，这些时我一向在散步场地上，捡火柴残梗使用，捡时小心寻觅，捡后一一洗涤，忙碌而有趣，但往往数十日不能捡一支（谁会在这里吸烟丢火柴呢？）。所以使用起来，好像金刚钻，如今寄来四盒，有暴发户之感。8 月 5 日信也收到，妈妈附言，多谢。你的学费一千二百元，实在太贵，更应用心读书。英文字写得很好，有个 vest，要不是你注明"背心"，爸爸还不认识呢，真是能干的乖女儿，以后学的新字要随时告诉我，让爸爸也跟你学。记得爸爸小时，学二十六个字母，见了爸爸（你的祖父）就急着要念给他听。爱你。

爸爸

1972.8.22

13. 你的信写得棒，爸爸哈哈笑

佳：

8 月 19 日信接到，我儿这封信写得真棒，爸爸高兴得哈哈直笑，看了又看，合不拢嘴。台风在绿岛很小，刮了两天干风，第三天才下了一点雨，平安大吉。其实，除了我儿，爸爸再没有别的可损失的了，放心！放心！劝妈妈不要代星舅舅选择伴侣，女人看女人，跟男人看女人不同，犹如男人看男人也跟女人看男人不同一样，徐阿姨一定是一个可爱而忠实的小姐,日久会见人心的。你毕业礼物那只笔,是孙伯伯所送(他最近还给爸爸寄来一瓶多种维他命),盼你去信致谢一下才是,信封可请妈妈写。现在我很放心你的国文,只看英文、数学了,在英文方面,妈妈可帮助你,不妨先学学简单的日常会话,似比干念有趣些。

爸爸

1972.8.29

14. 寄给吾儿海样深的亲情

佳儿:

9 月 17 日是你的生日,爸爸几个月前就念着,身在狱外时,每年都要为吾儿庆祝,入狱后每年也总要请陈丽真阿姨送吾儿一个蛋糕。可是今年不行了,陈阿姨生了一个宝宝,我对她都无法送礼,更不好意思请她转送给吾儿。(你毕业时,她也有礼物送你呀,你谢过了吧?怎么没有告诉爸爸有谁送你礼物呢?这次陈阿姨生了娃儿,应该写信去道贺。)爸爸只能寄给吾儿海样深的亲情,爸爸爱你,每分每刻都挂在心中。开学了吧?注意算术,课本上或学校规定的练习题目,要一题都不遗漏地去做。报上刊载绿岛已有交通飞机了,爸爸 12 年刑期满时,将从天而还,可谓奇妙,你说是不是?祝生日快乐!真正快乐。

爸爸

1972.9.12

15. 时时惦念吾儿

佳佳:

两三个星期来,我心情忽然不宁,好像是一种不祥的预感。一直盼望你来信,因为学校开学后的事,以及搬了家没有?我想你一定会急于告诉爸爸的。而爸爸8月29、9月12日两信,也应有一个回音,告知一切。可是迄今没有,但愿是你功课忙,或是贪玩,没有时间写信。过马路时要小心再小心,一定要左看右看,全神注意来往的车辆。如果有人骗你吓你,一定要随时告诉妈妈。远在咫尺天涯的爸爸,时时惦念吾儿。

爸

1972.10.10

16. 告诉妈妈不会吃亏

佳儿:

寄来的六百元,前天(星期日)收到,请代爸爸向妈妈致谢,要知道天下最最幸福的人,莫过于坐牢而有接济的人。我在景美时,可以吸烟,而钱够用。现在不可以吸烟,反而拮据,不知何故?上周(10月10日)给吾儿一信,没有说清楚。所谓“骗你”,好比有人会说是妈妈的好朋友、是同学家里的人,要记住!不要跟不认识的人到任何地方去。所谓“吓你”,好比有人告诉你:“妈妈知道了会打死你!”千万不要相信这些话,而要马上告诉妈妈,就不会吃亏了。我写的这些,吾儿已是初中一年级学生了,应该看得懂的。

爸爸

1972.10.17

17. 爸,我骨头老了

爸爸:

搬家之后,几乎没有给您一封信,因为我懒病发也,望原谅!

为了这次"总统"华诞,忙不开交。学校要我去表演跳舞,距今只有三天了(包括今天),苦练呀!爸,您也知道我有五六年未学舞了,骨头也老了,跳芭蕾舞,脚好痛啊!当您接到这封信时,我已经跳完了,那紧张的一刻真是说到就到。

我又开始学舞了,一月两百元,多一项长处总是好的,总比别人多一项本领,我仍在老地方学,由刘玉芝教的!人家现是大牌了,不像从前那个刘玉芝,但仍没有架子!

爸,寄信勿望〔忘〕寄"泰顺街四十四巷二十七号三楼"!祝安康,保重身体!

佳儿上

1972.10.29

我希望买一辆脚踏车,但妈妈不准,您回信时可别说是我要买,否则妈妈会骂我的!

18. 为父望眼欲穿

佳儿：

两个月来，未接一信，距你8月19日的信，已七十余日。曾寄数函，亦未见回音，你知道为父的如何望眼欲穿？尤以9月底之后，心情忽觉沉重不安，念念吾儿，不能自已，何以不写几句话给爸爸？上星期在报上看到我姑父逝世讣闻，已去信姑母慰问，但愿系于此事。妈妈身体好吗？你身体好吗？搬家后新房子如何？开学后数学赶上赶不上？英文呢？一定要写信一一告诉爸爸。上苍赐你平安，吾儿、吾儿。

爸爸

1972.10.31

19. 交通太乱，过马路要小心

佳佳吾儿：

10月29日信接到，我屡次告诉你，来信时要写明曾接到我何月何日的信，盼以后要养成习惯。我信上所问的事，所嘱咐的事，办了没有？一定要一一回答，莫让爸爸悬念。记得你四岁多的时候，为了要小脚踏车，睡梦中忽然大哭，坐起来呓语："我要小脚踏车！我要小脚踏车！"爸爸妈妈心疼落泪，第二天就带你去买了一辆。但现在交通太乱，爸爸在此一直担心你穿过马路，我想等你读高中时再买，比较安全。别生气！佳儿，记住一句话："没有车总比没有腿好——更比没有眼没有头好。"

爸爸

1972.11.11

20. 亲自钩围巾送爸爸

爸爸：

圣诞要到了，天气也变冷了，我亲手钩织的一条围巾接到了吗？我时刻把握时间，一有空就钩围巾，第二条是妈的生日礼物，已经完成了！虽然到了中学，功课忙了一些，但仍抽空，忙一些属于自己的事，我刻了一个"肥皂钢琴"，是没脚的，不太美观。第三次月考过了，小学才考第二次，相差好远，刘玉芝又有舞踏〔蹈〕会，可能有我可能无，不一定。

最近英文越来越复杂，动词等一大堆，天哪！

数学这次好难，还没做完就收卷了，有生以来第一次没有做完考卷。

天气冷了，需要一些什么？祝

圣诞快乐！

女 佳佳敬上

1972.12.12

21. 我儿长大,爸爸也要像圣保罗一样长大

佳儿:

围巾和贺年片先后收到,你真长大了呢,围巾都会织。爸爸离家时,你连穿衣服都不会,时间使人长大,不但使我儿长大成一个大孩子,也使爸爸长大,像圣保罗一样的长大,从眼上掉下鳞片,终于发现过去是错了。你织的围巾厚而且暖,爸爸从前有干咳毛病,脖子最怕风吹,很需要围巾,因久不吸烟,这毛病早已痊愈,但爸爸却需要用它围肚子,所以你的礼物寄来得正好,我立刻围上,这些日子,鼻孔就再没有不通过,谢谢我儿。信上说:"数学这次好难,还没做完就收卷了。"爸爸一再提醒你,数学要紧,现在已响了坏信号,有第一次就有第二次,要把所有习题一一的都做过才行。还有话,下星期续写。

爸爸

1972.12.23

22. 要靠耐心,不能靠聪明

佳儿:

你第二条围巾是送妈妈的生日礼物,妈妈生日 11 月初六,正是阳历 12 月 11 日,你来信是 12 月 12 日,赶上送了吗?但愿也算爸爸有一份,代爸爸向妈妈祝福。信上说:"刻了一个肥皂钢琴,没有脚的。"怎么回事呢?看了半天都不懂。信上又说:"英文越来越复

杂”,英文跟数学一样,要靠耐心,不能靠聪明(任何学问都是如此),你在家最好每天跟妈妈用英语作简单的会话,像:“我要上学去了。”“你什么时候下班?”渐渐由简入繁,妈妈的英文是洋人教的,又跟洋人当过秘书,一定有助你的学习。爸爸过去写的信,吩咐了一些事情,你看到了吗?照做了吗?来信都要告知。

爸爸

1972.12.30

23. 现在最流行斗篷

爸爸:

近来可好?天气忽冷忽热,要保重啊!

这次月考退步四名,要不是靠平时拉分数,不知道这一次会考第几名呢!

新的一年又到了,也不知道那几天假期是怎样过的,时间就这样溜走了,也发觉自己长大多了,我知道为自己打扮,为自己钩斗篷世〔市〕面最流行的“衣服”,衣前有两洞,但无袖,手可从洞中穿出),我没有钩袖口(洞口),因技术还未到家,到现在为止才钩了四分之一呢!

在学校图书室,借了一本《秋霜寸草心》,看着看着,我不禁流下同情的眼泪……

我的学校实在很“乱”,所谓的乱当然是指男女生之间,经常有一些男女朋友的事情,但只是听说,也许是假的!

这就是我所谓的“斗篷”!

女 佳佳上

1973.1.6

24. 比谁的女儿好？

我儿：

1月6日的信，爸爸1月19日收到，妈妈寄的钱也收到，这次多寄四百元，大概是年终奖金吧，我最近可能镶牙，就不太担心资本不足了，代爸爸向妈妈致谢。这里有位伯伯，他女儿也寄一条围巾给他，他高兴得逢人夸耀，又要跟我比谁的女儿好？只是他没有把围巾像我一样围在肚子上，而是围在脖子上，他说他肚子没有病。另一位叔叔，他问爸爸："你女儿又寄三个小猫没有？"（他还记得去年你寄的是一张画着三个小猫的贺年片）我叫他看围巾，他大为羡慕（他的女儿更小，什么都不会，只会爬）。下周续写。

爸爸

1973.1.27

25. 过年了，斗篷钩好没有？

佳儿：

上周六恰逢阴历正月初一，停止发信（监狱规定，星期六可寄亲属一信），故尔延至此周六，写此续信。我这里过年，遥听远村爆竹声声，甚乐、甚乐。我儿过年的情形如何？爸爸妈妈带你在巷子里跟别家小朋友放冲天炮，还记得不记得呢？"斗篷"钩好了没有？盼早日钩好，不要等到了天热穿不成。但也不要为做这些耽误功课，宁可什么事都做不好,不可功课做不好。信上说:"这次月考退步四名。"那么现在你是第几名呢?名次没有关系,主要的是你对英文、数学必须有兴趣才行。我写给你的信,嘱咐了些我要你做的事,问了一些我想知道的事,而你从没有理会过,我们父女通信,成了单行道,只你一面之词,是没有看到我的信呢,还是心不在焉呢?

爸爸

1973.2.10

26. 嘱买《历代职官表》、癣药

佳儿:

自从旧历年到今天,没有接到你的信,你知道爸爸多么不安,怕你有什么差错,担心你算术、英文。现在嘱你办一件事:长官已批准我买一本史书:《历代职官表》,及买一支癣药,附上划拨单,你向妈妈借二百元(请妈妈下个月在给爸爸的赡养费内扣除),拿一百二十元到邮局(任何街头邮局都行),连同划拨单一齐交给他们,他们会给你一张收据,就可以了。另外八十元,到药房买一支"肤润康(Flucont)",武田药厂出品,大概七十五元,然后找一个硬盒子装起来寄给爸爸,这些事你办得好吗?看报,国际天花流行,你和妈妈、舅舅,都要去种痘,不可马马虎虎,以为没有关系,等到有关系时,就可怕了。

爸爸

1973.4.14

27. 我用自己的钱,替您买东西

爸:

好久没有通信了,今日接您来信,我想这些事可以办好的,今天去参加英文背诵比赛,好紧张,底下都是一、二、三年级代表,及二年级同学,幸好没有背错,尚可安慰,名次如何,待下回分解!

我想那二百元不必向妈要了,我邮局有存款,用自己的好了,也免得去用妈的钱!

下个礼拜月考,"乱"紧张的,书也没温,真有无从温起的感觉!

祝

健康快乐!

佳上

1973.4.21

(编者按:社会上这时流行"乱"字,柏杨在狱中,一定不懂得这个新名词的含意。)

28. 你知道爸爸如何想你吗?

佳儿:

1973年4月21日的信和书籍、药膏,最近先后收到,谢谢我儿,不过你要告诉妈妈才好。《秋霜寸草心》看完了没有?英文背诵比赛的成绩如何?自阴历年(二月)起,到今天5月将尽,四个月中,吾儿才给爸爸一封信，你知道爸爸是如何的想念你吗？言不尽、写不尽。

爸爸

1973.5.19

29.“乱”差劲

爸：

今天、明天月考，接到来信匆匆复信，免得一搁就是十天半个月的。5月19日信接到了，英文背诵是第四名，“乱”差劲，现在功课总在二十名前后，还得努力，这次月考又完了！不过我还蛮用功的，平时都读，只是数学不能读罢了，尚能理解。

千拜托、万拜托要一部“迷你”脚踏车，结果车被偷，人也摔了，结果是人财两失。

舅舅去了一趟香港，妈妈甚为满意他带回的东西！我啊，马马虎虎！敬祝

安康！

儿 佳佳敬上

1973.5.28

需要些什么？药买得对吗？天气甚热当心身体。（我却感冒了，哈！）

30. 不知怎的，我不大愿与妈妈说话

爸：

今天陈丽真阿姨来我校，听说生了小宝宝，真该恭喜。她说我久不给您来信，您非常急，但我一直未接来信，直到前些日子才收到一封，才又匆匆复信。

时间过得好快，我已经是个一百六十公分、四十七公斤的大孩子了，我不再是从前的“小排骨”。不知该用什么来形容这时间的飞逝，几年了，没见到您，好久了吧！从三年级到如今已有五个年头了，屈指算来也要用五个指头。好久了，真的！好久了。陈阿姨都说佳长高了，也大了，真的！又大又高。

从早到晚我在学校，回到了家也很少跟妈接触，各忙各的，不知怎的，我不大愿与妈说话，老师说我们正步入反叛性年龄，我也希望是反叛性！

期考在望，这次的月考糟透了，得努力！祝

安康！

明天的端午节愉快！

儿 佳佳敬上

1973.6.4

31. 同学家庭复杂,给我感触很深

爸爸:

等了好长的一段时间,没有您的只字词组,莫非您没有接到我的信?第一次月考过完,紧接着第二次的月考也过了,提起笔了不知该给您写些什么。下午一位同学来玩(因为今天考试,所以上半天课),她的父亲过逝〔世〕,家庭复杂,似乎她比我更值得同情,她说她经过许多的磨炼,看得也多,所以她好似一个十七八岁的少女,能够强颜欢笑,真的!没有人能够看得出她的父亲去逝〔世〕,并有大妈与生母的复杂关系,不管他〔她〕了,这是别家的事,只是给我的感触很深!

物理很难,也许是初学的关系,不能适应,不过每次考都不能理想,这次的月考,希望……潦潦草草又是一张,不知那〔哪〕来的闲情意志〔逸致〕。天气冷热不定,要小心,像我还抱病赴试呢!注意身体!敬祝

金安!

女 佳佳敬上

1973.6.7

32. 给爸爸写信,不是还账

佳儿:

1973 年 6 月 4 日信收到,知你平安,我很高兴。没有接到我的信吗? 那没有关系。你要常给爸爸来信,不一定像还账一样,接一封回一封。我没有请陈丽真阿姨去看你,是她好意,怕我不安。你要好好看待妈妈,爸爸离家时,妈妈还喂你吃饭呢,让我们父女共同度过这艰难的日子。

爸爸

1973.6.23

33. 信丢了,难怪着急

爸爸:

接到 23 日的来信,令我惊讶的是您只接到我 6 月 4 日的一封信,先前我寄了三四封的信给您,您都没接到吗? 于是妈要我在信角上编号,这样丢了一封就知道了,那么多封信您都没接到,难怪要着急了! 妈看了您的来信,都骂我说:为什么不写信给您?

正是期考,一个学期又快结束了,一眨眼又是一年,这一年,我除了啃书应付考试外,就只跟一些同学们看看电影、玩玩,初一快结束了。

时间过得好快,又是夏天了,星期五考完期考,我想去游泳。焦蓓绮,爸!您还记得吧?那从小同我一起玩的小女孩,她还要请我看电影呢!您知道吗?

女 佳佳敬上

1973.7.4

34. 我不了解妈妈,妈妈更不了解我

爸:

已经放暑假了,这炎热的夏天,带给我无限的烦恼,不知该从哪里对您说起。男生的一个电话,惹得妈妈把我臭骂一顿,别人的父母绝不会如此,爸,千万别给妈知道了!现在我与妈之间好像有一层无形隔阂,她不了解我,我更不了解她,常常为了一点小事而怄气着。天!我真不知该怎么办?我知道我不该给爸添烦恼的,但我又何处去诉?同学们可是亲眼目睹,不用我去讲……

我好想要一辆跑车(脚踏车),可是妈就是不准,急死我了,真的!我好想要,爸,您以为如何?敬祝

安康!

佳儿敬上

1973.7.15

明天我要去露营四天。

35. 接不到儿信，从梦中惊悸而醒

佳儿：

看到你1973年7月4日的信和附的照片，很高兴，代我向郑小妹问好，焦蓓绮我怎么会不记得她呢？她是我们家的小贵宾呀！也代我问她好。再来信不要编号了，监狱禁止信件编号。你每次来信，我都有回信，如果我没有回信，那就是没有接到，邮递途中遗失了。（编者按：柏杨有句话不能说："被监狱官查扣了！"）我想每月能接到你一封信，知道你平安，就安心了。有时很久没有接到你的信，我会不时地从梦中惊悸而醒，好像你有了危险，呼喊爸爸救你，久久不能平息。暑假好好玩，但游泳时一定有大人陪伴才可，不要到河里溪里去，不要逞强。

爸爸

1973.7.21

36. 直到眼泪流枯，变成笑容，才是人生

佳儿：

你1973年5月28日的信因为只贴了一角钱的邮票，绿岛邮局在作第二次欠资通知时，我才把邮票寄去，等他们再寄来，已将近两月了。如果第二次欠资通知我仍没有接到，他们一定会盖上"拒收"图章，退了回去。以后做事要小心，怎么一角一元都分不清呢？然而

为了一元八角的罚款,竟没有一位仁人君子肯代一垫,延误这么久,又几乎“拒收”,这世界也太冷酷了。7 月 15 日的信同时接到,非常高兴。爸爸想告诉你:要学习忍耐,贫苦家的孩子所以都前途无量,就是因为他们自幼就学会了忍耐。痛苦是无尽的,要一直到眼泪流枯,变成笑容,才是人生。爸爸爱你!我儿,记住这些话,试试忍耐。

爸爸

1973.7.28

37. 爸爸节、中秋节,在等信中度过

我儿:

我 7 月 28 日写给你的信,接到了吗?到今天又将两个月了。8 月 8 日爸爸节,我想可能会接到我儿的信。中秋节,我又想可能会接到我儿的信。9 月 17 日你生日又到,我本打算再托陈丽真阿姨像去年一样,送给你一个蛋糕,但她也两个月没有信,而她的家庭负担又重,所以没有托她。只在这里寄上爸爸的爱。我本来要问你近来读书情形,又想嘱咐你一些事情,知道得不到回答,不再多说了。照这信所用的稿纸,代爸爸买五百张寄来,这里买不到。走路要小心,注意来往车辆,愿我儿生日快乐。

爸爸

1973.9.15

38. 爸，祝您百事可乐

爸：

请您不要这样说，我没寄信给您，是因为从暑假不久，我就住到华昌言家了，还记得吗？那个与我又吵又闹的儿时玩伴！因为我认识了一些不益于我功课的朋友，华昌言功课好，所以住在她家，向她学习，当然星期假日是要回家的，这次生日也是在家过的，但总觉得少了什么似的！

近来可好？希望您自己保重，我们都不在您的身边，我也"大"了，当然可以自己管自己的，不知您有没有研究心理学（儿童、青年……）？妈妈喜欢拆我的信，应该吗？您觉得是否我们应该用自己的方法来发泄？

离得太远了，这叫什么写信！最近我对琼瑶的文章有些入迷，当然也不是陷入所谓的灰色思想！不多写了，祝福您

百事可乐！

佳儿敬上

1973.9.24

39. 儿长大到能替妈妈想想吗？

佳佳：

我 9 月 15 日给你的信嘱你买稿纸寄来，没有接到，大概你根本

没有看见我这一段话。我急需要,而此地无法购到,所以盼我儿马上寄来十本,注意:稿纸要与此信所用的同一大小。多爱妈妈吧!一个人要在小孩子时就训练自己不要一味只想到自己,要学习了解别人,为别人多想一想。我儿:你既然“大”了,也“大”到替妈妈想一想的程度吧!

爸爸

1973.10.6

40. 我去跳舞

爸:

好久没有接到您的来信,非常挂念!“双十国庆”过得如何?台北早上台大风下大雨,偏偏可怜了倪文亚先生及游行的学生,淋成落汤鸡!您大概没看实况转播。我没有去游行,所以在家享了一天的清福。

上个礼拜月考,这个礼拜才可好好松弛一下紧张的心情,您的“国庆”怎么过的?唉!学校又在准备节目,因为“总统华诞”也快到了,我记得上次的“总统华诞”我还去跳舞呢!这次又要唱爱国歌曲,中小学共选了三百多人,想必非常壮观。可惜您不能来看!

下封信我要寄给您几张相片(因为还未加洗,所以现在不能寄来),那是我在旅行时照的,您看看我,越长越大了呢!

现在在家,有时读读书,或写写信,到〔倒〕也舒服!在学校呢,最近台风要来不来,我和同学们都希望台风能来,这样就会停课,这是大家所希望的!

最近台视有一部影集《功夫》,我觉得它含意很深,劝人谦让、耐苦、守正义……台风相信没有带给绿岛什么灾害吧!最近天气变化

无穷,当心别感冒了,保重自己的身体,像我!哈!健壮如牛也。需要什么,告诉我啊!不多写了。祝您

健康!

儿 佳佳

1973.10.13

41. 不知您是否冻着了?冷着了?

爸爸:

每当我拖着疲累不堪的身子,钻进那个温暖的被子时,不知您是否冻着了?冷着了?好久没有接到您的来信,不知您需要什么?近来情况如何?天气凉了加了衣服没有?我却仍被那繁重的功课压迫着,听着呼呼风声,增添几许……窗户格格作响,不知绿岛是否也是如此?要会照顾自己,否则遥远的我,又如何来照顾您呢?

已经十一点了,不知您是否睡了?刚刚才把功课准备就绪,提起笔来给您写信,近来功课进步许多,请您放心!英文会拿一百呢!

最近国际情势您可知道,虽然才十三岁的我,但“爱国之心人皆有之”,所以我也有些关心,“能源危机”是现在热门社论之一,还有英公主安妮结婚,刚刚才由电视看她们出西敏寺上玻璃马车呢!——好一个头条新闻。

妈妈生日快到,不知该送什么好?刚才才问干姐姐——程梅生,已考上台湾大学,经济系高材生也——她也不知道(合阳历 11 月 30 日……今年妈的生日),不多写了,也是上床的时候了。祝

身体健康!

女 佳佳敬上

1973.11.23

42. 奇怪！一点音讯都没有

爸：

明天(元旦)星舅舅要结婚了,好不容易吧(妈妈的最小弟弟)!

奇怪！最近您怎么一直都没有写信来？期待再期待！圣诞卡寄出也是一点音讯都没有,莫非又搬家了？最近天气好冷,有时居然还四度六度的,身子要当心,不要冷着了,最近您没有写信来,也不知您需要什么？

这次月考进步了五名,并不理想,希望期考能加油,考好一些,其实好坏靠自己,自己不努力也没办法！请回信！祝

安康！

女 佳儿敬上

1973.12.31

43. 我们父女终必团圆

佳儿：

1973 年 12 月 31 日信悉,圣诞卡未见,大概遗失了。星舅舅结婚,代爸爸向他们祝福。你同学父亲死了,使我忧伤。俗话说:“宁隔千里远,莫隔一层板。”爸爸虽暂时不能跟你在一起,但我们父女终必团圆,而她却永不能了,你要多安慰鼓励她。你说临睡时常想念爸爸,吾儿孝心——感动久久,记得我在家,你每次睡时,都是爸爸跪

在床前,在被窝里握着你的小手讲故事,你总大叫:“好舒服啊。”然后才沉沉睡去。现在,爸爸已向长官申请购买了一块塑料布,垫在地板与褥子之间,不愁潮湿,睡得甚好,身体要比从前结实十倍,深冬仍每日冷水洗澡,吾儿不要想念。功课注意英文、算术。

爸爸

1974.1.13

44. 收到好多压岁钱

爸:

您好!今年过年,我收到好多压岁钱,我好高兴,因为这次收获异常丰富,公公婆婆到台北来过年,公公很疼我,我也很喜欢他。年过得是否愉快?

寒假的四分之三已经过去了,短短的三个礼拜,眼睛还来不及睁开接受这个事实呢!2月4日返校,我一直担心着成绩单!

这个寒假不“寒”,我还穿裙子呢!物价涨得厉害,钱也不值钱了!“要用少用,不用不买”,这是报上的口号,我看也只有这样啦!

敬祝

安康快乐!

佳儿敬上

1974.1.30

45. 发誓永不离开我儿

佳儿：

你自 1974 年 1 月 30 日来过一信后，四个月整，都没有来一信，也没有回一信。自你生下，爸爸全部的爱倾注我儿，发誓永不离开你，要亲手抚养你长大成人。而今远隔关山，是爸爸对不起我儿之处，然并非出于爸爸狠心，我儿总要了解。四月之久，爸爸在斗室之中，坐卧都不能安。盼望写数字来，再寄稿纸五叠。

爸爸

1974.5.26

46. 泪水模糊了我的眼睛

爸：

接到您 5 月 26 日来信，也很着急，在四月中也曾去信，但是一直不见您回信（这四个月，我也是一封信都没接到）！以为爸爸有事，或是又迁移了，问妈妈，她也不知道，接到来信才放心多了！

别以为佳儿怪您，我不会的，总有一天还会见到您的，是吗？好久，我不曾为这件事感到悲伤，记得小学时，每接一封您的来信，哭一次，现在，似乎泪水干涸了，但是昨天看了您的来信，泪水又模糊了我的眼睛，唉！幸好我大了，也能克制自己了！同学看到您的相片，说您好高，我怎么那么矮？其实我也不矮了，一六〇公分，四七点五公斤,相信您怎么也不会想到以前那个又瘦又小的我,站起来要比妈多半个头吧?

功课好忙,升学的竞争快把我逼疯了,才初二,学校就要我们复习。念书! 念书! 唉! 奈何? 不过不管怎样,我仍是念! 念! 念! 不为别的,为将来的前途! 太多老师告诉我们。每天我念到九点,睡四五个小时,半夜再爬起来念,眼睛都因睡眠不足而红肿肿的,别为我担心,大家都是如此! 希望这封信您能接到……祝

健康! 快乐!

佳儿敬上

1973(4).3.4

47. “爸爸哪里去了? 告诉我,我不哭。”

佳儿:

不要哭,记得我初离家时,你呆呆地问妈妈:“爸爸哪里去了? 告诉我,我不哭。”现在也要这样,相信我们父女会很快地团圆。至于你说:“以为爸爸有事,或是又迁移。”我写信不便,如我二十年无信,你也不问问吗? 我儿太小,难负此重担,注意眼睛,每天最好吃一二粒鱼肝油丸。(你此信日期,写为 1973.3.4,怎么会恍惚如此?)

爸爸

1974.6.22

48. 记得您陪我玩

爸爸:

接到您来信时,正是期考,看了您的来信我很难过,我知道您在责备我这个不孝的女儿! 唉……这封信又拖了几天,您该不会怪我吧! 期考过了,下学期就是三年级了,您相不相信,以前在面摊上吵着吃阳春面的小女儿,如今要考高中了? 快! 时间竟是如此不留人! 我大了,高了,壮了,不像以前妈妈所谓的"瘦精干"了! 今天,好特别,我好像很难过,记得以前您陪我在幼儿园的操场,玩,教我……唉! 只有一个字来形容它——快!

放暑假了,昨晚就逍遥了一晚,轻松的一晚,积久了的期考压迫似乎卸下了! 一下子整个人像崩溃了,九科的课本,全册考,唉! 苦! 苦极了! 高中联考,四十九册课本全考。给我支持! 给我鼓励,让我明年渡过这一关!

祝

安康!

儿 佳佳敬上

1974.7.6

49. 爸！要怪就怪吧！要骂就骂吧

爸爸：

终于我鼓起了勇气提起笔来写了这封信，不知您是否能收到它？好久了，我甚至连信纸都不曾沾过，多么不孝的女儿！不会再说功课忙，不会再说因为您的不回信而没写信给您。不会！不会再有任何借口，爸！要怪就怪吧！要骂就骂吧！一个暑假甚至连父亲节都没有写信给您！爸！什么时候才能不因需要稿纸才写信给我？

初三了，马上就高中联考了，明年，明年的这个时候，您一定已经获得了佳音！希望那是一个佳音，这一年，这一年我将为您、为自己而努力，我将为那成功之路铺上跳板，这个暑假就在书本中耗过，但暑假，总〔终〕究玩心太重，无法专心一致，而且化学、物理、数学异常地烦人，唉！上天助我！

您好吗？好久没接到您的信了！爸爸给我精神上的支持与鼓励好吗？祝您的女儿顺利进入北一女的大门好吗？明年，很快！这一年，我会用功的！

祝

健康快乐！

女 佳佳敬上

1974.8.26

50. 怕信件会增加你烦扰

佳佳吾儿：

7月6日、8月26日两封信和照片都接到了，我本想多写信给你，但又怕我的信件会增加你的烦扰，所以我想，两三个月给你一信，让你知为父仍在世上，即可。你也两三个月给我一信，我只要知你平安，心就静宁。只要努力，你会考上北一女的，全靠英文、数学，应多注意。距明年还有一年，不必着急。

爸爸

1974.9.8

51. 希望自己是一张白纸

爸：

我已经三年级了，每升一级就有无限感慨，生日过了，又增加了一岁，我多么希望再回到小的时候，没有升学的压迫，没有人事的繁杂，每个人都仍是一片白纸，那么纯！如果能再回头，我要先改造我的白纸，我要使它变得绚丽灿烂！我又在做白日梦了，大概现在正是“爱幻想”的时候吧！

功课很紧，因为明年就要考高中了，学校又逼得紧，经常一天只睡三四个小时，白天上课就拼命打瞌睡！但也没有办法，大家都在竞争！竞争！一松懈就被别人挤下来了，用功！也只好用

功了！祝

安康！

女 佳佳敬上

1973(4).9.21

52. 能看到她得救，死也瞑目

佳佳：

9月21日信收到，郑绍颖小弟的信也收到，他写得很好，我很喜欢。吾儿，你要马上去买一份(或数份)10月4日的《青年战士报》，在第七版，登有屏东县林月华小妹，一个六岁的小女孩患血管瘤的消息和照片，她在照片中露出可怕的病腿在哭，爸爸看了，也忍不住哭。吾儿，你要帮助她，使她早日治愈，她不过为了父母贫穷，便眼睁睁看自己死亡，而呼天不应。请绍颖小弟帮助你，把报纸给同学看。这小女孩就是我心目中的小女儿，我能看到她得救，死也瞑目。

爸爸

1974.10.13

郭伯伯：

我是本明的同学，我叫郑绍颖，这封信是我代本明寄给您的。本来，您是可以早些收到这封信的，本明在收到您来信的当晚便回信给您。但是，那天我竟忘了寄，直到今天才想起来，使您晚了好几天才收到信，我非常抱歉，请您原谅。恭请

崇安！

侄 绍颖敬上

1974.9.27

1974年10月4日收到。

（编者按：上面日期系柏杨自注收到“郑绍颖信”时间，特附在此。又，柏杨女儿的本名是“郭本明”，小名“佳佳”。）

53. 卡片好不好看？我喜欢朦胧美？

爸：

新年快到了，又是一年新的开始，好久没有接到您的来信，好挂念！功课很忙，一册册的复习，模拟考已经两次了，全校二百九十六人，我分别考了四十二、三十六名，只希望我的成绩能令您欣慰，我就觉得有代价了！

天气冷热不定，要自己保重，我的身体很好，不要担心。您一定在怪我没有写信给您，接到这张卡面〔片〕，一定回信给我，写多一点，让我看了好安心。现在我最需要的就是睡眠了，有时读书到两三点才上床，苦是苦了一点，但是为了明年的北一女，也得努力！我真希望能和干姐一样上台大！

需要些什么？都要写信来，不要不写使得我们很牵挂，圣诞节过得如何？我们跟〔根〕本不算在过节，一边玩一边担心第二天的考试，升学竞争太厉害，不得不下功夫！卡片好不好看？我喜欢这种朦胧美感！祝

安康。Happy New Year！

佳

1974.12.30

54. 竞争的一年,恐怖的一年

爸:

近来可好?天气越来越冷,我又怕冷,天天穿得像圆球一样,缺不缺衣服或其他的东西?放寒假——仍要上课,但总是轻松点,希望您能多写信来。好久没有接到您的信了,不知为什么?寄了卡片也没有您的回音,急得要死,前几天考期考也没什么心绪,心绪不宁的〔得〕考得好不安稳,不管怎样,希望您回个信好吗?告诉我您的情况!需要什么?身体如何?

想不想听听我学校的情形?这是恐怖的一年,也是竞争的一年,为了前途,为了父母,为了自己,不得不为分数奋斗,读!拼命地读!希望那些书本上的字都像钢板一样刻到脑子里,都只为了明年的北一女。今天看了一个〔部〕电影《夺标》,它的教育意义很大,看了它我才知道做一件事必须要有信心、勇气与毅力,跌倒了爬起来,这些每个人都知道的,可惜的是做到与否罢了!祝

安宁!

佳

1975.1.18

55. 买几尺布来,爸爸衣裤多破

佳儿:

1974 年 12 月 30 日发的贺年卡已寄来,有家的人都接到家人的贺年卡和照片,他们脸上的笑容说明他们内心的安慰。我虽三数月未接到什么,但相信可以接到,果然接到。我曾嘱你救助林月华小妹,又请郑绍颖小弟助你,未见回音。我儿,当我们有力量帮助人时,应尽我们的力量帮助人,尤其是对比我们更苦的人。放寒假后,请买数尺竹布(比斜纹布次一级的薄布),蓝色、灰色均可,爸爸衣裤多破,需要缝补。考试的名次没有关系,主要在于对功课消化了没有,是不是真正地懂了?我儿,今年是一个好年,祝福你。

爸爸

1975.1.12

56. 接到您的信,痛哭一场

爸:

接到您的信,感触很多,心里很难过,我这个女儿居然令父亲到衣服都要用补的地步,我哭了,痛哭了一场,心里好多了,打了个电话告诉妈,妈买了一些东西给您寄去,清单如下(接到之后请立即回信告诉我们收到没有)。

这是第一批寄去,以后还有(第二批明日就寄):

一、汗衫四件,二、毛巾四条,三、内裤一条,四、卫生裤五条,五、卫生衣二件,六、围巾一条,七、睡衣裤二套,八、毛袜四双,九、绒衬衫二件,十、牙膏二条,十一、被单一床,十二、被一条(外加被套),十三、松紧带一束,十四、拖鞋一双。

佳儿

1975.1.21

爸:

第二批物品的清单如下:

一、西装裤二条,二、毛衣三件(红、蓝、棕),三、袜子三双,四、夹克一件(内有夹毛),五、棉絮一条,六、奶粉一包(五镑〔磅〕纸装),七、拖鞋一双(有绒毛),八、方糖三盒,九、萨其马一大包,十、葡萄干一包,十一、笋豆二包,十二、花生二包(带壳),十三、花生米二包,十四、香皂六块,十五、花生酱一罐。

附注:第一批清单中遗漏登记方围巾一条(黑色)。

接到两批东西(共三包),务请来信告知,以便日后常寄。爸爸,请放心,要什么东西,都请来信,我们会尽力而办,能否寄药物(补药)?也请告,总之,请保重身体,多多宽心,年前妈妈还会寄食物,请告知衣服都合身否?以便知道能否穿。爱你、爱你!保重、保重!天冷可穿两双袜,脚就不冷了。祝

安康!

佳儿

1975.1.22

57. 原来您没有接到我的信

爸：

您好吗？不知寄去的衣物、食品收到否？合意吗？接到您的上一封信，我哭了一下午，您那短短的信笺赚取了我不少的眼泪，也使我感到惭愧。您说您三月未接我的词组只字、照片，使我惊讶，难怪我觉得奇怪，您为什么一直不“回”信给我？原来您没有接到我的信，真奇怪！希望您尽快回复我们好吗？有没有收到一张我们合唱比赛照的（好久以前寄的）照片？请告诉我！缺什么请来信告知，我相信我还有能力，不至于使我的父亲连衣服都要用补的！

三下了，功课更繁重了，现在是寒假，但仍天天补习，考得焦头烂额，每个人都在努力，我也更不能懈怠，唉，竞争！竞争！祝

安康！

佳儿

1975.1.26 晚

58. 一股幽幽的烟味，使我回忆儿时

爸：

妈从箱中找出了两件以前您的西装，妈说虽是旧的，但能穿，能御寒也是好的！刚刚洗衣店的人送了来，我打开来，还有散不尽的烟味，闻到了它，使我想起小时，每每可从您身上闻到一鼓〔股〕“幽幽”

的烟味,使我到现在仍然喜欢闻那鼓〔股〕味道,不知道为什么,也许是为了抓回那么一点回忆……

烟要少抽,身体要紧,时常走走,做做体操!妈说您很高,比星舅舅略高一点——我已经记不得了,我希望将来,看到的您,仍是如此地高傲、如此地挺拔。郑绍颖是个女孩,是我的知心好友,她总是稳健的,而我总是浮躁的!她鼓励我、支持我,我很欣幸能有她那么一位好友!我现在长高了,如果和您站一起,不知到您哪里?我已经十六几〔岁〕了呢!祝

安康!

佳儿

1975.1.27

59. 上街帮您办年货

爸爸:

刚刚上街帮您办年货,明天会给您寄出的!今天接到您的来信(1975.2.2),如今的清单如下:

一、花生糖(二种)四包,二、小芝麻饼二包,三、桂圆一包,四、豆腐干一包,五、五香花生米二包,六、芝麻花生软糖一包,七、金果一包。

不知您爱吃什么?妈说您的味口和我差不多,就胡乱地买了一些,希望今年新年过得愉快。是否没钱买邮票?(寄限时专送)那我再寄一些钱去!

祝

新年快乐!

佳儿敬上

1975.2.7

60. 原谅我在记忆中搜不回您的影子

爸:

除夕夜,人人团聚的日子,而今,和妈妈吃了些饺子也过了,每年,不是也都过了吗? 而今年也许是我大了,懂事了,但感触也特别多,我多么希望再回到那童稚无知的年龄,不再为金钱,不再为感情,不再为任何事去操心! 爸! 年复一年,我也大了,还能模拟我的样子吗? 原谅我! 我无法再在我的记忆中搜回您的影子,好像很远,那么远、那么小,唉! 爸! 想你! 爱你!

东西接到了没? 是我买的、我挑的、我选的,代表了我的爱、我的关怀! 我的思念! 原谅我,原谅我以往的忽略,您会吗? 想你! 爱你! 祝

新年快乐!

佳儿敬上

1975.2.10

61. 阴历年,官不收信

佳儿:

你 1 月 18 日、1 月 21 日、1 月 22 日、1 月 26 日、2 月 7 日的信,都已收到。上周因阴历年,官不收信,故延到今天。衣服都很合身,堆地铺几满,夹克睡衣当天便穿上;被子厚而且大,正抗天寒;奶粉即

食,味甚清香。糖果有一二是爸爸在外喜欢吃的,难得吾儿还曾记忆,但以后不要再寄了,因爸爸在敦化南路所镶之牙,已脱落数年,无法补装,咀嚼困难。

爸爸

1975.2.16

62. 爸!希望您给我鼓励

爸:

明天就要开学了,又要开始忙碌,又要钻进那些可怕的课本里去了。短暂的寒假,一会儿就过去了,带来的,只是若干时日的假期和无限的惆怅——又送去了一年,而我又长了一岁,人是多变的,从那么一个小不点长到现在,那些日子是如何过的,令人难以想象。而一幌〔晃〕,我初中都快毕业了,也许若干月后我会写信告诉您,我已经穿上了绿制服(北一女制服的颜色是绿的)走进北一女的大门!爸!希望您给我鼓励给我信心,让我有足够的勇气与实力作最后的冲刺!祝

安康!

佳宝敬上

1975.2.17

63. 只要您穿得舒服

爸：

接到您的信，使得我高兴不已，今天才18日呢！记得17日我也同时寄一封信给您呢！不知接到否？好快！您的信两天就接到了，以后来信请用限时，好吗？这样也可减轻两地相思之苦，您知道不？接到您的信，我高兴得……不要太节省，该花的、该用的都尽量地用，衣服都合适，那么以后将依节令寄去衣服！那边可有镶牙？若有，需要多少钱？请告知，千万千万要告诉我们！牙齿是很重要的！

只要您高兴，您穿得舒适。钱，那是不要紧的，为了您，我们将会尽力而为的，不必记挂心上，毛衣都能保暖吧？穿得舒服吧？今天开学第二天，已经进入"情况"了！祝

安康！

佳儿敬上

1975.2.18

64. 多少心事——告诉我儿

佳儿：

2月10日、2月18日信接到，看样子你真是长大了，爸爸既高兴又感伤。高兴的是你的成长，伤感的是你不得不开始面对整个世界，你曾为爸爸衣服褴褛哭过，吾儿，经过痛哭的人才能认识人生，这毋

宁是可喜悦的，你已接触到人生了。数年来，我几次梦见吾儿赤着双足，手执小碗，沿街讨饭，现在始安。我们住在敦化南路时，爸爸常常幻想能迎养我的父亲（我的母亲早亡，对她一点也不记得了），入狱后又暗自庆幸没有迎养，否则他老人家流落街头，我几乎可以看到他佝偻的背影，现在我想我儿会照顾祖父。这都是我多少年来的心事，一一告诉吾儿。

爸爸

1975.2.23

附笔：既已开学，应把心用到功课上，暂不要来信，切嘱。

65. 牙齿如何？请告知

爸：

相信2月17、18日二信已经接到！开学已经一个礼拜，虽刚开学，但是紧张气氛笼罩，同学都孜孜于课业，考试更是接踵而来，我们学校就是以考试多、升学率高闻名的！一天八节课，又另加两节，早上一大早就爬起，尤其现在天气正寒，早上苦极了，因为晚上又睡得晚，天气又冷，唉！为学最苦！

现在天气好冷，寄去的衣服正好赶上用场！棉被一定很舒适，一些毛衣正可御寒，千万注意身体，免得我们担心，牙齿如何？请告知！

祝

安康！

佳儿敬上

1975.2.23

66. 请教我如何写论说文

爸：

今天是星期二，好快！开学也有一个多礼拜了！

我作文一向不擅于写论说文，抒情文倒是可以应付，但每遇论说文就头大。老师告诉我们要写正、反、合三部分，且多多举历史上的故事则更好，但是我就是不会开头和结尾，所以每每写得文不对题，不知爸爸能不能告诉我一些论说文的写法？在联考中作文就占了八十分，非常重！

现在学校正在替我们作复习，有时一读就是若干册！所以睡得都较晚，而且我自己也必须计划一下进度，天天温一点，免得到时应付不了！对了，下回想再寄一张照片去，上次我的照片接到了没有？

祝

安康！

佳儿敬上

1975. 2. 25

67. 我们像《双城记》里的父女

佳儿：

2 月 17 日信和照片接到，吾儿真是大孩子了，可喜！然岁月堪惊。我们非常像《双城记》里的医生父女，女儿终于照顾了她已记不得面貌声音的可怜老父。记得有一卷录音带是我们住在建国南路时,爸爸抱着你录的,你那时才一岁,只会说“啊”,如果仍在,可放出听听。但不要现在听,等考取高中之后再听。这里不准吸烟,所以我的咳嗽早痊。不能补牙,每饭即用棉花先塞补,也可支持。我常吃别人家里寄来的东西,现在有东西回报,甚为安慰。你会考取北一女的,但不要急躁不安,这跟漠不在意同样有害。

爸爸

1975.3.2

梁上元阿姨的父亲死了,下周我将写信请陈丽真阿姨去吊慰她,你仍不要来信,全心用到功课上。

68. 郑绍颖小妹妹有灵性

佳:

2月23日、25日信,跟八百元收到,我买了很多东西吃,有肉松、鱼松、豆腐乳和一些药品,但这样是不是太浪费了?最近恰逢恢复申请买书,当买些古书读。你屡次信上提的事,和爸爸要告诉你的事,现在一件件写给你:第一件,郑绍颖小妹,看名字像个男孩子,写的信和写的字都比你好。有一次你托她寄信,她忘了,然后在你信里夹了一封道歉的信给我,这是一件灵性的举动。一个呆板的或一个冷漠的人,不会有这种反应,至多在想起时投邮就算了,没有人知道曾经延误。而且字又写得那么好,爸爸很喜欢她,将来一定把她当干女儿,盼你跟她多学习。

爸爸

1975.3.16

69. 我要跟郑绍颖学习的地方太多

爸：

3 月 16 日信接到了，心里是既喜且忧，因为我发觉我开始要嫉妒郑绍颖了！

郑，她是我们班的班长，古人说："人非圣贤，孰能无过"，然而我却从来没有发觉她有一丝的缺点！她实在是太好了，人人都喜欢她，当然我也不例外，而且品学兼优，师长都好喜欢她，又特别地聪明，作文之棒，无人可及！我要跟她学习的地方太多了，她坚忍且求真，处处为别人着想……而这些都是我没有的！

上个礼拜未接来信，而这个礼拜又直到现在才接获，心情如何？也不用讲了！有什么东西可以买的就买，如何说是浪费呢？身子不好，会急煞人的！那边有书可买吗？能不能让我给您寄去？要什么书？祝

安康！

佳儿敬上

1975.3.20

70. 要学控制自己,不要急,不要快

佳:

第二件,爸爸需要一个一五〇度的老花眼镜,你禀告妈妈,乘星期日或假期,购买寄来(问眼镜店老板邮寄的方法,恐怕要用毛巾包起来,再装入硬纸盒里,以免途中压破)。第三件,从吾儿来信的字迹上,我担心你的镇静功夫,也就是担心你会不会定下来。吾儿小时候写字飞快,一下子用橡皮擦了又写,爸爸在旁边都看得眼花缭乱。郑绍颖小妹的字都是一笔一划的,梁上元阿姨在北一女时写的字,真是秀丽之极,比爸爸写得好百倍。我不是苛求写字,只是盼吾儿在提笔时,要控制自己,不要急,不要快,要慢慢地写。我猜你对爸爸的信,大概一瞥而过,既没有详细读,也没有读第二遍。将来面对竞争剧烈的考试题也如此,要想考取就困难了。

爸爸

1975.3.23

下星期爸爸要写信给梁上元阿姨。

71. 一百度的热度降为冰点

爸：

3月16日和23日信都收到了，所嘱咐的事情本是想3月29、30日趁着这两天的假日给您去配的，不过因为公公、婆婆的北上度假而担〔耽〕搁了，不过妈说她将尽速帮您去配！

有时候
哭泣也是一种享乐
尤其
为想念您而潸然泪下

看到爸爸的来信，我发觉我们似乎有着极大的隔阂！我怎会对您的来信“一瞥而过，既没有详读，也没有读第二遍”呢？我面对的是我的爸爸，我的生身之父！我怎会？我怎会？还有什么字能表达我接到您的来信时那份惶恐的心情？如果真如您所写，我还算是人？尽管我以前忽略了您，但现在，您不能原谅您的女儿吗？难道您还要继续地刺伤我？看到您的信，不知道该如何回信？我怕！您可知道当了解父女之间那份浓挚的亲情时，我多渴望能写信给您，但我所看到的却是“以后暂时不要写信来”，我还能说什么？一百度的热度也降为冰点了！

对不起！爸爸！我太激动了，但这些却是在我肚子里盘旋很久

的事了！……原谅我，

祝

安康！

佳儿敬上

1975.3.31

72. 请原谅我的冲动！

爸：

相信您已接到我的信了，原谅我！原谅我的冲动！

忙碌！忙碌！忙碌填满了我的生活，还有84天联考，84天说长不长，说短不短，却使得我们捏着冷汗，孜孜不倦地啃书，不仅忙碌，而且紧张。这些填满了我的日子，一天短短的24小时，分配给这两者，还嫌不够呢！哪还有时间去玩？（心情自然也没有。）

这周没有您的来信，我知道您是写信给梁阿姨了，所以不急，只是担心您会不会生我的气——那么一封“轰轰烈烈”的信！明天妈要给您寄钱去（八百元），还有肉松，下午就去配眼镜，眼镜的事担〔耽〕搁了有段日子了，对不起，爸，我想您不会怪我吧！那张书签好看吗，特别到书展买的呢！祝

安康！

佳儿敬上

1975.4.5

73. 要知道爸爸忍受寂寞的苦心

佳：

3月20日、31日信收到，那个孩子流泪的画像，使我心情沉重。1974年1月30日你也寄来一张孩子流泪的画像，上面的字是："当我们不在一起的时候，愿永远祝福您。"这已是一年前的事了，我一直放在我的地铺床头，每一次看到，眼泪跟它齐下。吾儿对我嘱咐"暂时不要来信"，太误解了，爸爸一生常遇到这种内心从没有想到过而被人肯定一定如此的事情，想不到吾儿对爸爸也这样。我日夜辗转斗室，只有攀窗才可望见天际，岂不想得到吾儿一信？自入狱后，只有陈丽真阿姨还常来信，人海茫茫，还有谁是亲？有谁是友？每星期五发信或发包裹时，爸爸几个月听不到被唤名字，人生凄凉，孰逾于此？岂不愿吾儿天天来信，但只怕你把写信当做一件重要负担，耽误功课。吾儿，你不会知道爸爸自愿忍受寂寞的苦心。

爸

1975.4.6

74. 眼睛哭肿得像核桃

爸：

我发觉我是多么地自私，心胸多么地狭小，居然……我不知道我该怎么形容自己——一个愚蠢、无知、自私的小女孩。我怎能再给您打击,怎么再加重您的负担?接到了您的信,一晚没讲话,哭得早上眼睛肿得像核桃一样大,我不是想解释什么,而是想告诉您,您在我心中的地位!

4月6日的信,昨天才收到,平常星期二、三就接到了,从星期一我开始期待,但直到4月9日也没收到,就寄了张画给您,但是一直还念着,昨晚只听得摩托车“隆隆”作响,果然,您知道我有多高兴!

眼镜明天才能去配(妈没空!),又拖了一个礼拜,对不起,爸!

我很乐意写信给您呢!因为我知道我的信能带给您欢乐!(相信我没有高估自己)祝

安康!

佳儿敬上

1975.4.12

75. 有幽默感的人能抵抗逆境

佳:

4月5日信,和八百元收到,你说你那封信“轰轰烈烈”,可真是轰轰烈烈,吾儿有幽默感而且心情开朗,爸爸一想起来就笑得嘴合不住(像个活呆瓜)。有幽默感的人,生命力都有很大弹性,能够抵抗人生逆境,包括可怕的打击。吾儿为了考北一女,神经像拉紧了的弓弦,我担心的只有一件事,如果你考不取北一女,你将如何?你有大无畏的勇气,接受这种在你看起来天崩地裂的世界末日吗?希望再来信时告诉爸爸。爸爸相信你一定会考取,但要镇静(可是话又说回来,我要是你,恐怕比你更紧张)。

爸

1975.4.13

76. 不敢武断回答爸爸的问题

爸：

昨日(星期三,4 月 16 日)妈寄去了一个包裹,清单如下：

肉松、鱼松各一包,短袖衬衫二件,长袖衬衫一件,短袖睡衣一套,卫生衫一件,灰西长裤一条,西装上衣二件。

还有眼镜,不过是另外装的,怕压坏了,天气渐热(台北已经热得像火烤,又闷,难过极了!),自己衣服要酌量地穿!

接到 4 月 13 日来信,可知您还没有接到我 4 月 9 日和 12 日二信和照片!

爸问我的问题,我不敢武断地回答,我想,到那时才能知道,现在说了,到那时又不一定了,不过最好是考上"北幺〔北一女〕"那也不必作其他的打算了! 祝

安康!

佳儿敬上

1975.4.17

P.S.4 月 13 日的信,今天才接到!

77. 你不可催妈妈

佳：

4 月 12 日信跟附在里面画的小女孩像收到,使我大大地震惊。吾儿

画得很好,"条条大路通罗马",不一定要在学士博士圈中打转,如果你能专心,爸爸相信你可有很大成就,盼望吾儿不要抛弃这份兴趣。照片我夹到相簿里(爸爸向人买了一个小相簿,寄来的照片都装在里面,有我离家那一年你过生日的照片)。提起郑绍颖,她头脑清晰而有条理,上次写信给我时,头两句就说:"我是本明的同学,我叫郑绍颖。"我告诉你这些,你不是问我论说文怎么写吗?这就是要点:不时地站在对方立场,把事情询问清楚,再自己回答清楚,我相信你也办得到。眼镜的事我不等用,妈妈有时间自会去买,你不可催妈妈,或唠叨提醒妈妈。

爸

1975.4.20

78. 谈前途、谈升学、谈男孩子

爸:

接到4月20日的信,心里好高兴,因为爸爸说我的画画得很好!

这个礼拜期考,礼拜天我和同学在学校读书。几个女孩子在一起,都可说得没完了,我们还跑到阳台的体育用具的储藏室内,几个人坐在软垫上天南地北地谈前途、谈升学、谈男孩子,还有那可怕的联考,又笑又闹,而天气又是忽晴忽雨,一下飘着细雨,几个同学就跑到雨中又跳又转的,好不快乐,然而书却没温,唉!世界上没有一件事是完美的!

上个礼拜包裹和眼镜已经寄出,相信现在已经收到,眼镜还合适吗?祝

安康!

佳儿敬上

1975.4.25

P.S.照片上我戴着眼镜,我现已是将近三百度的大近视!

79. 代我向妈妈致谢

佳儿：

4月17日信跟包裹都收到，眼镜很漂亮，正适用，肉松、鱼松特别好吃，这里无法买到，一定很贵吧？衣服太多了，如西服、西裤、衬衫等，监牢之中，根本无机会穿，这里比台北更酷热，每天只光着背，冷时才穿睡衣。又使妈妈花很多钱，我太拖累妈妈了，但盼早一天减轻妈妈的担子，代我向妈妈致谢。你的功课最挂心的是英文、数学，从前爸爸曾一再提醒你，因为这两门功课必须一天都不放松，才能奠定基础。英文课本上每一个生字都认识了吗？梁阿姨读北一女时便能听懂电视英文片。数学课本上每一习题都做了吗？爸爸数学很坏，却换来痛苦经验，深知毛病在于没有把课本上每一习题都去做。再来信时告知你的程度，这是最主要的。

爸

1975.4.27

80. 过马路要左右看

佳：

4月25日信跟照片，上周收到，八百元本周收到，但没有吾儿的信，一连数月，每星期都有信的。过马路时千万注意来往车辆，要左看右看，等没有车子时再走，不要低着头只顾脚前。北二女王晓民已昏迷十余年,可怕可哀。吾儿竟有三百度近视,使我痛心,但愿不要再加深,常吃鱼肝油丸,注意看书姿势。看到报上消息,联考7月10日举行,距今还有两个月,如果数学不好,要请求妈妈马上请教师从头补习,绝对来得及(这是爸爸的经验)。到学校用功,还不如就在家,同学们在一起,不可避免地要东扯西扯,浪费光阴。祝吾儿胜利!

爸

1975.5.11

81. 写信和收信是我生命中最重要的一部分

爸:

上个礼拜没写信给您,手好痒,您不知道?我现在把写信给您和收到您的信当做我生命中的最重要的一部分!陈丽真阿姨前天晚上有打电话给我(好久没有见到她和通讯了),她在担心您,怎么那么久没有写信给她,爸!以后您就多给别人写信,不要一直写给我,——只要让您知道我仍爱您,仍惦念着您就够了!

鱼松好吃吗?刚买的时候还是热的呢!若您爱吃,就再寄!好不好?相信您不会嫌我啰啰嗦嗦的吧?我真的不知道该如何表达我对您的爱!

数学是我头痛的一科,倒不是成绩不好,而是老师好讨厌,厌恶之极,因此对数学丧失兴趣(以前好喜欢!),成绩也没以前好,不过,爸放心,我不会放弃它的,我要加油!加油!

祝

安康!

佳宝敬上

1975.5.11

82. 我五十公斤,好胖哟!

爸:

接到您 5 月 11 日的信了,我是既喜又忧。喜的是爸爸说我没写信去,忧的也是爸爸说我没写信去,因为我知道了爸爸是多么地重视我,但也让爸爸担心了一阵子,非常抱歉。因为上上周模拟考,我已经被那一大堆的课本搞得昏头转向,所以没写信,不过 5 月 11 日我好像也寄了一封信(日期记得不太清楚了),相信已经接到了!

大概是因为功课压力太重,再加上我偏食,身体不太好,经常头痛,或是全身无力,所以妈妈天天煮鸡汤来补!所以爸您也别担心,我啊,是愈来愈胖,和小时候简直不成比例!已经五十公斤了,好胖哟!天天跟爸嚷着要减肥,结果是越"减"越肥!

最近数学考得不怎么理想,我想我该加油了。联考数学占一百二十分,也是蛮重要的,国文二百分,不过只有八十分是课内的,其他是八十分作文、四十分阅读测验,分数很难掌握,我作文又不好,唉!"莫法多"!

只剩四十多天就联考了,心情反而极为松懈,一天到晚念书,烦死人了!有时看看电视,又觉良心难安,唉,难!难!难!祝

安康!

佳宝敬上

1975.5.18

83. 你是一个使爸妈骄傲的女儿

佳：

5月11日和18日两信接到，手痒是何缘故？深恐给爸爸写信使吾儿心理负担过重，且既习以为常，偶缺一周，爸爸的心理负担也同样过重。联考之前，盼吾儿专心用功，不要再写信了，等联考之后再恢复，在此情形下，你无信来，爸爸也不担心，我也可能有事停几次写信，吾儿也不要担心。你是否有脚踏车？最好少骑，此事常使我不安。过马路一定要左看右看，最忌一面聊天一面走路。上次寄来的鱼松，里面很多骨头鱼刺，现在爸爸在此可自行申购，不要再寄了。很高兴吾儿胖起来，父母都是瘦子，你不会太胖。日夜埋头在书本中会使人发呆，看看电视，跑跑闹闹也好，相信你是一个使爸妈骄傲的女儿。

爸

1975.5.25

84. 荡秋千是爸爸教我的

爸：

5月25日的信收到了，不过我想我还是每周写封信去的好，再是忙再是没空，半个钟头我是抽得出来的，倘若说写信给您，怕我心里负担太重，那实在又太严重了！

我没有脚踏车,妈怕极了,她说人不去撞车,车都会去撞人,太不安全了,所以闹了半天,妈还是没给我买!

我天性活泼,爸您是应该知道的,不过也许是熬夜太多(已经天天如此,早已为常),脑筋有些迟钝了!有时背个英文单字或解释,转个头就忘了,天!不要考上了高中之后成了一个大呆瓜!真希望您能看到我在球场上的雄姿!那个蹦蹦跳跳的女孩,一定就是我,不过上完体育课回去,就累得半死,下节课老师在讲什么都不知道!

有时回到幼儿园,看看那"小"花园,唉!真是名副其实的"小"花园,"荡秋千"早已不在了,记得我会"荡秋千"还是您教我的呢!现在台北已经没有几个"荡秋千"了,每逢遇到了我一定跳上去荡两下,然后很骄傲地告诉同学或朋友说:"这是我爸教我的!"

我会照爸的话去做的,尤其是我们这个年龄,女孩子在一起就吱吱喳喳个没完,过街就更加地危险了!祝

安康!

佳儿敬上

1975.5.31

P.S.今天是我们导师的生日,吃了好大的一块蛋糕,又增加不少"卡路里",嘻!

85. 多希望毕业典礼能见到您!

爸:

上个礼拜没有接到您的信,不过我知道没什么事,也不要紧的!

上个星期五、六,是第三次模拟考,为了调剂调剂,妈带了我和小舅舅、小舅妈到阳明山去玩,鸟语花香,实在是都市里听不到、看不到的。风一来,吹得全身舒畅,不像台北的风,吹到人身上,到〔倒〕像

是一鼓〔股〕热风！照了不少的照片，洗好了，就给您寄去！

天渐渐热了，不知道爸爸需要些什么？眼镜还合适吧？

快毕业了，多希望毕业典礼那天能见到您，也希望考联考时有您陪着，那能增加我多少勇气、多少欢欣！祝您有着快乐的一星期！祝

安康！

佳儿敬上

1975.6.8

86. 荡秋千的疤痕，现在还在否？

佳儿：

5 月 31 日、6 月 8 日信接到，5 月 31 日的信既早写好，何以迟到 6 月 9 日跟 6 月 8 日的信一齐投邮？昨天端阳节，狱中每人两个粽子，还有肉可吃。提起荡秋千，有一次我去幼儿园接你，小朋友都走光了，还不见你，有人说送到市立医院去了，慌忙奔到医院急诊处，一位老师正扶你坐在手术台上，腿上已缝了好几针，原来荡秋千时被突出的铁钉割破一个大口，你竟没有哭。我入狱时疤痕仍在，现在已消除了没有？眼镜甚合适，我在 4 月 27 日的信上已告诉过你了。看信封上，你写的是“泰顺街 44 巷 27 巷 3 楼”，怎么出现两个“巷”字，太粗心大意，任何文字，写过后一定要再看一遍，校正错误。考试时更要注意，不要写好试卷抢着交，交得快不代表聪明，只代表不能镇静，一定要仔细地再看一遍。爸爸很忧虑地嘱咐你，吾儿切记，不要当耳旁风。

爸

1975.6.15

87. 我照片照得不错吧！

爸：

记得我上封信说的“阳明山之游”吗？照片都洗出来了，成果并不如预期的，但是先选一张我照的，是妈妈照的相，后面远山的房子是妈以前的学校——华冈。柯达照相机极棒，可惜就是太贵，连底片冲洗的价钱，都令人……

还有二十五天联考，我倒是不怎么紧张，反正总是要考的！

越近联考越不想念书，却迷上了《史前文明的奥秘》。看了这类的书，心中不无恐惧，因为上面记载着由考古学家、科学家所验证的古代文明，受着一种宇宙不知名生物的控制，从古迹中，发现许多现在人类仍不能办到的事，但在公元前人类却已经做到了，看了这些书，将来真想去研究这类的东西！

昨天是端午节，家中正在整修、油漆墙壁，还有一些土木工程，因为厨房太小，在其中转都转不开身，如今，好多了，但家中一片混乱！

祝

安康！

P.S. 我照得不错吧！

88. 凡属纪念性的东西，贵也值得

佳儿：

信和照片接到，吾儿上信说要寄来你游阳明山的照片，一见它，不禁大吃一惊！我的女儿怎么已长得这么大，而且跟妈妈如此相像呢！看了信才知道原来是你这位摄影大师给妈妈拍的。技术还不错，但是如果其他的全都坏了，就只能说拍这一张时的运气不错。彩色照片当然贵，不过凡属纪念性的东西，贵也值得。信上吾儿漏了签名，更漏了日期，看信封邮戳是6月19日，不知道有什么重大而紧急的事使你如此匆忙？将来考试时如也漏了如此重要的项目，该如何是好？又增我担心。邮票是用胶纸贴着一端贴上去的，好像在沙漠上寄出的，连糨糊都没有了。考古学和人类学是一门新学问，有无穷尽的宝藏，但英文、物理、化学必须有坚强的基础，我高兴吾儿喜欢它。

爸爸

1975.6.22

89. 腿上疤痕犹在

爸：

接到15、22日的信，看到爸爸所叙述的，心中非常惭愧，因为我不能忠于自己的事情！腿上的疤痕仍在，只是随着年岁的增长日渐扩大，但也日渐模糊。这件事不怎么记得了，只记得割破时没有感

觉,要不,我不会那么勇敢的,我的左腿左下方有颗痣,妈说那是泪痣——相信泪水异于常人!

明天是毕业典礼,好快!今日预演。坐在礼堂里,看着那些幼儿园、小学生仍唱着《好花园》和《复兴好》——毕业典礼中、小学、幼儿园一起举行,不禁有些怅然,我不也是唱着这些歌过来的吗?而如今我又多会了一首——中学校歌,心里有些难过,但是我不会哭,因为我不喜欢这个学校,我还挺高兴的,我终于毕业了。转眼进入高中,再过三年,爸爸又会听到我的抱怨、我的牢骚,因为我又必须面临另一次考试。翻开以前的簿册,楔形般的文字爬满了篇幅,而如今我却能挥洒自如,在此畅谈心中意念。太快了,爸,心中总是怪怪的。明年,进入了高中,同学都换了,我又要交新朋友,适应新环境。爸!老实说,我有点怕,怕什么,却又说不出来……您不会嫌我烦吧?说了这许多奇奇怪怪的话。祝

安康!

佳儿敬上

1975.6.26

90. 你长得很像妈妈

佳儿:

6 月 26 日信和相片收到,你长得很像妈妈,只是多了一副眼镜,想是妈妈读初中时,还没有恶补的缘故吧。每次看到吾儿长高长大的照片,都叹息再不能在爸爸身上爬来爬去了。此信到时,将在联考前夕,记住带准考证,最好把准考证、身份证(你应该有了)、钢笔、铅笔、三角板、削铅笔刀、圆规、绿油精等,装在口袋中,用一根丝带,像项链一样挂在脖子上。考试那天,要早早就去(前一天就要先去看

清考场),因为千万考生同时前往,临时可能找不到出租车。小心吃坏肚子,渴了喝汽水,不要吃棒冰、冰淇淋。题目发下时,要耐心而仔细地看清楚了再做,做完后要再耐心而仔细地看一遍,不要抢着交卷。爸爸不能陪你去考,但爸爸的心回绕在吾儿身上,你要一切自己注意,立志去迎接新的挑战。考完告诉爸爸考得满意不满意。

爸爸

1975.7.6

邮资涨了一倍,限时信要五元,以后寄平信吧。

91. 寄上毕业照片

爸:

今天是星期五,下个礼拜的今天我已经考完了!最近几天血气伏涌,心情格外紧张,想到北一女,心就怦怦乱跳!

老师都说最后的冲刺是最重要的,三年级上学期开学的第一天,老师就讲了一句话——行百里半九十,来勉励我们。可是我越到紧要关头,却越提不起劲来!

天气酷热,白天的太阳真恨不得能吞噬人类。现在仍要上课,实在是热得很,虽然学校也有电风扇,但是却声音大,风力小!

奇怪!今天写信,笔老是拿不稳,字也写得不整齐!附上一张照片,是毕业后出"国父纪念馆"照的,"国父纪念馆"好大,又好漂亮,可惜没有照全景!照得脸肿肿的,大概前夜没睡好——兴奋过度!

佳

1975.7.5

92. 可怜天下父母心

爸：

终于考完了(第一句话,我想这句最适合),三年的苦读,这么一考,就都成了过眼烟云！三年,换得了一个完完全全的暑假(平常的此时已在补习),我想爸爸一定急着知道我考得怎样,我不想说我考得很好,况且正确答案尚未公布,也不知道〔到〕底考得怎样？不过还是想得坏一点,那样,倘若考上"北一大〔女〕"还可惊喜一番,若没考上"北一大〔女〕",也不会过分失望！

"联考",妈比我还紧张,可怜天下父母心,将来这一切的一切不知如何才能报答。这两天星舅舅得了流行性感冒,更是退避三舍,不敢和我讲话,就怕把我给传染了！

一个月才四个礼拜,若都寄限时信,才二十元,一个月二十元,再加上能早点接到信,我想还是划得来。否则为了省三元,害得两地着急,才划不来呢！您说对吗？祝

安康！

佳儿敬上

1975.7.12

P.S.7月25日公布成绩,快了,别太替我着急！

今天上午跑到动物园去玩(不知为何,忽然对大自然的美充满了兴趣),照了许多相！

今日公婆来北市玩。

93. 人是奇怪的动物

爸：

人真是奇怪的动物！放假前(即联考前)拼命地幻想着考后的欢乐、考后的计划,但是如今放了假,却整天没事做。虽然想看点书充实自己,却提不起劲来,一想到书,就想到那些可怕的教科书,上面密密麻麻的字,和红、黄、蓝、绿各种色笔画的重点,不禁使我寒颤!

考前(星期三晚上)接到您的来信,真是给我打了一剂强心针。不过考前我却出奇地平静,居然一点儿也不紧张,睡得比谁都熟,早上七点才起来(原来“预计”自己一定是紧张万状,彻夜不能成眠,然而……)。进了考场(打预备铃即进场),老师凶得很——考场在北二女(中山女中),希望将来别上这个学校,考卷发下来后不可动,那时我不免有些紧张,我就伏在桌上深呼吸,使自己平静,再加上心想：我怎能使爸爸失望呢？心中那七上八下的吊桶才静止!

一切的一切都过去了,三年的辛劳就凭借着发榜了,唉！何苦来栽〔哉〕?

佳儿敬上

1975.7.14

P.S. 对了一下联考的标准答案,约为六百分上下(不会太准确)。

94. 配了隐形眼镜

爸爸：

好几天没有写字了，今日拿起笔来都有些生硬！

前几天到眼镜公司配眼镜，验光之后使我吓了一跳。一只眼三七五度，一只眼三二五度，因为不平衡，所以两眼都配三五〇的度数，因为太深了，这次配的是隐形眼镜(软性)。

今天是 22 日，25 日就发榜，每当想起这件事就心惊肉跳。不过学校说可能 24 日就知道了，我那天还得回学校看看！心情异常紧张，三年的辛劳，在此一举。

昨天回母校"观光"，几乎每位老师看到我都要问一声，不过老师们预测五百六十、七十分就可上北一女了，有些老师则主张五百八十分，男生的录取分数历届都比女生高，所以他们说可能六百分才能上建中(因为这次联考的题目比较简单，所以分数也普遍提高)。当您接到这封信时，可能已过 25 日，接到了成绩单我就写信告诉您。天啊！这两天不知如何过！

祝

安康！

佳儿敬上

1975.7.22

P. S. 去动物园玩的照片，已经洗出，但是大都是动物，人像只有三张！保重身体！

95. 天啊！我考上了北一女

爸：

今天是25日，我想告诉您一个消息，我考上北一女了，天啊！我好高兴，爸，我这一天都沉浸在欢乐中，师长的道贺，同学的祝贺，电话几乎没有停过，心中那欢欣的余波一直无法静止。三年的苦读(尤其是初三)，我终于得到报酬了！四万人的竞争，北一女只录取一千余人，我想，我该满足了！

前几天不停地拉肚子了，一瓶药都吃光了仍然无法遏止——太紧张了，发榜比考试还令人窒息！

明天才能拿到成绩单，分数还不知道，但我实在无法按捺下我兴奋的心情，明天拿到成绩单再告诉您！祝

安康！

佳儿敬上

1975.7.25

P.S. 妈妈异常得意，她整个办公室的人都知道，她有个女儿考上北一女！

96. 爸，尽快来信，免我牵挂

爸：

最后一次接到来信是7月6日，距今已有三个礼拜，只字未见，

连去两封信亦如石沉大海，毫无回音，心中甚为挂念！

离开爸爸已将近七个年头了，从未听您提过您的身体如何？只有最近才告知牙齿不好，其他我这个做女儿的却一无所知！

暑假从7月10日开始，已整整地放了二十一天，这二十一天过得恍恍惚惚，在家没事，荡着荡着又是一天，唉！人真是奇怪的动物，我现在好想上学！星期一玩了一天，星期二更是充实，但也因溜冰之故，脚上磨破了不少！希望您能尽快来信，以免我心中的牵挂！祝

安康！

佳儿敬上

1975.7.31

联考总分七百，国文二百，英文一百，数学一百二十，社会科、自然科各一百四十，而我国文一百八十三、英文九十九、数学九十七、社会科一百二十九、自然科一百一十五，总分六百二十三。

97. 我儿考取北一女，爸爸流泪

佳儿：

接7月25日信，一块石头落了地。这些时我十分不宁，报上登最低分数，我看成最高分数，认为吾儿绝无问题，别人告诉我错误，又加上喻美华案件，使我转为担忧，五百三十四分只能分景美女中，吾儿说可能在六百分上下，顶多分到老师甚凶的北二女。现在好了，这是我入狱以来唯一最高兴的事，年纪老了，太高兴时会流泪，爸爸也流了泪。从前看到别人喋喋不休谈儿女考试如何如何好，丑态可哂，现在爸爸也露了不少丑态，忍不住夸耀。事实上四万人取一千人，太不容易，我已答应下星期请客，答谢记得"佳

佳”很清楚的一些伯伯、叔叔。

爸爸

1975.8.2

98. 心中有说不出的感想

爸：

今天是8月2日，时间的匆匆使我很迷惘，对于未来的前途、未来的命运，我似乎胆怯了、却步了，想想再过三年的现在似乎又在为另一道门奋斗！担心！恐惧！考上了北一女，我的锐气反而消减了，我的豪情壮志也被一连串的问号掩盖了。我已经没有了考上北一女的那股兴奋、那股傲气，我开始想，担心那一连串的竞争、无休止的竞争！

玩了一天回来，心中不无感慨与说不出的感想，听听音乐，但是今日心中越听越乱。我想很多话不是说的，而该用写的，我想到了您……下个星期五是父亲节——8月8日，

祝您

愉快！健康！

佳儿敬上

1975.8.2

99. 人生要不断接受挑战

佳儿：

8 月 2 日信及八百元接到，在此之前还接到 7 月 12 日、7 月 14 日、7 月 15 日、7 月 22 日四信，但 7 月 31 日信未见，大概是邮局遗失了吧。让爸爸先告诉你请客的名贵菜单，计：鳗鱼罐头二，二十四元；肉酱罐头二，四十二元；鸡肉罐头一，二十一元；水果糖三，四十五元；薄荷糖二，三十元；可口哈士一，二十元；花生二，二十元，共二百零二元；分给四个囚房十一个囚犯伯伯吃，可谓豪华大宴。爸爸节的卡片也接到，我很高兴吾儿孝心。看我儿信，你似乎很厌倦紧张生活了，这是一场大冲刺下来必然有的心情，过些时就会恢复正常。人生就是不断地要克服挑战，闯过一波又是一波，固然辛苦，也着实充满兴奋和激励。暑假期间，可常找同学玩玩（男女同学均可），但不要到河流中（如碧潭）游泳。

爸爸

1975.8.9

100. 爸爸现在直立如旗杆

佳：

8 月 2 日、8 月 9 日寄的信接到了吗？吾儿 7 月 31 日的信最近才来，可能是限时信搭飞机，平信搭船，遇到台风过境，就耽误了。你英文考九十九，只差一分，爸爸最满意，数学也不错，这两门是爸爸最头痛的功课,所以到老一事无成。吾儿要特别努力英文,可跟妈妈多练习会话,妈妈数学不行,只好任你自修了。暑假如不去玩,应该帮助妈妈做些事情,不要惹妈妈生气。听说北一女第二学期就分“文”“理”两组,我希望你到理组,但也看志趣,不要勉强。郑绍颖考取了没有? 还有狗先生大伟,仍然在吧? 爸爸的牙齿全是敦化南路那个该死的女牙医师害的,镶的牙不久就掉了。但身体甚棒,百病不生,记得爸爸有点驼背吧,现在直立如旗杆。

爸爸

1975.8.23

101. 新! 新! 新! 新得刺激!

爸爸:

接到8月23日的信,不过我只收到8月2日的信而没有收到8月9日的。不过接到爸爸的信,看爸爸信中洋溢着那股高兴的劲,心中非常高兴,总算,这一年是没有白努力了。

今天是8月29日,是北一女新生训练的日子,于是我穿了那还没有绣学号的制服,带着几分骄傲、带着几分高兴就去了。这是艰苦的一天,每个老师都轮番上阵训话,现在是秋老虎天气,又闷又热,在大礼堂里,塞了将近二千人的学生(包括日、夜、补生),那种难受的滋味,真令人无法想象! 快开学了,9月1日注册,9月4日开学,新的生活、新的环境给人一种新鲜感,但也有些恐惧。一切都要重新开始,要交新朋友,新老师、新的制度、新的规定,一切都是新的,新! 新! 新! 新得涮〔刺〕激! 祝

身体健康!

佳儿敬上

1975.8.29

102. 隐形眼镜会不会伤眼球?

佳儿:

这星期以为一定会接到吾儿的信,竟然没有,半月来我的左眼不停地跳(寄此信时仍在跳),使爸爸十分担忧,报上登着,入夏以来,碧潭已有数人溺毙,每看到这种新闻,都感到一震。溜冰很好,千万不可游泳。溜冰场仍在爸爸妈妈从前带你去学的那个老地方吗(记不起它的名字了)?一定很贵。对数学千万不能讨厌,它是自然科学的轮子,一抛弃它再也走不动了。吾儿既不能摆脱它,为什么不试着去喜欢它呢?隐形眼镜会不会伤害眼球?我以为可能有关系,戴正式眼镜,一样漂亮。

爸爸

1975.8.30

附:给爸爸寄四叠稿纸来。

103. 佳佳发明新字

佳儿:

8 月 29 日信接到,现在已经上课了罢,真是一切都是新,只有无限的虚心才能接受新的东西,一旦自己感觉到了不起,就糟了,就什么都学不会了。等制服上的学号绣好,给爸爸寄一张全副武装的照片来。前数信上你说要寄的照片,像动物园拍摄的,如有,也要寄来。

注意一点,凡是许诺送人的东西,一定要办到,如果发生困难,一定要说明原因,不可含糊了事,对爸爸也是这样,否则爸爸一直念念不忘,盼吾儿养成这个习惯(来信把刺激写为“涮激”,“涮”是伟大的佳佳发明的新字)。

爸爸

1975.9.6

104. 圆山冰宫是以前爸妈带我去的地方

爸:

接到8月30日的信了,上个礼拜写去的信,不知接到了没有?

现在已经开学了,这个暑假只游了一次泳,所以您别担心,没有什么问题的!穿上绿制服的我,神气多了,而北一女又比复兴大得多、老得多,但是对我来说,这一切都是新奇的,包括老师和同学。9月4日开学,才三天的相处,我连班上的人的面孔都无法记清。我又和郑绍颖分成一班,实在是太有缘了!

这个暑假玩得好过隐〔瘾〕,我去的是圆山冰宫,相信那就是以前爸、妈带我去的溜冰场!不过以后可能没有这种机会了,上了高中,一切靠自己,也没有像初中一般那么好的老师——以前我初中的导师对我非常好,时常鼓励我、奖励我,没带早饭或午饭,她也帮我出校门去买,所以考上北一女,她的功劳亦不下于妈妈!我们班的导师,开学后只见过两面,一次是开学典礼,一次是生物课(她教生物),唉!确实不同凡响!

北一女有忠、孝、仁、爱、信、义、和、平、公、诚、勤、毅、温、良、恭、俭、让、礼、乐、射、御、书、数、真、善、美的分法,我是在“勤”班,“公、诚、勤、毅”是北一女校训!稿纸已买(五叠),明日上街再买些吃的,

给您一起寄去！祝

安康！

佳儿敬上

1975.9.6

105. 制服上已绣上校名

爸：

接到 9 月 6 日的信！前天(9 月 10 日)寄去了两个包裹，里面有红牛奶粉一包、巧克力夹心酥一包、煎饼二包、金鸡饼干一包、肉松一包、稿纸五叠。中秋节快到了，这些吃的也可衬衬景，知道爸爸爱吃甜的，所以这些吃的相信会对您的味口！

开学已经将近二周了，功课并不轻松，尤其是英文，其中的生字几乎全部自己查字典，老师只讲解课文的文句结构或词类变化。如今制服已绣上学校，可能明、后天去照像〔相〕，动物园的照片本是可以立即送给您的，但是被同学“抢”去，所以加洗后才能寄去！

前天小周末(北一女星期三只上半天课)，回母校去看老师，风光极了！我现在又当了服务股长，最忙了，管理全班一切大小事务，很累人，但忙得却很高兴！祝

安康！

佳儿敬上

1975.9.12

106. 最好戴传统的眼镜

佳佳：

9月6日信接到，稿纸四叠足够我用了，不要多寄。吃的东西如果还没有买，只买一罐芝麻酱、一包日本干咸菜（名“盐吹昆布”）即可，不要买别的，如果已买别的了，这两样就作罢，不要再买了。北一女开学，郑绍颖也考上，甚好！还有一位父亲去世的那位同学，也考上了吗？我常挂念这位无父的孤女。感谢恩师，证明吾儿有高贵的心灵，但为什么有没带早饭、午饭的事呢？以后应常去探望她。圆山冰宫，对了！正是爸妈带你去学溜冰的地方，还有一位周姐姐陪你，也曾带你去北投公园，你用四轮鞋溜个没完。报上果然说隐形眼镜有害处，眼睛是人身上最尊贵最高级的细胞，死一个便少一个，不能新陈代谢，不能补充，最好取下来，换传统形式眼镜，切记。吾儿生日快到了，爸爸只在第一年接过你过生日的照片，以后就没有了。

爸爸

1975.9.13

107. 我儿真棒！

佳儿：

今天是监狱写信日，恰恰又是中秋节，炎热如火，感冒肆虐。吾儿寄的食物和9月12日的信，都收到了，这是爸爸入狱以来最丰富最快乐的一个节日，难得吾儿还记起爸爸喜欢甜食。芝麻酱、日本干咸菜不要再买了，切嘱。记得吾儿有一副羽毛球拍，你大概只打过一两次，不知还在不在，如果还在，请给爸爸寄来（不必寄球，我这里有），如已不在，就作罢。你当选了服务股长，赫！我们的佳佳真棒。但英文生字有眼不识泰山，可不管你是不是服务股长，不认识就是不认识，你一定要一个字一个字地弄清楚，放松一个字，等于楼梯上少了一个台阶，放松得太多，吾儿就永远攀登不上去了。吾儿生日过去了，告诉我怎么过法？

爸爸祝福

1975.9.20

108. 盼儿开始写日记

佳儿：

中秋节刚过，贝蒂台风就立刻光临，我本来有点感冒，经过风吹雨打，感冒更重，到今天才算爬起来写信。这次台风正穿过绿岛，雨特别大，窗挡不住，记得我们住建国南路时，地势下凹，每次台风，屋里的水都跟床齐，妈妈都要大吵大闹，只吾儿欢喜，光脚丫在脏水中跑来跑去，捉也捉不住，大概你现在也很讨厌台风了。爸爸入狱的第一年，妈妈还寄来你那一年过生日的照片，以后便不再提，我希望你今年生日过得快乐，像爸爸往昔在家时一样。你已是高中生了，盼吾儿开始写日记，一则它可使你的生命充实，使你回顾时可以看到历历的台阶；二则它可训练你运用文字的能力，和抓住要领的思考力。

爸爸

1975.9.27

109. 我喜欢别人看重我

爸：

今年的生日是和星舅舅一起过的。记得小时候过生日还照像〔相〕、录音，隆重之极，但是自从爸爸离开后，生日就只是吃蛋糕的日子了！但是因为难得和星舅舅同天生日，所以9月17日还上馆子吃饭。

功课恢复了正常，很紧所以很忙，一天到晚都在查英文单字、背英语课文……今年“国庆”有阅兵、排字——排字由我们学校（北一女）和中山女中（以前称为北二女）负责，因此月考提前于10月1日考（即下个星期），考完后就陷入紧张状态（要排字）。

当了服务股长，可真不是好差事，忙得要命，像个小工友，一天到晚不是扫地就是擦窗户，忙得很累，却很充实。我很喜欢别人能看重我——也许是缺点，也许是优点。所以我就拼命地做，使别人看重我。考完了月考就给您寄副球拍去，运动运动对您是好事。祝

安康

佳儿敬上

1975.9.27

P.S.——明天教师节，恰为星期日，所以星期一补假。

寄上“全副武装”照片一张，甚丑，头发太短显得头小身大，希望爸会喜欢！

110. 过生日,一年不如一年

爸:

接到9月27日的信了,前封信中我已经提过生日的事,相信爸还没接到。现在过生日是一年不如一年了,穿个睡衣,蛋糕还没吃,就得回房做功课,匆促得很!

爸爸的感冒现在如何了?有没有看医生?吃药?打针?生病就不要勉强自己起来写信,这样我会难过的!窗挡不住有没有造成什么损失?台风来,连妈妈在内都很高兴,不过这次的台风只有学生"放假"一天,没有妈妈的份!可是那天放假(星期一)去迎接巴拉圭总统了,大风大雨,身上的衣服、长裤都湿得贴到身上了!

曾经数度立志写日记,但总是写了一两天就不再写,况且有时妈妈积〔基〕于"好奇心"和"关切"会看我的日记,所以虽然买了一本精美的日记本,却也只写了几页,就废弃不用了!祝

身体健康!

佳儿敬上

1975.10.2

111. 兴奋得说不出话来

爸:

今日是"双十国庆"大典,心中的那股兴奋不知如何形容。因为

我们学校要“排字”,所以我可以当场看到“国庆”实况,今年有阅兵,那更是令人瞩目。我从六点半到十二点(中间九点左右曾让我们活动活动)都坐在那又硬又粗的木头上,又不能动,更别说站起来舒活一下!头顶上的大太阳却也不体恤我们,晒得是如同烤“鸭”一般,这个礼拜从星期一起就没有上课,都练习排字,非常辛苦,但是今天看到“三军”那床〔壮〕大的军容、威武的精神、壮硕的体魄,使得我全身兴奋得说不出话来,仪队、踢正步、武器(全为自制)、飞机分列式(可惜我没有看到)等等,简直是太棒了!

现在是下午三点半,很疲倦,却也兴奋!昨天已把羽毛球拍寄去,还有钱,收到之后,请告知您羽毛球打得如何!祝

安康!

佳儿敬上

1975.10.10

112. 屁股坐得又酸又疼

爸爸:

“国庆”的欢欣尚未终了,紧接着又是“台湾区运动会”(包括台北市),昨天开幕典礼,我们学校又去排子〔字〕了,上个礼拜又没有上课,整天地练习排字,屁股坐得又酸又疼。天气又是阴雨绵绵、阴晴不定(譬如昨天的开幕典礼,本来是阴沉的天气,忽然又出了太阳),非常难受,每天排字回家,都是倒头就睡。今天早上也去排字了,下午放假在家休息,明天上课——终于,我好久都没有碰书本了!(不过我们还要排一次闭幕典礼。)

天气不好,人也跟着不太舒服,您要保重身体,(大概是淋了雨——排字时不准打伞,只可戴雨帽,声音有点沙哑,希望不要感

冒!)祝

安康!

佳儿敬上

1975.10.20

不知爸爸有没有从报上看到我们排的字幕?极为壮观!

113. 独立性格不要被抹煞

佳:

9 月 27 日、10 月 2 日、10 月 10 日、10 月 20 日四封信都接到了,10 月里,爸爸害了一场长期感冒,以头痛和咳嗽为主,后来又努力拉了一阵肚子,大概吃得太多之故。照片收到,凶巴巴,好像打架前夕。羽毛球拍也收到,每天早上无风时可打一二十分钟,现在尚停留在"捡球"阶段,还没有晋级到"打球",不过同样出汗,所以吃得很多。最初买了一副球拍,第一天就断了,寄来的好像新购,价格多少?吾儿很喜欢受人看重,这是每个人都期望的,不容易得到,但太过于重视别人对自己的看法,却可能发生一种现象,那就是势必拼命为了取悦别人(往往是不相干的人)而去做事,自己的独立性格便被抹煞,只不过为了一声赞扬。吾儿,记住这个危险。"字幕表演证"也收到,看到人海中有我的女儿,大为兴奋,但愿不要得病,假如感冒,只有多睡觉,多喝开水、多吃水果,不要心急。

爸

1975.11.1

114. 唉！这个世界做人真难

爸：

难怪许久没有收到来信，心想也许是写信给别人了，原来您是生病了！现在病情如何？还有没有头痛、咳嗽？我最讨厌感冒了，虽不是什么致命的大病，生起病来却令人头痛！肚子还拉不拉？您一定瘦了许多，因为拉肚子最损耗精气神了！要多睡！多喝！多吃！——这是您对我说的，但您自己也要注意！

家中原来有副旧球拍，但却破烂不堪，大概跟您买的第一副一样，像个枯木枝似的，一拍就断了，反正也该买新的了。不贵，才三四十元（确实价钱记不得了），今天寄去八百元，正可买些好东西吃，补补身体！

爸爸说得对，有时我也觉得我像个戴了假面具的人，撕下来才是真正的自我，可是为了适应它，我不得不再戴上面具，去适应我不想适应的，去附和我不想附和的，去做不想去做的，唉！这个世界做人真难，真难啊！照片照得好恐怖，因为头发被剪得太短，其实我是很……祝

安康！

佳儿敬上

1975.11.7

12月12日北一女校庆，有运动会，我参加了二百公尺个人、跳高及大队接力，虽然还早，但已经开始练习！

10〔12〕月10日、11日月考，故最近勤加用功！

可不可以寄维他命等补药？若能，即寄去。肉松要否？

佳儿又及

115. 叮咛再叮咛

佳儿:

11月7日信和附的小卡片收到。你说10月10日月考,10月10日已过去了,11月10日也过去了,是不是12月10日之误?爸爸叮咛你多少遍?要细心,写毕后不要像火烧了尾巴似的把笔一扔,就算大功告成。吾儿参加运动会甚好,盼望二百公尺能挂名,跳高要小心,学校如果仍用的是沙坑,就得更小心。肉松不要寄,既贵,爸爸也不太爱吃,上次寄来的现在还有。爸爸劝吾儿写日记,你振振有辞地一下子拒绝,人们总以为必须记一些不可告人的事才算真日记,其实不然。记下日常生活和可以告人的感想(像你跑了第一,就可大大地写下你的高兴),日记的目的是用它为自己的脚步留下痕迹,并且锻炼自己的文字表达能力和观察能力,不要把它看得那么浪漫神秘。

爸爸

1975.11.15

116. 报告运动会实况

爸:

接到11月15日的来信,近日来,因为运动会的关系,甚忙。参加跳高比赛,腿扭伤了(情况还好,只是已经两个礼拜了,走起路来仍像没有上油的生锈机器);二百公尺跑得气人,因为二百公尺是取名次(一组六名取前二名)不取成绩,而跟我一起跑的是校队,人高马大的,跑得非常快,更别说是跟她比赛了(校队的同学,都是体育保送进来的)!

我每次立志写日记,总是一两天的热度,以后就消失了。家中还放了一本初三时买的日记本,翻开日期,都可以说是古董了!不过我可以试试。

校运的另一精彩项目——大队接力,已经进行了三分之一。一年级总共廿二班,预赛取十二名,复赛取六名,决赛取前三名。预赛那天是星期日,气温骤然下降,冷得要命,而在北一女却正是加油声震天,热闹异常,而我们班领先群"雌"进入复赛,但是成绩并不理想,是十二名中的第八、九名,要进入决赛,还得下一番功夫!

气温突然下降,不知需要一些御冬衣物或食品?祝

安康!

佳儿敬上

1975.11.25

117. 隐形眼镜会伤眼

佳:

只有两个星期未接到吾儿的信,但已觉得似乎很久,爸爸上信把你 11 月 7 日的信误写为 11 月 17 日,也是粗心所致,看出来了吗?考试和运动会的成绩如何?我一直担心隐形眼镜会磨损眼球,一想起来就感不安,你信上却未提及。以后写信时应把去信(无论是爸爸的或是任何人的)放在一旁参考,就不致遗漏了。你们学校何日放寒假?下学期何日开学?以及吾儿家里的电话号码,再写信时,一一告知。下学期北一女要分组了,你拿定了主意没有?爸爸将申请

补牙,希望以后能吃得更多。

爸爸

1975.11.29　99

(编者按:此时,柏杨已知出狱日期,故在信末日期之下,暗注尚有多少天可出狱,此为之99即99天后可重获自由,以下同。)

118. 接力赛,我是最后一棒

爸:

11月15日的信中提到11月17日的信,我就是没有看懂,所以上封信中没有回答,收到11月29日的信才知道是您把11月7日写成11月17日(今日收到11月29日的信)。考试的成绩不尽理想,数学、国文、英文都有进有退,运动会的压轴好戏是在校庆之时(12月12日),此次为北一女30周年校庆。虽说是扩大举行,但我看也没什么,只是有些是以前没有见过的,譬如仪队、乐队、大会操表演(而大会操是由全部一年级,每班选出20名,我就是其中之一),还有分列式(全班都有,包括日夜间部,每班选出34名,而我虽然个子不算太高,却也当上了"护旗"),所以最近天天练习大会操、分列式及大队接力。我班大队接力已晋入决赛,由双班淘汰剩下六班,于校庆时举行决赛,而我是最后一棒(三二〇〇公尺接力,一人跑一〇〇公尺)。

我配的隐形眼镜是软性的,相信不会有什么不良影响(软软的,好似塑料片)。这次放寒假可能要延后十日(因为"排字"的关系,所以功课的进度赶不上),可是确实的日期还不知道,下学期的开学日也没有公布。家里的电话号码是:3214975,有七个字。

分组好像是到三年级才分,而我还没有拿定主意,如果读文组,我却很讨厌背书,如果读理组,数学却不好,再加上选组还要看将来的前途如何?所以无法拿定主意。

您要补牙,身上的钱是否够用?如果不够,下次写信来时,顺便告知,如能补牙,不知补得好不好?

今日已寄去八百元。

佳儿敬上

1975.12.6

今日自己去量身高,有一六〇公分,体重四八公斤(可能多些),星期一是妈妈的生日!

119. 希望你改学打乒乓

佳儿:

我已申请治牙,共有九个牙要镶补(吾儿小学一年级时,爸爸在敦化南路一个女医师那里镶补的,她的招牌很大,手术却赶不上招牌,入狱后第二年就先后脱落,无法咀嚼)。听说一个牙要三百元左右,比在台北便宜得多,吾儿可打电话给牙医师(在电话簿上找任何一位),问问价钱。如果也是三百元左右,我就等回台北之后再镶补,如果确实便宜,请寄二千四百元给我。这事你要禀告妈妈,在我的赡养费中扣除,不要着急寄,迟些日子也没有关系,先来信告诉我一声,衣服千万不要寄,我还要把衣服寄回台北呢!跳高伤腿,现在还不觉得,等年老时,伤害会伸手讨账,那就是旧疾复发。听爸爸的话,退出跳高,只跑跑径赛好了,你为什么不学习打乒乓球?我希望你赶快改行。

爸

1975.12.13　85

120. 夸你聪明,是诱人松懈的毒药

佳儿:

我上星期六(12 月 13 日)的信接到了吗?这星期被批准看牙,见了牙医官,我已打消了治牙的主意,等回到台北再镶吧,所嘱寄的钱就不要寄了。我 11 月 29 日的信接到没有?戴隐形眼镜有无不舒适的感觉?如果有的话就要立刻取下来,不要自己误了自己。腿伤如何?你应改打桌球或参加平衡操,来信时告诉我你的意见。英文、数学的了解程度怎么样?爸爸甚为担心,假设有人(无论是谁)赞扬你聪明能干,不用功就可以考得高分,切切不要相信它,要认为那是一种诱人松懈的毒药,凡事都靠自己辛辛苦苦的努力,从无一个例外。

爸爸

1975.12.20　78

121. 不会被高帽子戴昏了头

爸:

13 日及 11 月 29 日的信都已收到,而且都早已回信了(记得 29 日的回信还写了电话号码及隐形眼镜的事,而 13 日告诉您校庆的经过,20 日已经寄去一信,连同二千四百元),不知您都收到了没?(其间共有三封信。)二千四百元已于 20 日寄出,还有一张圣诞卡,相信应该收到了,为什么不补牙了呢?如果是价钱,那不应列为问题,请

来信告知,不过钱已寄去,您可自己权衡一下,不过最好还是镶牙(牙齿不好最痛苦了),不镶的话,钱留着用,可买冬日进补的食物!

数学最令我头大了,尤其是这个阶段的数学(函数),非做过的题目,拿到就不会做,所以现在天天做数学参考书;英文我比较喜欢,只是时间不容许,否则英文分数可能会较高些! 我才不会被别人的高帽子戴昏了头,"真正"聪明的人,是不会吃亏上当的。(现在同学在一起,勾心斗角,就常有如此同学,唉,其居心也……)祝

安康!

佳儿敬上

1975.12.25

胡适先生曾说:"要怎么收获,先怎么栽。"

122. 代向妈妈致迟来的祝福

佳儿:

二千四百元收到,爸爸非常感动,到底是父女之情,请代向妈妈致谢。我上周六(12 月 20 日)的信大概吾儿尚未见到,牙医官对我的大量坏牙束手无策,而我对拔去大牙也很恐慌,那样的话,吃饭就无望了,所以仍维持现状吧。寄来的钱别无他用,以后不要再寄了,切记切记。12 月 8 日(阴历 11 月 6 日)是妈妈生日,生日宴热闹吗?代爸爸致迟来的祝福。吾儿身高和体重配合得正好,我找一位身高一六〇公分的小弟弟比了比,已到爸爸鼻梁,跟妈妈一样高了,有没有人说你们很像? 咱们郭家的人都是高个子的。

爸爸

1975.12.27　71

123. 好个四眼田鸡

爸：

不知 25 日的信收到了没？圣诞节快乐！第三次月考不尽理想，心情也不好，雨又下得勤，很烦人！

要换领新的“国民身份证”，所以去拍了照片，是穿制服去拍的，比开学那张拍得好看多了。今早才拿回来的(又加洗了一打)，现在就附在信中，您要快点回信，告诉我照得如何！

眼睛的度数愈来愈深了，不戴眼镜走起路来都昏昏的，好个四眼田鸡，不知您的度数如何？是近视、远视，还是老花？祝您

健康快乐！

佳儿敬上

1975.12.28

124. 客气得令人觉得生疏

爸：

接到 13 日的信，巧得很，我 13 日也寄出一封！不知您接到了没？我对乒乓球没兴趣，大概是打得不好的缘故吧，每次打(其实也很少打，没事时才跟同学玩玩)，都嫌桌子太小，总是打不到桌子，像打羽毛球似的，高来高去，没有准头。不过随着运动会的过去，我也“改行”打篮球了，买了个篮球，在家没事就到附近师大的篮球场打，以消耗过多的精力！

补牙的事跟妈妈讲了，妈妈说："这钱不干涉到别的钱，应该的。"相信您懂得妈妈的意思，您每次写信来告诉我您需要什么，总是那么客气，客气得令人觉得生疏。倘若您觉得这些钱是向妈妈借贷的，但您大可吩咐我去做，如果要还，将来我这个做女儿的会替父亲担负这个责任的，这是我的义务。钱已寄出，不日将可收到，您补完了牙，也可告诉我效果如何，让我也高兴高兴。寒流来袭，冷死我了，但最近又比较温和了，我现在是既鼻塞又咳嗽，您要小心，不要再感冒了（我也差不多快好了，不是什么大毛病）。

大后天月考，分量很重，读得我头昏脑涨，考完马上就是圣诞节，祝您

圣诞快乐！

佳儿敬上

1975.12.30

P.S.附上圣诞卡一张，并祝您愉快。

125. 留下时间给英文、数学

佳儿：

12月20日信跟贺年卡一同接到，但12月13日的信没有接到，大概在邮局遗失了。一年终于过去，去年（1975）一年，吾儿写给爸爸的信，超过以前七年的总和，这说明吾儿已经长大，而今年（1976）更大。我把所有的信件装订在一起，竟然厚厚的两巨册。牙已决定不镶，这是我保卫我那颗大牙的唯一办法，爸爸每次嘱吾儿买东西，语气不太肯定，只是恐怕吾儿办不到时心情负担太重。月考的成绩如何？吾儿数学不好是爸爸最大的隐忧，这是当初没有把习题一一都做的缘故，现在还来得及，是不是需要跟妈妈商量，请一位家庭教

师？你下学期不要再干服务股长了，留下时间给英文、数学。

爸爸

1976.1.3 64

126. 怕您太苛待自己

爸：

接到您12月17日和1月3日的信，寄去的钱是否和往常的一样可存起用？对您的一切都甚为放心，就是担心您的起居、牙齿。家中每次添了一件衣服，都会想到您，怕您太苛待自己，又怕您冻了，不知还有没有余钱？您一定要答复我这个问题。

12月8日妈生日，过得平淡，渐渐地，大家对这些都不太重视了，只买了一个小蛋糕和星舅舅、星舅妈四人共度。我和妈妈比了比，足足比妈妈高半个头呢，每次出去，别人都以为我们是姐妹，妈妈都乐不可支，究竟，青春是女人生命中最重的一环。看到爸爸写：咱们郭家的人……心里备觉亲切，还看了好几遍呢！这次月考，数学仍是不好，不过我已打算出去补习（免费，故称为"试"听），也把时间多花在数学上，希望成绩能够好转。

我想寄给您一本日记本，是我去年买的，但是没有恒心，只记了两页，就没记了，不知您喜不喜欢？25日、29日的信接到了没？29日的信中还附有照片一张呢！今日班上开辩论会，也有我的份，最后老师评语，还特别夸赞我呢（题目是"女权运动"，我是反方，最后得胜）！下学期不当服务股长了，却当上了风纪股长！祝

安康！

佳儿敬上

1976.1.9

127. 照片中,你站在膝前,爸妈坐在石凳上

佳儿:

12 月 25 日、12 月 28 日、1 月 9 日三信先后收到,身份证照片果然比上次文明得多了。爸爸买有一本小贴相簿,里面最早的一张,是爸爸入狱前携吾儿在高雄大贝湖照的,而爸爸入狱后,由妈妈寄来的那一张,爸爸妈妈坐在石凳上,你站在膝前,还是小学二年级娃娃哩。我的牙仍有希望,长官说:下月将有两位高级医官莅临,一位是牙医,可以镶牙,到时我会申请的,不镶牙连菜都不能吃(逢到加菜吃肉就更急死人),如果镶的话,钱就不够了,因我已花了些。你们放寒假日期,从报上已经知道,1 月 27 日到 2 月 22 日,假期中,除了功课,要陪陪妈,帮妈妈做事,下星期六(1 月 31 日),因是阴历正月初一,监狱不准通讯。吾儿还放纸炮吗?离家那一年给你买了很多纸炮,小的你还敢放,大的仍是妈妈放了的。辩论会得胜,可喜!吾儿言语清晰,条理分明(跟老爸爸一样,哈哈),五六岁时,抢着接电话,讲得头头是道,没有一个伯伯阿姨不夸奖,言语有条理,就是思想有条理,言语纠缠的人,脑筋准是一盆糨糊。

爸爸

1976.1.24　43

128. 希望在远方的您,过一个欢喜年

爸:

旧历年就快到了,上个礼拜给您寄了些“年货”,不知道您接到了没？还有您要的日记本,其他有五磅装红牛奶粉袋、巧克力糖一包、椒盐饼干一包、芝麻糖片一包、雪片糖一包、云片糕一包、椰子桃酥一包,希望您虽远在他方,也能过个欢欢喜喜的年。这两天期考,我们学校大概是最晚的了,别的学校都放假了,我们 28 日才考完,马上就是除夕新年!

您有好久都没有写信给我了,也不知道您收到了我的照片和 29 日、1 月 9 日的信了没？您一定要给我回信,新年要到了,又流行起感冒了,不知是什么型？也没有特效药,您要保重身体,不多写了(期考后再给您来信)。祝

新年快乐!

佳儿敬上

1976.1.25

129. 压岁钱正好派上用场

爸:

收到您 1 月 24 日的信。年已经过了,寄去的包裹也不知道收到了没？您的牙能吃吗？好吃吗？无论如何,新年快乐!

今年过年除了大串鞭炮(要吊起来挂的那种),很少听到小孩放炮,大不了玩玩“火花”,去年我就不放炮了。记得前年放炮,不小心火星掉进一盒火花,烧起来了,而且还把手臂烧“焦”了一块,疼死我了,过了好久才好,所以,以后就不放了,况且我也大了!

对!我还是赞成您镶牙,还需多少钱呢?请您告诉我,今年压岁钱也正好派上用场。我们学校是最晚放的一个学校(1 月 28 日才放假,应说是 29 日,因为 28 日仍在考试),今年公、婆北上过年,家中热闹许多,只是我得睡沙发(因为公公睡我的床)!祝

新年快乐!

佳儿敬上

1976.2.2

130. 您牙齿不好,我非常难过

爸:

给您寄去了一千元整,因为和妈妈商量的结果,您没有说明什么时候要钱,要多少钱,牙医什么时候来,而书信往还,又需要一段很长的时间,怕您钱不够,所以先寄去一千元应个急(本想前几天给您寄去,但邮局没开门)。看到您的信,知道您的牙齿非常不好,心里很难过,一定要医好,多少钱要来信告诉我,今年收了些压岁钱,可以给您看牙!

不知您收到了吃的东西没?牙齿能吃吗?日记簿相信已经收到了,还不错吧!祝

安康!

佳儿敬上

1976.2.7

P.S. 牙齿坏了几颗?医生的情形如何?

131. 钱够不够用？来信告诉我

爸：

我们 20 日就开学了，假期无多，而功课也还没有开工，都堆得老高了！

16 日要去拿成绩单，17 日返校注册，20 日就开学，寒假的假期真短！昨天起开始补习数学，是干姐姐介绍的，教得还不错！祝

安康！

佳儿敬上

1976.2.13

132. 一连六天吃肉

佳：

1 月 25 日、2 月 2 日、2 月 7 日三信跟一千元都收到。牙医尚未莅临，看情形爸爸只好出狱后镶补了。但我却正需要这笔钱，代我谢谢妈妈。我的牙只要先用棉花填住，就不妨碍大吃吾儿寄来的年货，这次年货甚好，尤其是乳片糕（吾儿断奶时就吃过），我放在地铺头，夜间饿了吃。我们在狱中过年也很热闹，一连六天（除夕到初五）都吃肉，最后还吃了一顿肥猪肉。今天是正月十五日，早上特别吃稀饭，还是甜的，晚上又吃鸭肉。日记本也收到，吾儿不预备听爸爸的话写日记了。吾儿关心爸爸，这是爸爸最大的安慰。来信说，每添一

件衣服,都会想到爸爸,短短数语,永萦不忘。吾儿是《双城记》里的女儿,反过来照顾爸爸,但我比书上那个爸爸幸运得多,还没有疯!将来仍能照顾吾儿。我总挂念大伟,它还在吗?我在南投县草屯镇曾伤害过一条忠心的狗,一直使我内疚,对狗也偏爱,爸爸过去问过它,吾儿没有回答。

爸爸

1976.2.14　22

133. 我要侍奉您一辈子

爸:

接到您2月14日的信,您说您正需要上笔寄去的一千元,使我担心您的钱是否够用?而若牙医来了钱不够用,怎么办?与汇款一同寄去的信中,亦有问及您牙齿蛀损情形,因为我自己牙齿不好(我跟爸的牙齿一样,爱吃甜食的结果),明天我还要去配戴假牙呢(我两颗臼齿已经拔掉)!身受其痛,所以想问清情形。

大伟已经送人了。妈说现住公寓,狗又没人管,看它关在走廊上,英雄无用武之地,怪可怜的,妈又怕脏,我又一整天不在家,不能照顾,所以送人了。我也爱狗,大概是从小受到爸爸的影响,走到街上,看到许多野狗,怪可怜的,经常就把当做早饭的面包喂给它们吃,将来我不要爸照顾我,我要侍奉您一辈子!

开学了,今天是第一天,还要告诉您一个好消息,成绩单发下,我可以领奖学金呢!智育平均八十点二(音乐、美术拉下了不少分)、德群育九十二、体育八十七,智育中最差的是数学。干姐姐帮我介绍了一位数学老师,补得不错,已经上课两次,一个月四百元,这次领奖学金虽只有四百元,但可付补习费,也可免

用妈的钱！祝

安康！

佳儿敬上

1976.2.20

在南投县草屯镇为何伤了只狗？（忘了问。）

134. 行军阳明山，脚趾磨出泡

爸：

您好！2月21日去装了两颗假牙，戴得极不舒服（因为牙床还没有发育完全，所以不能装死的），但是为了避免牙齿倒掉，所以不得不戴，终究不是自己的！

今天行军，从新北投“走”到阳明山，走得我脚趾都磨出泡来了，而从阳明山回去，又是挤巴士，从阳明山“站”到台北，还要转车（一点钟离开阳明山，三点钟才到家），回家从三点钟睡到六点半。（回家后，手也没洗，脸也没洗，一倒在沙发上，就睡着了！）累坏了！

寄上一张2月15日在阳明山照的（妈妈照的——技术欠佳），那次是因为花季将至，陪妈妈上山赏花的照片。祝

安康！

佳儿敬上

1976.2.28

135. 爸爸快出狱了,既悲又喜

佳佳:

2月13日、2月20日信收到。爸爸在草屯养的狗,名叫“老虎”,被灭狗队用毒针打死,死因却由于我,以后再告诉你吧。现在告诉吾儿一件事,爸爸就要出狱了,吾儿暂时不要来信(来信也收不到了),爸爸回台北后,我们父女就可见面。吾儿去年来的信上说,已忘记爸爸是个什么模样?无限怅惘。我两岁丧母,对母亲无一点印象,既没有留下相片,也没有人向我讲过她老人家的音容遗事,连怀念都无从怀念起,终身饮恨(唯一听到的是,母亲临死时,姐姐抱着我在床前啜泣)。而今吾儿总算再看到爸爸,希望吾儿想象中的爸爸,跟实质上的爸爸相差不多。不多写了,团聚在即,既悲又喜,一首诗附寄吾儿。

爸爸

1976.2.28　8

寄　女

吾儿初生时,秋雨正淅沥。父独守长廊,喃喃向神祈。护士终相告,告父生一女。

此女即吾儿,此情舐犊意。儿啼父心碎,儿笑父心喜。看儿渐长大,摇摇学步举。

曾入托儿所,一别一哭涕。负儿径自归,为儿理发髻。出疹畏光风,门窗日夜闭。

儿身热如焚,抱儿屡惊悸。自幼厌进餐,一餐一淘气。悄悄吃狗食,吐泻几将毙。

住院儿卧床,伴儿父卧地。五岁接电话,口舌即伶俐。怒时呼臭爸，顿脚如霹雳。

六岁考幼园，百分高第一。滑梯玩不休，万唤都不理。上学有人送，下学父迎及。

一路攀父臂，仍作秋千戏。爬肩闻烟味，翻腾上父膝。遇事即寻父，搂颈絮絮语。

寻伴乐不归，惹父沿街觅。急急如疯汉，惶惶汗遍体。当父离家日，儿已二年级。

坐地看电视，尚对客人嘻。一去即八载，一思一心戚。梦中仍呼儿，醒后频频起。

而今父将归，儿业亭亭立。何堪吾家破，孤雏幸存息。儿已不识父，怜儿泪如雨。

136. 我女儿一定会抱着我哭

佳儿：

写此信时，不知如何下笔，我不该于2月28日写信告诉你，我们父女即将团聚！现在我在绿岛已有很好的工作，（编者按：明明被强制囚禁在人手中，柏杨却写下“已有很好的工作”，令人酸鼻。）不要为我担心，陈丽真阿姨会打电话告诉你一切，要心平下来，好好用功。你2月28日信接到，也看到妈妈为你照的照片，我曾说：“我女儿一定会抱着我哭。”上次寄来的一千元就是当做路费用的。禀告妈妈，以后不要再寄钱了。八年岁月拖累她太多，不知道如何才能报答她？也不知道何时才能报答她？

爸

1976.3.9

137. 我兴奋得哭了

爸：

接到您的信,映入眼帘的不同的地址,似乎连那信封都不同了,前两天妈回来告诉我您的事(陈丽真阿姨并未打电话给我,倒是打给妈妈了,但妈妈早在陈阿姨打电话来之前就知道了!)我兴奋的〔得〕哭了,不知道是为了什么?兴奋!难过!

知道消息后,就着急着您为什么不在事前写信告诉我,或是告诉我地址,害我信无处寄!

据妈说您在绿岛是教书吧?一月的收入够用吗?不够用要写信来,就是有多余的钱,也不要寄来,这样会徒增我们心理的负担的,留下来添些东西,买些好吃的!牙齿还是要看。(找个好医生,若没有,可等到回台北时镶。)

快第一次月考了,我很好,一天除了念书、打球、补习(有时看看电视外),也都没出去!请您放心!

在这里给您附上在阳明山所照的照片,左边是我同学马正慈,她有一六八公分高!祝

健康快乐!

佳儿敬上

1976.3.17

P.S. 未接到您28日的信,所以对于您所提的事,大都不知!

138. 心浮得很，就是坐不住！

爸：

只接到您 3 月 9 日的一封信，就没有了！寄去的照片、信是否收到？问您的事也一直耿耿于怀，得不到答复！

最近忙吗？我们从 3 月 29 日放假到 4 月 1 日总共四天，不知您那边是如何？明天是青年节，要到“忠烈祠”（全市公立高中都派有学生参加）；30 日要练篮球，因为班际篮赛将届；31 日要去郊游，是和班上一道去八斗子玩（我从来没去过那地方）；一日又要跟同学出去玩，真是安排得满满的，虽然忙，却忙得好空虚，总觉得没有得到什么！本想看看书的，可是心浮得很，就是坐不住！祝

安康！

佳儿敬上

1976.3.28

139. 分别多年，究竟改变了多少？

爸：

您好！今天心血来潮，翻了一下书桌的抽屉，翻到了一些旧照片和一封 1973 年 1 月 27 日的您寄来的信，心中无限感慨。想想一晃三年，再看看那些照片，幼小的我还不到妈的腰部呢，不想今天已经高过妈妈半个头了，心中更觉难过。那封信中您提到我替您钩的一

条围巾，您用来围肚子，为何？我想我还会钩一条送您——况且如今技艺较为高超，不是只钩长短针了。前两天上街买了张专送爸爸的生日卡，回家后，才知连妈妈也不知道您的生日，不知何时才能派上用场？

我有收集信纸的习惯，大家都觉奇怪，我一向个性开朗、热情、倔强，怎会喜欢收集信纸，而且竟是些如此苍凉的。说也奇怪，去买信纸时，我第一眼就看上了这张，我爱它那种感觉——说不出来的，爸！希望您也喜欢！

昨天和同学上八斗子郊游，风大又冷，但还是上基隆去了。一路上不是走路就是坐车，要不就喝西北风，把人整得惨兮兮。回家后鼻子也不通了，喉咙又痛，头也疼，倒床就睡到今早，真是赔了夫人又折兵，得不偿失，害得今天一天昏沉沉，浪费了一天的假期！明天上学正好换季（换穿裙子），哈！那我不冷坏了！

说老实话，当减刑条例公诸于报时，我就注意了，但不见您提起，就以为不成，而如今您出来了，一则以喜，一则以忧，喜的是……那就不用说了，忧的是——多年不见不知您是什么样了，多希望见到您啊！但又怕，我们第一句话该说什么啊？我是新潮人，您能接受我的观念吗？与妈妈相处、生活多年，也不时发生小的争执，我怕！我怕我会伤害您！但是父女天性，我多渴望见到您！记得初三毕业，我要求去绿岛看您，但是妈妈不准，今夏如果您仍不回来，我要去看您！但是，爸爸，我好怕喔！分别多年究竟改变了多少？或是生疏了，或是？……

自您出来，只接到您一封信，相信很忙！我月考刚过，可清闲一阵，就要开始忙了，周而复始，始终如此，月考——期考——暑假，然后高二，然后高三，然后大学，单调且乏味！看到日历仍是 2 月 25 日，一口气撕掉了 31 张，就好像日子似的，过得那么快！

英文老师规定我们每人都要写封英文信给她，想了许多才“挤”出两三行来，孵蝌蚪文实在不简单，班上又举行背诵比赛（英文），于是死背“The Tortoise and The Hare”——龟兔赛跑！因为文章短，所

以才选这一篇！祝您

健康快乐！

佳儿敬上

1976.4.1

140. 上天见怜，爸爸会回去的

佳佳：

2月28日、3月17日信和照片都接到。吾儿，不要哭，上天见怜，爸爸会回去的，我在这里一切很好。请寄：一、一瓶维他命B——(或维他命B complex)，二、一瓶镇静剂(一半青绿、一半褐黑的胶囊，如无，其他无习惯性的也可)，三、一件夏天穿的单夹克(灰色的或其他素色的均可)，四、一把指甲刀。爸爸为陈丽真阿姨忧，来信告诉我她平安否？望儿快乐。

爸

1976.4.8

141. 镇定剂要少吃

爸：

昨天(4月18日)已将您要买的东西寄去——两瓶维他命、五十粒镇定剂(没有瓶装，买五十粒他还不太肯卖呢)、一件夹克、指甲刀一把。

镇定剂要少吃,只有害没有益处!宁可睡不着,也别吃!

23、24日月考,范围大,科目多,累坏人了(我从十二点读起,现已是凌晨三点了),考完再给您写信,4月1日卡片收到没?祝

安康!

佳儿敬上

1976.4.19

142. 幸有爱女知友

佳儿:

寄来的东西照单收到,4月19日信也收到,夹克怎么不是单的?且略嫌小,但仍可穿。你忘记爸爸是一个高大个子了,再给我寄一条夏天穿的西裤(单的、薄的、深色的),一瓶维他命E、一瓶"V ロト"眼药水,这些不要急着去买,多停些日子没有关系。镇定剂我会很谨慎用,我不是失眠,而是日夜不停地心脏剧跳,吃这个可以稍安。4月1日的信也收到,使爸爸感伤良久,这是爸爸自入狱以来吾儿第一封触动爸爸沉重心弦的信,你说我没有告诉你减刑的事,但是吾儿也没有来信问过爸爸一句啊!其他朋友都立刻接到家人的喜讯,一位朋友的女儿连报纸都寄来了。吾儿每次来信,我都肯定的以为一定会问我,却始终失望,我不认为吾儿不关心爸爸,只认为你功课忙,没有看报。我本想主动的告诉你,但怕你太兴奋,影响升学考试,又怕你闹着要来接我,耽误学业,所以一直到2月28日距出狱只有七天,才给吾儿一信,并寄一首长诗。假使我事先知道有现在这个转变,那信也不会写的。吾儿要来看爸爸,我十分高兴,我想你暑假时可以来,婉转向妈妈恳求,届时我会请一位可靠的伯伯或阿姨陪你同来,路费由我直接寄去。如果三个人的话,大概六千元就够了,不让妈妈

再操心。到绿岛后,就睡在爸爸身旁,第二天再回去。爸爸在你这个年龄(正是高中一年级),抗战爆发,投笔从戎,流浪迄今,幸有爱女、知友,在苦难中给我安慰。记得我读小学五年级时,父母吵架,父亲离开我们的老家辉县回开封,我那时恐惧后母,曾尾随父亲数里之远,一直尾随到荒郊,那时我才十一二岁,希望父亲回转,再希望父亲带我一块走。可是当父亲发现我后,却大声把我喝回,把他心碎的孤儿遗弃给日夜虐待他的后母。吾儿千里探父,希望能比古代女孩子缇萦,缇萦徒步走三十倍于吾儿的路程,跟着做了囚犯的父亲,从山东跟到长安。盼望至少为吾儿留下日后无憾的回忆。

爸

1976.4.30

143. 天变地变,爸爸爱儿心不变

佳佳:

我 4 月 30 日的信接到了吧?再三再四地看你 4 月 1 日的信,心中充满温暖。我暑假尚不能回去,但长官很优待我,告诉我说:我只是短期的,不是长期的,我仍会回去的。“政府”以仁爱治国,不会让我们骨肉分离,请吾儿放心。暑假既不能回去,所以盼望吾儿前来,我已拜托可靠的朋友带你(你自己决不可单独前来),等接到回信,再告诉吾儿。从台北乘远东公司的飞机到台东,从台东再乘台湾公司的飞机到绿岛,当天可到,住一晚,第二天回去。旅费二千元够了,三个人约需六千元,届时爸爸会把这六千元寄去(我现在还没有钱)。吾儿自称是“新潮人”,有趣的年轻人的把戏,但不必顾虑爸爸不会接受,生疏是必然的,看过《双城记》吗?他们父女的重逢,而他们父女从没有见过面,但刹那间就是父女了。天变地变,爸爸爱儿之

心不变,爸爸了解你,爸爸只是老天真,不是老糊涂,可憾的是爸爸不能早日回到吾儿身旁,对吾儿照顾。你的英文字写得很糟!“T”字像中国的“号”字,要注意改一改。

爸爸

1976.5.7

144. 希望太高,怕失望

爸:

接到您4月30日和5月7日的信,兴奋得很,因为我可来看您,不过钱可不必寄来。我每年压岁钱都有存下,足够付旅费了,钱留着买些补的东西或用的,真的!别寄钱来!

夹克是最大号的了,而且没有卖单的,可见您个儿太大了,其他的东西,妈说买了就马上给您寄去!

要告诉您一个好消息,我得了一份奖状——学业、操行、体育均列甲等。本可“留影”——一项荣誉,但因未全勤,真可惜,但是乐极生悲,第二次月考,考得奇差,心里很难过!篮球比赛第一场就输了,因采单循环,故以后就没机会了!学校的功课繁忙,而同学相处和睦,前几日和同学去看了一部《乱世佳人》,即 *Gone With the Wind*,实在是好看,我现在只想看原著的翻译小说——虽是厚厚的两大本。

这两日心思不宁,每每幻想到绿岛看您的情形,希望太高就怕失望,所以总是战战兢兢,妈已不表反对,只是担心安全问题,我倒是不怕这些,只担心去成去不成,上帝!保佑我们!祝

健康快乐!

佳儿敬上

1976.5.8

145. 想不到变成幻梦

佳儿：

我4月30日、5月7日两信都接到了吗？迄今还没有接到回信，十分悬念，前信请你寄西裤、维他命、眼药水，我这里都已有了，不要再寄。暑假什么时候开始？妈妈准许你来吗？如果不准？也不要难过，她有她的困难，你要谅解她，我们父女以后还有见面的日子。你4月1日的卡片、信，爸爸看了又看，真是千言万语，当二月间，我常在囚房中自言自语："我女儿一定会抱着我哭，我们骨肉就要团聚。"想不到变成幻梦。吾儿为爸爸买的生日卡，暂时保存起来，你不该为爸爸的事老是麻烦妈妈、问妈妈。我从小没有母亲，不知道自己的生日。你曾说过复兴初中一位老师待你像亲生女儿一样，你很感激她，她叫什么名字？现在仍在母校吗？北一女你的导师是谁？待吾儿好不好？都请来信告诉爸。

爸

1976.5.13

146. 参加仪队？校队？

爸：

您需要的东西已于今月〔日〕寄出（5月26日），其实早已买好，只是想和婆婆需要的东西一同寄出，因此耽误了！

最近做家事,本想坐〔做〕一个烤面包机的套子(上绣花),可是愈绣愈难看,可是时间、精力已经投下,只得硬着头皮继续绣了。

希望暑假赶快到,但是其间不知又要经过多少考试?不过辛苦的果实总是甘美的!我的成绩达到了仪队的标准,但是参加校队就不能参加仪队,我真不知道这两样该选哪一样?问妈,她随我(依她的意思最好是无事一身轻,但这是校方所不允许的),不知爸的意思如何?仪队神气、漂亮、出风头;校队空闲多,可享受不少权利!

妈上街买菜,顺便寄包裹和这封信!祝

健康快乐!

佳儿敬上

1976.5.16

P.S.包裹内有两条西裤(为所能买到最素色的了,其实您也别只穿黑色、灰色,可穿些咖啡色……)、一包眼药及维他命E——一切以健康为重!

147. 洪子惠老师很照顾我

爸:

4月30日、5月7日和5月13日的信都收到了,东西昨天5月16日就寄出了,没关系,留着用,反正都有用!

暑假可能到7月初才放,我一定会去绿岛的,妈也没有说反对的话,我已经那么大了,能照顾自己了!前信提到要可靠的朋友带我去,不知回信如何?

初中时的老师叫洪子惠,现还时有来往,教师节、生日都会去看她,因为她实在是很照顾我,很孩子气,所以都和我们打成一片!现仍在复兴,是国文老师,带我三年!高中毕竟和初中不同,是很需自制的，因为我们导师的课（生物老师）一个礼拜只有三节，见面机会少之又少，但她对我也不错，总说我能干，我挺喜欢她的——只是有些啰嗦，但总是为我们好！我 5 月 7 日的信没收到吗？奇怪？一连接到您三封信，而我寄出之信您又没收到（5 月 8 日，5 月 16 日），心里颇觉不安，怕您挂念！祝

安康！

佳儿敬上

1976.5.17

148. 爸爸的意见只供参考

佳儿：

5 月 8 日、5 月 16 日两信收到，得知妈妈不反对吾儿探父，十分感谢她的宽厚。暑假什么时候开始？吾儿计划如何来法？要详细地告诉我。（爸爸过去一再说过，要对我的话一一回复，但你始终没有做，希望以后不再如此，因为我们相隔得太远了、太远了。）看看翻译小说很好，除了《飘》，可再看《双城记》《基度山伯爵》《傲慢与偏见》《呼啸山庄》，对你运用文字的能力，一定会有很大的帮助，但不要耽误功课。吾儿问我校队和仪队哪个好？爸爸和社会隔绝，一片模糊，实在不知道哪个好？但仅从你对仪队的评语上，似乎并不是太好的地方，我看还是校队好，因为空闲多，你可多准备功课，多看小说，使自己更充实，这才是真正属于自己的，永不朽坏。仪队的风光刹那间就过去了，对你考大学毫无帮助，但这只是参考意见。

爸

1976.5.21

149. 真恨,为什么不早懂事!

爸:

现已是半夜两点半,为了提神,喝了杯咖啡,一点上床至今仍未睡着,心中思潮起伏,想起小时候的情形。记得有一次妈妈去调查局,深夜未归,您焦急地等待,问您,您说“妈马上就回来了”——而我呢,还小,尚不知家庭变故即将来到,安心地去睡了,我真恨!为什么不把握那时我们在一起的一分一秒,早知如此,我一定彻夜陪您,能在一起总是好的,谁又管它失眠的痛苦!

记得去看您,走进接见室,我发觉您的头发全白,我哭了——幼小的心灵虽不知发生了什么事,可是隔着玻璃、铁栏的,必定不是好事,您要妈妈带我出去,我当时真恨您,孰知您是受不了痛苦的艰〔煎〕熬!

小学时,同学谈及父亲的年龄,我还很得意地说:我爸是1920年生的,比你们的都大,心中根本没有忧愁,也不知忧愁,那时我活在自我的小天地中,一切以母亲为中心,我不懂,真的不懂,若是懂得,我会趁您还在新店时,去看您、安慰您……可是我没有,我很后悔,又很气妈,为什么不告诉我可以去接见的?但是即使妈妈告诉了我,又如何呢?回想过去,太不懂事了,真恨,为什么不早些懂事!

记得以前睡觉,都要您或妈讲故事,才肯睡,后来您干脆买个录音机,把故事录起来放给我听。还记得我对您说,当我睡不着时就一直看月亮,直到眼睛疲倦就自然睡着了,可惜今夜没有月亮,不然也可回忆儿时情景,但回忆总是回忆,总会过去的!

——1976.5.21晚

昨夜折腾了一晚,后来虽然睡着了,可是七点不到就醒了,四肢乏力,可是怎么都再也睡不着了,洗个头,清醒、清醒!——第一次一大早洗头!同学帮我报了暑期青年自强活动,在曾文水库——台南,四天,日期未定,不知我去绿岛的事如何了?日期呢?希望不至冲突,如果冲突了,我会放弃台南之旅,即使已经交了钱!

月考终于考完,成绩奇差,期考将至,要用功!突然生病了,也不知为何。忽然头疼、喉咙疼、牙仁发炎,有些发烧,妈妈马上去替我买药,泡柠檬水,唉!生病虽难受,但是母亲的呵护更难受用!

这次历史题目非常小,有"红色"的危险,数学终于及格了,这次题目简单,是拉分的机会,同学多数及格且分数不低!

高中和初中大大的不同,以前月考完,就是自由日,大约可自由到两三个星期,才开始紧张,进入情况。可是如今月考才完,马上就是小考一大堆,松懈不得,联考在即,高三的同学又开始紧张,今天是她们的毕业考试,看了使我想到两年后也是如此,为前程而奋斗!

生病好难受,改天写信给您!祝

健康快乐!

佳儿敬上

1976.5.28

P.S.星期天是洪老师生日,昨日到复兴去看她,送了她一条项链。

150. 正托人带儿来绿岛

佳儿:

接到吾儿5月17日信,由邮戳上得知,这信于5月28日才到绿岛。因为绿岛风雨不停,海上波浪滔天,船只停航,飞机当时也停航了很久(今天已经恢复),对外交通断绝。所以吾儿5月17日的信留在台东过不来，我于5月21日寄吾儿的信留在绿岛邮局也寄不出去，这是绿岛最大的艰难之处，吾儿可知如无人陪伴，万一到了台东，十天八天不能渡海，人地陌生，进退不能，恐怕发生事端。我曾向朋友请托带你，但他们都有所畏怯，不敢携带吾儿。我现在再向另一些朋友请托，还没有接到回信，若接到回信后再告诉你，如果他们仍不能帮助，爸爸再无能力了，届时吾儿就不要前来，现在你要在心理上作一个来不了的准备，以后我们仍可以用信件谈话呀。你选队的事决定了没有？你们二年级时是不是要分组了？这件事十分重要，要看你的英文、数学、理化等科怎样。（不是考的分数好不好，而是对它们实际上的了解和兴趣多不多。）

爸爸

1976.6.4

151. 妈希望我做医生

爸：

接到您21日的信，暑假可能在6月底到7月初，如何去和什么时候去，我也不知道——只有依赖爸您计划了，只希望能早日看到您，虽也有些胆怯！

《飘》看到四分之一，又搁下了，妈说这本翻译得一点文学气息也没了，所以我也懒得继续看了——当初想到要看，实在是迷上了剧中的白瑞德和明星克拉克·盖博。我发觉我做事总是雷声大雨点小，五分钟的热度，过了就没了，又缺少文学细胞。人人都说《飘》《基度山伯爵》好，文学结构棒，但我看了想打瞌睡，明知大仲马写得精彩，却也提不起兴趣，但兴趣是人培养的，我会try，但希望渺茫！

爸说得很对，仪队只是霎时的，我现也不去想它，暑假想做很多事,我希望学校的活动不至于耽误我的 plan! 学校发下了校刊《北一女青年》,看到里面许多高三大姐们的文章,使我心寒,也使我想到初三那段“应付”联考的紧张生活,更使我畏惧面对将近十万人的竞争! 期考完毕,就分组考试了,我将考理组,但听说题目很难,我很怕无法分到理组,将来可能学医——妈说那是最与世无争的工作,又可救世济人,考不上医生(因为分数很高),就念护士,出来就有一技之长,将来也嫁个医生(一笑),反正好处多着呢!

星期六下午在学校上游泳课,一个游泳池有两三班,但多半都在池边看,而水浅地方人多,正合吾意,所以游得尽兴! 晚饭是泰国侨生请我吃的,因为是她生日,还特别做了泰国菜,可把我整惨了,因为他们吃的传统就是“辣”,我到现在还不敢吃辣,所以昨晚只有靠喝水饱肚子(一辣就喝水,所以昨晚喝了若干大杯水),吃到七点,把妈担心死了——因为忘了告诉妈,她还以为我游泳淹死了呢! 再谈! 祝

安康!

佳儿敬上

1976.6.6

152. 单独承担是进入人生的第一课

佳儿:

我 5 月 21 日、6 月 4 日寄吾儿两信,都收到了吗? 我于 5 月 24 日曾用限时信给于姑姑(于纫兰,爸爸叫她大姐,她是“国大”代表,住新店中央新村 6 街 82 号),请她转托罗叔叔夫妇(罗祖光,他是《自立晚报》副社长)带你前来,可是已有半月,未见回信。你接信后要去拜见他们二位(查电话簿,先打电话约好时间),说明我 5 月 24

日信上请托的事(我想这封信也可能遗失),记住!往返飞机票都由爸爸负担,马上就可寄去,只不过请他们拨出两天时间(最多三天),一则使我们父女得见一面,一则他们也可以一游绿岛,诚恳地祈求他们帮助。这是进入人生的第一课,要吾儿自己单独负担是很难的,思之痛心,吾儿多忍耐辛苦,借此锻炼。结果如何,来信告知。吾儿5月28日的信收到,洪子惠老师对你那么爱护,恩不可忘,爸爸可以写信给她表示对她的感激吗?这是吾儿第二封长信,我会再给你信,说说当你小时候爸爸和女儿间的往事。

爸

1976.6.11

153. 转移到儿女身上

佳儿:

我6月10日的信接到了吗?我已再给于纫兰姑姑去了一封信,请她帮助,盼吾儿早日前往拜见。于姑姑是我在四川、东北时老友,对爸爸过去的一切,知道得很清楚,希望她能向罗叔叔婉商,或请她另想办法(如果不行的话,也不可有任何不悦,仍要致谢,人人都有自己的困难)。吾儿5月28日的信是分段写的,这是真实的记录,亲人之间写起信来,如果只是淡淡地叙述事件,缺少感情,便缺少真挚。爸爸过去一直羡慕别人的儿女不停地思念父亲、不停地询问归期,我就不相信吾儿会遗弃在悲惨中受苦的老父。爸爸接吾儿的来信,固然高兴,但刹那间又变为担心。当初爸爸在恋爱时,每接到从台中寄来的厚厚情书,内心就有要爆炸了似的兴奋,因为它证明了爱仍浓厚,可是刹那间又惊恐起来,惊恐那封信投邮后会不会有什么变化(十年后,爸爸在军法处狱中,又重复如此),直到第二次信来,再升起第二次兴奋,也再陷入第二次忧伤。这是一种沉重心情,现在转移到儿女身上,不知吾儿来信投邮后,是否仍照常快乐?是否病情有了起色?联想过去的爱情,使我叹息,现在转为思儿的亲情,使我坐卧不宁。八年前,妈妈被传讯的那一天,爸爸曾远到和平东路为妈妈卜卦(多么迷信啊!妈妈为此曾不谅解,责爸爸趁她不在乱跑)。那晚,吾儿屡问妈妈哪里去了?我说妈妈上学去了,你睡在被窝里,爸爸坐在地板上,在被窝里握着你的小手,忧心忡忡地为你讲故事,直到你合上双眼,难得你还记得这些。吾儿第一次接见我,我正在出庭应讯,在窗子上望见妈妈一手撑着阳伞,一手牵着你的手,你一脸恐怖,眼睛瞪得圆圆的,这印象永难磨灭。后来在洞口接见,我叫你出去,你现在才明白爸爸当时心如刀割,但爸爸也怕吾儿看见爸爸变了形,心灵永留痛创。你小时候是一刻钟都离不开爸爸的,因为妈妈在家的时候少,而爸爸一天到晚都在家。有一天晚间,你从跳舞学校回来,在交通车上不知道跟哪位小朋友吵架受了委屈,车一到家门,你就声震屋瓦地大声哭叫:"爸爸!爸爸!"(普通孩子遇到事,都是叫妈妈的)我狂奔着下楼,邻居们(包括司机在内)都以为发生了大祸,直到抱你下车,你还告状呢,把那些小朋友们一个个吓得口呆目瞪。我不知道你曾夸过口:"我爸爸是1920年生,比你们的都大。"但我知道华昌言、对门的陈小妹等都羡慕吾儿:"你爸爸天天都在家,又带你出去玩。"我是除了上班,到什么地方都带你的,连朋友的宴会也都带你。我想我会继续再照顾你,到你真正的长大。不过在我被释放之前,吾儿要练习刚强自立。这一次如不是吾儿提及,我不会同意你来,但如果没有人带路,就不要来。长官们一再指示,我是短期的,将来终会见面。那个为吾儿讲故事的小录音机还在吗?我希望那时讲的故事没有销掉,也是一项可爱的回味。

爸爸

1976.6.14

我从前不常寄限时专送信,怕邮局的摩托车惊动家人。最近总是寄限时信,因为据说平信渡海是坐船的,遇有风浪,船只停航,常会延误七八天或十数天,限时信可能当做航空信坐飞机,就快多了。

154. 想独自到绿岛探父

爸:

接到您6月11日的信,心中不禁犹豫——我很怕面对那种场合,求人的场合,自尊心和意志挣扎着,所以隔了一个礼拜都没有回信,因为不去求他们我就无法成行。昨日接到14日的信,就下定了决心打电话给于姑姑,由电话簿查到了电话,她很惊讶我居然能考上北一女(她说,她还以为我在一所普通中学),但她说罗叔叔在高雄做生意很少返北,所以找不到他。我难过极了,我原本就不抱着成功的希望,我也不喜欢求人,也不想要人带我去,都那么大的人了,妈说如果您答应了,就让我一个人去(如果可以,我30日就动身到台东,若遇台风,我会看情形而定,实在不行我就搭机返北,或者我找找看有没有外县市同学住在台东,可在她们家暂住——因为妈不放心我住旅馆),当然,一切看您而定!

要期考了,24、25、26、28日四天,很忙,期考完后再详细给您写信!

祝

安康!

佳儿敬上

1976.6.20

155. 不但可笑,还可慨叹

佳儿:

6月6日信收到,考理组学医,深合我的意思,但英文、物理、化学十分重要,不知你能否负担下来?不可过度勉强。学医是一种有机会也有能力救人的事业,不要看成一种吃饭没问题的工具。学护士的目的如果仅为了嫁给医生,诚如吾儿所说的,不但可"一笑",而且还可慨叹,如考不上医,宁考别的。游泳一定要学会,这是救命的技能,但绝对不可去碧潭之类的地方,夏季已至,又开始淹死人了,不要以为没有危险,那些淹死的孩子,当初都是很有把握的。我6月4日、6月11日和6月14日三封信都收到了吗?于姑姑、罗叔叔那里,拜见过了吗?结果如何(我于6月14日又给于姑姑寄去一信)?当初我以为请一位朋友伴吾儿前来,是一件容易的事,想不到是如此地困难,盼火速来信告知。我儿,爸爸不在你身旁,没有人为你安排来探父的事,一切要靠自己。

爸

1976.6.21

156. 不放心女儿独行,宁可父女不相见

佳儿:

接6月20日信,恰好罗叔叔的信同时也到,他答应伴你前来(我

的长官怜我父女哀哀无告,也愿亲自带你),这事总算解决。吾儿来信说妈妈同意你可以单独前来,但爸爸以为万万不可,正因为你大了,爸爸才担心,宁可父女不见面,也不要冒险,报上登的那些社会新闻,常使我心悸。我今天已给罗叔叔寄去六千元(与寄吾儿此信同时发出),他住在敦化南路 351 巷 35 号之 5 (电话可查电话簿),最好请罗叔叔(7 月)10 日或 11 日动身,10 日或 11 日到达绿岛,提前延后都不合适。我很兴奋,一时写不出多的来。

爸爸

1976.6.25

157. 求人帮助,并不丢人

佳儿:

6 月 25 日的信接到了吗?跟罗叔叔商量妥动身日期没有?并且请罗叔叔要早早地到远东航空公司预订机票(他们是包机性质,凑不足人数就不开)。你要携带身份证(先把号码、年龄、籍贯禀告罗叔叔,订飞机票和在台东办赴外岛登记,都需要它)。机票钱已汇罗叔叔,只要把压岁钱带一点在身边作为零用就可以了。再带一个小手提包,内装牙刷、牙膏、一套替换的内衣,身穿学校制服。这次出门远行,爸爸不能为你整理行装,吾儿要自己练习,途中也要自己照顾自己。6 月 20 日来信说你的自尊心使你迟迟的不肯去找于姑姑,吾儿,爸爸到处求人,难道就没有自尊心了吗?自吾儿生下来后,爸爸为吾儿求人的次数太多了。为了读复兴幼儿园,还亲自带你去校董家里恳求,说尽求情的话,还送重礼。而吾儿降生时,爸爸也是向人借贷付住院费的。但少年人都是如此,爸爸谅解这种心情,因为爸爸也经过那个年龄,和吾儿一样刚强。不过,求人帮助,并不丢人,问题只在我们要求帮助的事是不是正当,而我们有没有将来一定报答之心?二者俱全,求人何伤?二者缺一,或二者俱无,那才是贱事,永不能做。一个人的刚强在实质,不在外表。世界上没有不需要帮助之人,吾儿不要气短,只要对一饮一食,不忘人家的恩情。罗叔叔如不在台北,可请罗妈妈或由吾儿直接打长途电话到高雄,请他北返,日期必须在7月10日或11日。

爸

1976.6.29

158. 接到爸爸的信,兴奋了半天

爸:

星期日接到您的来信,兴奋了半天,那时正出去补数学,在上课时好兴奋,同学都奇怪我怎么那么愉快。可是星期日我没有行动,因我已经被数学搞得晕头转向(分组考“全年”的东西),星期二连着两堂的数学考得我头痛欲裂,还勉强地和同学穿着制服压马路——即逛街意!结果到今天仍不舒服(上午同学来玩,结果我也没陪她们,自己一个人在睡觉),头痛、恶心、想吐,难过极了,可是我怕您着急,就打了个电话给罗叔叔,可是他不在家,问他什么时候会在,他家人说不一定。记得上次打给于姑姑,她也说罗叔叔早已不在《自立晚报》,而在高雄做生意,难得回台北一趟,当时我真失望透了,我还以为是她不肯帮这个忙(当时我好似看透了人生,不就是那么一回事吗),希望她能原谅我的想法(当然我没有表现出来,仍是很客气地谢谢她,且她还邀我去她家玩呢)。于姑姑还问我读什么学校?我告诉她是“北一女”,她好惊讶,使我觉得她的态度都改变了,没有想到一个好学校的影响力如此之大!

最近北一女饱受攻击,因为大家对联考制度的不满,连带地也说我们北一女的学生骄傲,一股的明星学校的明星味,看得我气坏了!这两天期考,考得真是焦头烂额,妈说我平时都不念书,到头来苦得要死,那我也没有办法,每次都发誓、立志,到头来却无法实现!最近台风“鲁碧”过境南部,不知有没有受到什么影响?门户要弄牢,衣服不要潮了,身体也要保重不要贪凉——是会感冒的!不知您那边的生活环境如何?但如果蚊虫多,可买杀虫剂(如“灭飞”“克蟑”等)喷洒,再把门窗关上,闷一天,包准晚上回去时蚊虫死光光,当然我不知如此做是否适合!但一切要以身体为重。

公公有时与我谈佛理,虽然对年青人来说佛家太消极了,可是我发觉“听”(当然我是不会看,也看不懂的)了对自己有益无害,我比以前迁就他人、体贴别人,尽量不发脾气,可能都是受了“佛”的影响。

我最重要的事还没问您呢!罗叔叔那里怎么联络日期啊?7月10日、11日将至(我那时可能有篮球赛,不过不管它了),不早通知,怕到时慌乱未妥!等您回信!祝

安康!

佳佳敬上

1976.6.29

159. 罗叔叔有如一剂强心针

爸:

刚从《自立晚报》回来,心里充满了温暖与欢欣。见到罗叔叔,我当然不记得他的长相,可是却觉得亲切得很,和长辈在一起的那份约束,也一扫而空,但心里也有些怕,怕会拖累他,带这么一个半大不

小的孩子,总是不易的事。记得前封信吗?我星期二打电话给罗叔叔,他不在,第二天晚上(即昨晚)他就打电话给我了。(为了这个电话,罗叔叔可是大费周章,因为我只留下了姓——郭,不过他猜一定是我,就打电话问于姑姑,而他只知我姓郭,小名佳佳,而于姑姑只知我叫本明,因此搞了半天,才查出如今我家电话。)

今天十点半到《自立晚报》与罗叔叔谈了半个钟头左右,因为去绿岛时间未定(日程约是9、10、11日三天,只是确切时间没定),他说星期一(7月5日)晚再打电话给我(相信罗叔叔一定会写信告诉您的),那时我再告诉您确切的日期!罗叔叔真好,当我看多了人丑恶的一面时,看到他,听他讲话,却有如一剂强心针,他还说如果有任何困难的话,可找他,我谢谢他的好意,真诚的!但是,我已学到了独立、坚强,一切靠自己的个性了!罗叔叔说您担心我,我很好,除了身体较弱外,其他都很好,妈对我更是无微不至,她每当想到总有一天我会离开她时,她总难过得流泪,她像每位母亲一样的唠叨不休,但是她和我都知道,这是爱!妈总怪我,不让跟您说我要独自前去,她说:"好像我一点都不关心你似的!"唉!可敬的天下父母心!记得小时候,她每每催我要写信给您,说您寂寞,要给您精神上的支持,可是当时我好傻、好可恶,竟吝于提笔写几个字!爸爸,不写了,只要您知道我过得愉快,您需要些什么(不要跟我说您什么都不需要,反正我一定会买的,只怕不适合,所以您自己说需要什么?那最好了),要告诉我!祝

安康!

佳儿敬上

1976.7.1

P.S.今日是大专联考,想想两年后的今天,就轮到我了,有些可怕!

160. 父女相见在即,真怕再来一个台风

佳儿:

6月25日、6月29日两信谅收到,迄未接到吾儿和罗叔叔的回信,甚为惦念。于姑姑说罗叔叔常在高雄,如罗叔叔不能北返,则吾儿可乘对号快车先一天到高雄(要乘上午开出的车,不要乘夜车,这样我就放心),再同罗叔叔乘飞机到台东。你要立刻跟罗叔叔和罗妈妈商量决定。时间我希望提前于9日到绿岛,如果可能。你就要早一天到高雄了,我真怕再来一个台风。以后来信要用限时,航空也可以(我不知道航空邮资,听说是三元),绿岛因风雨频仍,常跟外界隔阻,平信延误太久(我的信箱号码现在改为8451)。

爸爸

1976.7.3

161. 人生是永远看不透的

佳儿:

今天早上接到你6月29日的信,午饭前又接到你7月1日的信,十分高兴,悬念一扫而空。罗叔叔既已见面,一切听他的吩咐。过去,罗叔叔常到我们家来,你已不再认识他,这几年你是生活在另一个非爸爸所在的世界,见不到爸爸的老友了。你对于姑姑的观感实在太差劲,对人生的看法更是差劲。“人生”是永远看不透的,满

口说看透“人生”的人，只是无可奈何地悲观而已。实际上没有人看透了人生，一个人掉到大海里，他说他看透了大海，他真的看透了大海吗？他只不过悲哀他将要淹死罢了。人生随着年龄的增加，痛苦的事也跟着增加，往往感觉到没有力量适应和克服，因而用悲观来使自己的心理平衡。吾儿去年来信曾说，真愿回到儿时那种无忧无虑的日子，其实孩子们也是有忧有虑的，你小时候，遇事总是攀着我的手臂大声喊：“爸爸，求求你、求求你！”每一件事爸爸都答应，知道你那时童心的焦急。我们住在建国南路时，你只有四五岁，看见别的小孩有辆小三轮脚踏车，喜欢得不得了，骑上去不肯下来，但那是人家的呀，终于哭哭啼啼被撵下来。当天夜间，你忽然从梦中爬起来，坐在床上哭着叫：“我要脚踏车、我要脚踏车！”好容易才哄睡，爸爸痛彻心腑，第二天就凑钱到衡阳街买了一辆，你天天从早骑到晚，大街小巷，爸爸像跟班似的在后面跟着（后来我们搬到敦化南路，这小车你也玩腻了，被邻居一个有两个小女孩的父亲留下来）。这些事吾儿当然已不能记忆，我只是说小孩也有小孩的焦急，小孩也有小孩的痛苦，不全是无忧无虑的。我们不要因一个人伤害了我们的心，就认为所有的人都是坏的，尤其不可以一竿子打落一船人，有些事只是个人问题，不是“人生”问题。于姑姑是爸爸的好友，当她听说我出狱找不到保人时，立刻挺身而出，她不是如吾儿所说“没有想到一个好学校的影响力如此之大”的缘故，她不过为吾儿没有因父被囚而流离失所，又考上北一女高兴而已。找到罗叔叔只是一种巧合，难道吾儿不是北一女，于姑姑就不找罗叔叔了吗？吾儿，要切记，不要用势利眼光看人，古书上有句话：“不逆诈”，就是“绝不先疑心对方是心怀欺骗”。要诚恳待人，即令吃了某甲、某乙的亏，但对某丙、某丁以及其他人，仍然推诚相与。你说别人说你们北一女学生骄傲，把你气坏了，但你竟以为一个“北一女”能改变一个老人的态度，这不是自己的骄傲吗？骄傲的唯一结果是失败，你要虚心再虚心，凡事都要谦卑。你是爸爸的幼女，你要避免一般最小女儿的习气。以上是看了吾儿 6 月 29 日信的感想。7 月 1 日的信，吾儿的语气快乐多了，不由笑了起来,罗叔叔难道也是因你是“北一女”的学生才对你很好吗?我们父女都在哀哀无告的苦境,他们不怕麻烦帮助我们,只是为了友情、纯正的友情,我们永不可忘。吾儿在信中说到“爱”,爸爸过去为“爱”曾写过几本书,但我惭愧我错了,我们都忽略了一点:什么是真正的“爱”?真正的爱就是“义”,爱是在“需要”“快乐”的基础上产生的,一旦觉得不需要、不快乐,爱就没有了。“义”不是这个样子,虽然不再快乐、不再需要,仍不离弃。中国古语说:“义无反顾”、“义不容辞”,没有“义”的“爱”,虽然亲如夫妇、子女,都经不起考验。这是一种高贵的情操,一个人的教养在这上面可看得出来,吾儿要培养这种高贵的情操。你从前写给我的信很少,那是你年纪太小,但吾儿每封信我都留下,成一个小册,从吾儿画鸦般的字:“爸爸,您好吗?”寥寥七八句,到现在大谈人生。时间固是可怕的敌人,也是可爱的朋友。我确实不需要什么,有一本《异域》是我用“邓克保”笔名写的,找一下看能否带来?我要呈报长官,不妨问问梁上元阿姨处有没有。如没有,就算了。衣服我都齐全,带来没有地方放置,只要吾儿能来,就是一切。好吧,带一瓶维他命B、一瓶祈富灵、一盒二天堂癣药膏,都用吾儿自己的压岁钱,自己去买,不可麻烦妈妈。绿岛连日苦风凄雨,有时飞机都停航,盼望早日放晴。你的病大概已愈,上天保佑我们吧。

爸

1976.7.4 灯下

162. 看您一眼,心扭动一次

爸:

从绿岛回来,心中的感受是复杂的,去与回的心情,同样沉重,但是所想的却完全不同。去时坐在飞机上,望着层层像棉花似的云朵,如火柴盒似的小屋,心中模拟着您的形象——记得去新店看您时,头发是全白的,然而形象模糊,仅靠着照片来揣模〔摩〕,无法猜想见面时的情景,我想我会哭,可是望望现代化的机舱,却连一点想哭的情绪都没有! 到了绿岛,从出租车远远地看到您,银白色的头发被岛上的南风吹得竖起,身子看似硬朗,却掩不住那份落寞,心里几次翻腾,眼泪自动地流下来,我不想哭——见面应是件高兴的事,但是泪水却不听话的直往下流!

我不敢看您,看您一眼,心就扭动一次,就像绞紧的衣服,压得我喘不过气来。您是那么瘦,瘦得轮廓深深地刻画出来,本来很长的脸更长了,不敢看您,我就一直看着桌面,定定地……不想再谈妈妈的事了,伤心的事回忆起来是很难过的,况且过去的已经过去了,事实已是事实——在飞机上,我整脑子的这件事,没有人能听了而无动于衷的,更何况是我。爸爸,放开些,不值得您伤心的事,您不要用烟和镇静剂来麻醉自己,“拿别人的罪恶来惩罚自己”是划不来的。11 日,因为是星期日,没有飞机到高雄,就从台东坐了五个钟头的汽车到台东〔高雄〕,一路昏昏沉沉,想到我们离开的情形——11 日早上起来,心情无比沉重,看到您又躺在沙发上,心里的感觉是说不出的,您陪我是爱我,可是伤身体,唉! 人是矛盾的,吃早饭的时候,一点胃口也没有,心里又感激又难过,想说谢谢,喉头却又哽住了,因为我知道,当我说谢谢的时候,也是我走的时候了,心底一股敬意,油然而生。从前我是最讨厌穿制服的人了,可是如今观念全变了,真的彻底地改变了,总觉人是自私、利己、冷酷的,可是摆在我眼前的,却是那么的温和、友善和想帮助我的人。到了飞机场,您去称了一下公斤数,才五十多,心里更难过了,看着您比我还细的腿,就冲动得想哭!

上了飞机,心情跟来时一样地冲动,一样地起伏不定,您银白的头发仍是不听话地被吹散了,消瘦的脸上流露出一股爱怜,我的心像被撒〔撕〕碎了一般，胸腔好似狭窄了，一股气好像冲不上来，渐渐地，人变成了小点，绿岛也仅剩下明显的跑道和树林。不久这一切又被深蓝的海所接替了，一切又回复了正常。晚上我将回到“家”，睡觉、起床……从高雄搭上了飞机，仍是来时的航线，仍是一个人，可是我发觉我的包袱沉重了，而内心也充实了，以前我是写给八年前我心中的爸爸，但是如今“他”却是那么的实在，有照片、声音，和那份八年来摸不到、感觉不到的“爱”。

《异域》12 日就寄去了，找到了五本，可是有一本已加圈点，另四本只有二本齐全，只是有些页已破损，所以我就剪接了一下。今天上街去买了祈富灵和维他命 B1，可是二天堂癣药膏在半年前就不发给许可证了（特地跑到联合药房去问的），您看有什么其他药品可代替癣药膏的？我再买买看！少抽烟，多补身体，不要再烦恼，少吃镇静剂（最好不要）。

祝

健康！

佳儿敬上

1976.7.14

163. 诗，代我千言万语

佳佳：

自你 11 日归去，预计当天下午可到台北，如果次日（12）或再次日（13）来信，爸爸也该接到了，可是迟至今天，仍无消息。幸报上并无交通事故的报导，但心中总是不宁，吾儿应先寄一封平安信，几个字就够了。汪乃效叔叔也很悬念（就是用车子接我们、领我们参观名胜、陪罗叔叔打电话、送我们到机场的那位胖叔叔——比爸爸胖，他最心爱的女儿比你小)，他明天过海到台北，我恳托他打电话问吾儿情形。你要谢谢他。

爸爸

1976.7.16

写一首诗，记我们父女一场相会，附寄，代我千言万语。

嘱　女

千里来探父　父迎乍邂逅
茫茫两不识　迟迟相视久
父惊儿长大　儿惊父白首
相抱放声哭　一哭一内疚
父舌舐儿额　儿泪染父袖
睹儿思往事　利刃刺心薮
旧创初结痂　新创再毒殴
痴痴望儿面　父心泪中抖
环岛踏胜迹　汗湿裳衣透
儿或挽父臂　父或牵儿手
温泉洗双掌　绝壁听海吼
高崖攀灯塔　佛洞卜神佑
缠父打乒乓　父女大交斗
笑声彻屋宇　又如旧日友
儿居招待所　窗外荫椰柳
诸友屡邀宴　率儿起敬酒
明月照小径　父女并肩走
喁喁儿时事　指天询北斗
儿卧酣酣睡　父傍彻夜守
听儿呼吸匀　喜儿不解忧
儿虽已长大　仍是一孩幼
睡时仍踢被　不能自察纠
乘车惧颠簸　嘱儿紧抓绶

饭桌用饮食　嘱儿垂双肘
坐时儿弓背　嘱儿挺胸钮
食罢不刷牙　嘱儿勤加漱
隐镜疑伤目　嘱儿另选购
琐琐复絮絮　惹儿嫌父朽
二日匆匆过　留计苦无有
儿自凌空去　父自归窗牖
再视儿睡处　抚床泪如漏
小径仍似昨　父影独佝偻
重见尚无期　念儿平安否
自爱更自重　莫贻他人口

164. 像您那样抽烟,吓坏人了!

爸:

回到台北已经一个多星期了,在这十天的日子只给您去了一封信——似乎少得反常,也说不出为什么。每次提起笔来总会愣在那儿老半天,写了一行半就接不下去了。想到您就阵阵抽搐和更多的依恋,心想如果我们仍能携着手踏在敦化南路的红砖路上,那有多好,或是放了学陪您遛狗,那有多惬意啊!

台北的温度很高,比绿岛不知懊热多少,没风还好,有风的话都是阵阵热风,闷得很,连暑假作业我都提不起劲来。最近又感冒了,我想是热伤风吧?妈说我是贪凉,晚上不是开电扇就是冷气的,我就对着猛吹,一吹就猛打喷嚏,于是就感冒了,再加上这两天篮球赛(手指头吃了"萝卜干",脚也磨起了水泡),累得半死,所以感冒也无起色(不过今天好像好些了)。白天我几乎都在睡觉,赛完球回来又睡,反到〔倒〕没瘦(本来还以为可以减肥的呢)。

分组考试合格了!那天(16 日)到学校去领成绩单时知道的,不过紧接着就得吃苦了——因为理组班很苦,我身体又不好,真怕顶不住。我又不爱吃肉(只吃肉丝),蔬菜更别谈了,有时对着整桌菜,我却无从下筷,有时却会连吃两碗饭(只要有我爱吃的菜),真是暴饮暴食。

昨天(19 日)和 15 日,罗叔叔都有打电话给我,本来想写封信去谢谢他的,也就在电话中说了。罗叔叔说他已和于姑姑见了面,他说于姑姑想见见我,而且他已到陈丽真阿姨那里去找爸爸的判决书,可是陈阿姨那里除了信件外就没判决书,罗叔叔要我问您,是否记错了?他还约我第二天(16 日)中午吃饭(还有陈阿姨),可是我不能去,因为 16 日返校还要练球,所以罗叔叔昨天打电话给我,他告诉我他今天要去高雄,可能下个礼拜才能和我联络!您有什么事要我转告罗叔叔的,可以跟我说!汪叔叔 17 日晚上打电话给我,因为已是晚上十点多,我已上床,是妈妈接的,以后就没打来了(妈妈说汪叔叔好客气)!

您要的药除了癣药膏外,都买了,可是我想和录音带一起给您寄去。您要保重身体,不要一直想过去的事,重要的是还未发生的事。少抽烟,我不反对您抽(记得吗?我最爱闻烟味了),一个人连一点嗜好都没有也是不好的,可是要少抽,像您那样的抽,吓坏人了!

保重身体!

佳儿敬上

1976.7.20

165. 不懂事的儿啊!

佳佳:

你7月14日和20日及寄的《异域》书二册,先后收到。我于7月16日因吾儿归后久未来信,牵挂平安,曾去一信,附有一首诗,接到了吗?又,我于7月14日写了三张十行纸的信,也接到了吗(以后来信,切记要说明接到我何日的信,这事我已嘱咐了百遍,你总当耳旁风)?吾儿幼时,为吾儿抓屎抓尿,今吾儿长大,所能为吾儿做的,只有在信上谈谈一些做人做事的道理,凡爸做不到的事,绝不板起面孔训诫吾儿去做,凡要吾儿做的,都是爸爸做得到的。人生千变万化,看起来难以应付,但实际上只要基础不斜,纵有灾患,也必有成,即令生前得不到,死后也会得到,而且绝大多数都会在生前得到。但如果基础斜了,任何辩解都没有用。这一次父女相会,哭了很多,爸爸尤其一再落泪,"男儿眼泪不轻弹,只因未到伤心处",爸爸伤心的事太多、太重了。老年是一个回忆的年龄,所幸爸爸仍能展望将来,否则早已神经失常。爸爸睡在儿旁,固是看顾吾儿,免得踢被,然也是企图多一分钟与儿相聚,再见无期,能不珍惜?一个人迟早都要开始承担看起来承担不住的忧患,这就是人生。自我们家破之后,你已开始承担,只是你尚不自知,因为吾儿那时太小了。此次前来绿岛,相信你会更能运用思考,现实是无情的,我们必须面对,非大智慧、大勇气的人,不能在夹道内转回驰马。现在,我们父女已经抹去了眼泪,让我们努力恢复正常。药品和录音带,爸爸一再嘱你不要买,孝心爱心不在于此,因吾儿尚无经济力量,徒增吾忧,如未买,即不可买。照片如何?先洗出一张寄来。于姑姑和叶姑姑都要见见你(叶姑姑名霞翟,胡宗南夫人,现任师专校长,吾儿诞生时,她第一个送只炖鸡到医院给妈妈。我们常到她家,她也常到我们家,她的幼女比你稍大),爸爸已函请罗叔叔带你去见。在于姑姑隔邻,有一位冯伯伯(冯伯伯名放民,名作家,笔名凤兮),你也要去拜见。叶姑姑也是一位作家。还有一事,星光书报社印了《异域》(罗叔叔在高雄买了两本寄来),请吾儿转问妈妈,是否答应过星光老板这么做?收过版税没有?如有,当然很好。如无,爸爸将向他索取一点版税(我想,至少他应先付我们五千元),爸爸忘了地址,请打电话(星光,3314812)询问(语气要婉转,从前我常带你去玩,每次都拿很多连环漫画回家看),一并告知,他们不该利用爸爸的名字赚钱,却一声不响。汪叔叔打了三次电话才找到你,他是多么诚挚!你应谢谢他对你和对爸爸的照顾,你却淡淡地说没有,不懂事的儿啊!于姑姑垂怜我们父女的遭遇,爱护至切,吾儿行动言语要使人敬重,不要使人叹息。

爸爸

1976.7.30

166. 女儿替爸爸挑香港衫

爸:

昨天(31日)才从高雄回来,原定30日从台南搭火车回来的,可是因为许多学员建议上第二大都市瞧瞧,虽然不久前才和罗叔叔逛过高雄的大统百货公司,但我仍然跟去了!27日到30日在曾文水库野营队度过,可惜不太成功,因为〔此〕大家都不想再来参加了。可见实在不好玩,吃的、用的、睡的设备皆不齐全,菜不够吃,洗澡水是冷的,毯子也不够,害得我回来后,妈说我脸瘦得像个猴子似的!拍了些照片,洗出后挑几张好看的给您寄去!

如今台北每天中午几乎都有一阵雨,既大且急,和台南一样(我在台南时,一到下午就下大雨,但是不久又放晴了)。上次寄去的东西都收到了没有?香港衫是我挑的颜色,皮带我也要他给我多打了两个洞,希望能适合!也希望您能喜欢!祈富灵大概可吃三个月,吃完了就再帮您买!祝

安康!

佳儿敬上

1976.8.1

167. 和妈妈大吵一架

爸:

今天是8月8日"父亲节",昨日听同学说今天要好好敲她爸爸一顿,不禁一阵怅然。

接到您7月30日的信,已将近一个礼拜了,自己也奇怪为什么一直没有提笔回您的信,也许是心情使然吧?——我和妈大吵了一架,别担心,并不是自绿岛回来才有此现象,妈妈的脾气您是知道的,而我的脾气又是您和妈妈的结晶,简直就是翻版,甚至有"青出于蓝"的趋势。脾气之坏自己也无法控制,平日对妈妈的管教方式即已不满,再为了一件小事,因此一触即发,而闹得不可收拾。不过事情已经过去了,但是,对妈妈的那份敌意却始终无法退去,妈妈总说我和她之间似乎没有一般母女的那份爱,虽然我是那么的感激她八年来的抚育之恩。我现在只希望将自己的功课弄好,等待您的归来——虽然我是那么的贪玩。

暑假已向尾声迈进了,妈妈整天唠叨着要我念书,但也奇怪,有您和妈如此爱好文学的父母,竟有我如此的女儿,也许是从小受了影

响——动笔杆,薪水微薄且落得如此下场。再加上现在念书好似都为父母而念,为了考试而念,以前人念了书就是自己的,满肚子文章,而如今考过了就忘了,可悲!

前天罗叔叔带着我和他的女儿——罗愫和罗妈妈见了面,罗妈妈端庄大方,罗姐姐美丽风华,看他们一家其乐融融,还见到了陈丽真阿姨夫妇,拜望了于纫兰姑姑。叶姑姑赴美可能月底回,所以没见到,于纫兰姑姑还给了我五百元做见面礼,于姑姑人很好,虽然我们只谈了一会儿,但是我总觉得于姑姑像个男人——坚毅、豪爽!和陈阿姨谈得很多,一些往事、一些未来,我感谢陈阿姨夫妇对您所做的牺牲,患难见真情,世态炎凉而竟有如此之朋友,您虽遭此大难,又有何虑。罗叔叔说冯放民伯伯对您的事好像不能说上什么话,就没去拜望他,前天罗叔叔陪我跑了一整天,中午请我吃西餐,晚上还饿着肚子到我家来调解我和妈妈,我心中的激动、感谢无法溢于言表!

7月4日、7月16日的信我都收到。(前天看了在陈阿姨那里您和我、妈来往的书信,从前您也说过我把您的话当耳旁风,到如今仍未记住,该打!)妈妈说她不知道星光书报社的事,明天或后天我就打电话过去。

今天是父亲节,这张卡片我已买了许久,我很喜欢那份乡村的自然和纯朴,将来积点钱,等您出来,我们就搬到乡下造间木屋,依山傍水,与世无争,养些小动物,如果我是学医,就在那儿救世济贫,这种生活不也是恬淡舒适吗?这张卡片是 Birthday card,但我于今日送给您,祝福您!

佳儿敬上

1976.8.8

P.S.少抽烟!

168. 希望不至泼我一盆冷水

爸：

台风终于过去，给您报个平安，然而这次的台风“雷声大，雨点小”，虽说是强烈台风，但总觉没有以前那么刺激、紧张。也许是我比较福气，没有担心害怕的命，据说 9 日晚上的风吹得床都摇动（大概是房子动），但我一点感觉也没有，睡得像个小猪似的——其实平常我也是个夜游神，通常都十二点多才肯睡，有时也会听音乐到两三点，但奇怪的是昨晚我竟睡得不知外面的狂风暴雨。一大早醒来已是“风平浪静”，没风也没雨，竟然还出了太阳，七点多，婆婆从台中打电话来说台中正在刮风下雨，客厅还积了水，和台北真是迥然不同。我想台风对绿岛大概没什么影响，因为时时注意气象，相信绿岛没受影响！

最近又和妈妈提到买脚踏车的事，因为最近实在没事，经常向同学借了车子骑出去玩，但总觉老向别人借车不好（我都向郑绍颖借），别人不在意，自己心里却也不舒服。当然买脚踏车将是自己出钱（我有些存款，不多，但足够买了），已和妈妈商量好了车停在哪里？如何摆？只差您的同意了，记得初中时问您可否买脚踏车时，您说要等高中再买才合适，如今问您，希望您不至泼我一盆冷水吧！

暑假已过了一大半，功课大半都在赶工中，颇累人的，心想到了 24 日一切都将恢复正常，快开学了，一切又将陷入忙碌，但是这次的暑假却是我这一生中最值得回忆的。祝

安康！

佳儿敬上

1976.8.10

P.S.为了您的身体和我，您要少抽烟。妈刚才还带我到走廊去看如何摆脚踏车，心里异常高兴。

今天是中元节，有些阴森。

敦化南路的房子经过了七天的整修，花了一万多元（一万一千元），可见前租户破坏的情形（未修前我曾去看过，有些阴森森的，孩提记忆已不复见），不过您放心，又租出去了！

169. 爸爸去世，信就是遗言

佳儿：

一直在盼望吾儿的信，一天天过去，我开始有一个预感，我们父女间的信，有人截留。这预感不是没有根据的。记得从前，我写的信往往如石沉大海，所以我一直嘱咐你来信时一定要提及接到我某日的信，不可忘掉（当时我只怪吾儿粗心）。稍早，2月28日我出狱八天前写的信，吾儿始终没有见到。最近，7月4日我在吾儿来绿岛四天前写的一信，你离台北前还未见到，回台北后，也未提及。今天，接吾儿8月10日的信，果然，我7月16日、7月30日写的两封信，全未看见。是以，自吾儿返台北迄今，一月有余，未接爸爸只字了。2月28日的信，时间太久，不再说它。7月14日、7月16日和7月30日三信，现在重抄一份寄出。（7月4日信的底稿，吾儿在绿岛时，我拿给你看过，但仍抄一份。）（7月16日不再抄信，只抄寄的诗，抄此诗时，父女短短相聚之情，又浮眼前。）以后爸爸的信都编号，这封信应是（17）（我自移此地，已给吾儿写了十六封信了），这样，吾儿就可知道缺哪封信，爸爸就再补寄，希望如吾儿所说的，把爸爸的信保存起来，万一爸爸去世，也是遗言。吾儿已来了十七封信了，再来信可编为（18）。我的来往信件，都装订成册，每日翻阅，无限慰藉。你要买脚踏车,也好,价钱多少? 来信告知,作为爸爸送给吾儿的生日礼物吧(如果星光付款,正可购车,如果不肯,爸爸再寄)。这封信用挂号寄,应该不好意思再遗失。其他的事,容下次再谈(抄诗抄信,手痛腰酸)。

爸爸

1976.8.13

170. 看您憔悴,心都碎了!

爸:

今午接到您的挂号信,吓了一跳! 一封信沉甸甸的,打开一看才知道您把7月4日、7月16日和7月30日三信重抄了一遍。我没有打底稿的习惯,可是我记得8月8日寄出信中曾提及接到前三信,因为我记得我说:以前您就说我,到现在还没改过来(大意如此),以前刚从绿岛回来,也写了一封记述此行的信给爸您,又不知您接到否? 看您抄了那么一大叠的信,拿在手上还沉甸甸的,殊不知写时的辛劳,心里很难过,也很惭愧,心想一定是8月8日信中忘了提了(不过2月28日的信一直没有收到)! 8月8日的信是一张卡片,因为是用平信寄的,因此可能比8月10日的信晚到您手中,相信您看了一定恍然大悟!

今天返校,最近虽然有出去玩,但在家的时间也颇多,就是提不起劲来写作业,结果昨天为了赶作业,弄得手脚麻痹,头昏脑涨! 每天下午都有一场大雷雨,而今天例外,虽然很闷热,不知绿岛有没有如此? 明天请三位同学来家中吃饺子,有一位是侨生,我很同情她——只身在外,经常去陪她,还送了她两瓶蜂蜜!

如今夕阳西下,阴沉的天空,居然也透出太阳的光辉,《少女的祈祷》(如今垃圾车多用此音乐)在外响着,蝉声也大的〔得〕惊人,听说已是秋天了,但夏的气息却炎热得怕人!给您寄去的包裹和照片都收到了吗?衣服要穿,放着也可惜了!

这封信写应为(19)封,因卡片您没收到,收到了是(18),所以这封信应算(19)!祝

安康!

佳儿敬上

1976.8.14

P.S. 脚踏车我想还是我自己出钱,钱您留着保养身体,看您瘦得憔悴,心都碎了!看您抽烟如此凶,心里更难过!

171. 终于买了脚踏车

爸:

终于将脚踏车买好了,真是几经波折,妈妈是最大的阻力,她最怕我骑了车满街乱跑!其实如今我也不会了,以前年纪小,骑着车子横街直撞,啥事都不怕,可是如今年事稍长,每逢十字路口,总会小心翼翼,也不跟大小车争了,"安全"至上,争什么争呢?因为将零用钱花在脚踏车上,如今要"节衣缩食"在家待着了!

最近天气炎热,有时睡午觉会被热醒,出了全身的汗,不知您那里热不热?记得在绿岛时,晚上到〔倒〕是挺凉快的!

相信您 8 月 8 日、8 月 14 日的信都收到了吧,自您 13 日的信后,我就没收到信了!敬祝

安康!

佳儿敬上

1976.8.18

172. 有能力助人最快乐

佳佳：

我8月13日的挂号信接到了吗？那是接到吾儿8月10日限时信写的。数天后，再接到吾儿8月8日的平寄信。我曾告诉过你，绿岛有海相隔，风浪无常，船期不定，信件必须用限时或航空才行，如用平信，中途可能停滞太久，这次就是一个例证——8月10日限时先到，8月8日平信晚了数日。如果都用限时，8月8日的信先到，我就不会抄信抄得头昏眼花了，这就是吾儿疏忽之过。三封信都收到甚好，爸爸非常难过有那种被截留的猜测。只因吾儿每次来信都未提及，也难怪我焦急，受苦太久，精神恍惚，邮差先生会谅解的。罗叔叔、于姑姑处，我已修函致谢。妈妈在最后一次探监时提出离婚时，对爸爸的朋友愤愤责备，我回答说："亲爱如妻子，都把丈夫遗弃，我们怎么能责备普通朋友呢（爸爸那时还不知道朋友离去的真实原因）？"你母瞠目良久，接不下话。爸爸朋友中当然有很多人掉头而去，但也有很多人留下来看顾我们父女。我们对那些掉头而去的人，不必怀怨，对仍留下来看顾我们父女的人，要永铭心头。吾儿在绿岛时，曾面告过吾儿："一个人如果做出的是肮脏卑鄙的事，就不能责备世人不向他欢呼。"凡事我们要多自责自省。吾儿因何事跟妈妈争吵？爸爸一再告诫你，要爱妈妈，要对林敬琪先生敬重，多体谅他们，爸爸送给他们二位的薄礼，代转送了吗？敦化南路的故宅，你去过，已装修好未？那深嵌入墙的高大书架、那爸爸用的大书桌、桌上的大玻璃板、会旋转的沙发椅、那爸爸设计的一些壁灯、那间爸爸的书房，是否仍是原样？故宅的一石一木、一桌一椅都是爸爸灯下伏案（那时儿已酣睡），一个字一个字写出来的，希望将来妈妈把房子传给吾儿,作为吾儿的嫁妆或出国进修的费用。你说爸爸的写作生涯“薪水微薄,而且落得如此下场”,又说“有你和妈妈如此爱好文学,竟有我如此的女儿”,我的下场还没有到下定论的时候,而且,我们不能因岳飞惨死在监狱,竟认为连忠臣都不能做了。妈妈实质上并不爱文学,当住在通化街时,我们的生活苦(干姐姐的妈妈可讲给你听那时的故事),我告诉妈妈:“王宝钏在寒窑度过十八年,我们这苦算怎么?”妈妈说:“那是文学作品,不是人生。”妈妈把现实看得很重,爸爸却充满理想和信念,妈妈因之常批评我是“老天真”,所以,她如彼,而我如此。外国文字容易学,一个受普通教育的孩子,都可写得流畅。中国文字运用困难,有些大学毕业生连信都写不通。吾儿的表达能力出乎爸爸意料之外的好,我既高兴又骄傲,吾儿不必从事写作,但要会写。你考取理组,太好了,将来学医,切记,不是为了与世无争,而应该是为了救人。世上最快乐的事情和最高贵的品德,莫过于帮助别人,而又有能力帮助别人。如果学医不成,宁可学法,去当法官,道理也是一样。寄上照片两张(有罗叔叔的,我直接寄给他了),这是汪叔叔照相机拍的,另寄上底片七张,请吾儿加洗两张,一张吾儿留下,一张寄给爸爸。你照的呢?怎么一个多月没有消息,要迅速寄来,可能我还要加洗。星光老板的名字问出来了吗?

爸爸

1976.8.19

信刚写好待发,即接吾儿8月14日信,对我所问的照片、星光老板诸事,只字不提,太漠不在意了,难道打个电话的时间都没有?然而更有别的事使我忧虑,俟我心情稍宁,再写信给吾儿。

173. 在眼泪中改正自己的错误，就是刚强

佳佳：

我写此信时，心情沉重，比我刚从监狱移送来此军营时的心情，更为沉重，在没有写到正题前，我先告诉你一件故事。妈妈在中学时，一位女同学跟另一个中学的男同学恋爱，他们声言他们是普通朋友，结果怀了孕，男学生的父母把那女学生痛恨入骨，因为她毁了他们的儿子。女学生的父母忍受不了这种羞辱，也不再理她。二人被赶出大门，在外面租了一间房子，生下一个女儿，丈夫中途退学，无力负担家庭生活（你知道维持一个家多么困难），天天打他的小妻子，最后更遗弃了她，跑回父母跟前继续学业。可是那女学生有一个女儿牵累，不能再上学了，也没有合适的学校可以上了。爸爸妈妈曾去看过她两次（似乎也住在泰顺街），见到那只有三四岁的小女儿在巷子里天真无虑地跑来跑去，不禁心伤。后来听说这个年轻的妈妈去演话剧，再以后就没有消息了。我忘了她的名字（好像姓马），你一问妈妈便知。我说这个故事，是要把我说的正题告诉吾儿，一个男孩子做错了事，失身堕落，一旦醒悟，仍是一条好汉，前途仍无限光明，俗话说："浪子回头金不换"，反而交口赞扬（我想那位男学生可能已到美国得了博士，成了学人，受尽荣光）。可是，一个女孩子，一旦不能控制自己，失身堕落，她就成了残花败柳，"再回首已百年身"，就永远完了。这是上帝先天上的不公平，人类本身无力改变。可惜我是最近才体会到这些，在过去写作时，还没有如此深刻的认识。爸爸是饱经忧患的人，告诉你的不是老生常谈，而是眼泪和遍体鳞伤的感触，但爸爸并不世故，也不老奸巨猾，我不但要把这话告诉你，还希望告诉天下所有的女儿和所有有女儿的父母。这些话可能使吾儿莫名

其妙，那就太好了，但爸爸确实是忧心忡忡。吾儿交男朋友没有关系，而且越多越好（越多越有选择余地），但你要公开交，到他家或到其他地方去玩，当然可以，但一定要带回家，家中虽没有爸爸，可跟妈妈一齐玩，最主要的是，不要使自己失去控制。婚姻的事，要等到大学毕业之后。爱情并不绝对可靠，爸爸妈妈就是一个例子，爱情要有“义”作为基础，太年轻往往没有责任感。我说这些话，可能被吾儿笑我胡思乱想，我正希望我被吾儿嘲笑，只是你要把这话记在心头，将来用以教训你的子女，和教训两位哥哥本城、本垣的子女。听说你跟妈妈争吵，不但争吵，而且还对打，连落地门上的玻璃都打破了。又听说你出去找男同学，不告诉妈妈，不准妈妈打听。这些事传进爸爸的耳朵，吾儿，不可如此、不可如此！但我知道你为什么如此的原因——有一个隐痛在你心中，逼你如此。我想为吾儿分析一下，犹如外国的心理医生在分析他的病人一样，希望在我寻到病根后，病能霍然而愈。吾儿是在一个畸形的家庭之中，爸爸入狱使你心灵受创，在学校和在一些势利的人之前，你会受到排斥，但是儿啊，你要内心坚定，相信爸爸终不会使你蒙羞，而对于妈妈的行为你逐渐感到羞辱，因你妈妈抛弃了正在狱中受苦的爸爸（尤其是爸爸入狱只一个多月），这使你在同学们面前不得不避免谈到父母。从前你小，可以说“爸爸到美国去了”，但妈妈身旁那个男人又是何人？你不能作任何解释，只有任凭同学背后议论，这种自我压制使你开始憎恨，对家憎恨，对自己憎恨。妈妈解释她如此做的原因是：“有谁管我们？”于是你再憎恨爸爸的朋友，憎恨社会上所有的人。你没有力量解开这个结，除非妈妈给吾儿一个正常的家，而这是妈妈所办不到的。你离家不归，妈妈打电话到处找你，这是爱你，没有一个人（包括同学的家长）会认为是“不给你面子”，他们只会羡慕你有一个这么关心你的妈妈。但这反而使吾儿冒火三丈，如果是“林敬琪叔叔”出面，恐怕吾儿的火更大，那是为了什么？你只是不愿别人了解你家庭的内幕而已。你曾竭力地要自己不要想，不要面对现实，甚至美化现实，但到头来仍不得不想，压制了太久的失望和愤怒，使你总是乘机发泄，否则你会疯狂。这个担子超过你能承受的,于是你用“不归”来抵制这个家,于是你去找男同学,故意刺伤母亲,于是你和妈妈对吵,甚至你想脱离这个家。你8月8日信上说过这么一段:“对妈妈的那份敌意,始终无法退去,妈妈总是说,我和她之间似乎没有一般母女的那份爱。”我当时并不觉得什么,现在才知道事因的严重,妈妈对吾儿的爱,可以说超过任何一个母亲。有一次,妈妈凝视着你酣睡的小小身体,对爸爸深情地说:“我真爱佳佳,我愿为她舐屎。”说着要舐,我笑着喝她:“别傻了”,你们母女应该天天抱着脖子说个没完的,为什么变得如此疏远,吾儿从绿岛回去,不能向妈妈倾诉你跟爸爸相聚的经过,没有人关心吾儿所关心的爸爸,没有人关心吾儿苦闷的心情。你的精神一天到晚恍惚不安,好像蜻蜓一样,只能点水,不能长久地停下来,脾气自然越来越坏。你是向一个你无力击败的黑影搏斗,你不惜用毁灭自己的手段使妈妈受苦,爸爸这个心理医生分析得对吗?你已到了可以分辨是非的年龄,也正是心理学上说的叛逆的年龄。爸爸要告诉你,妈妈不是坏人,她之所以如此,是她不甘寂寞而已,哲学家黄梨洲说过:“不甘寂寞,何事而不可为。”她现在不是不愿回头,而是她自己制造的环境不允许她回头,她能把林敬琪先生三言两语地打发走吗?她能有把握爸爸毫不在意吗?吾儿要体谅她的苦衷,她的良心正在惩罚她,社会正在排斥她,吾儿何必再使她痛苦。爸爸到今天这个地步,除了自责外,不怨任何一个人(假使爸爸不出事,妈妈何至如此?一切过错都在爸爸身上),吾儿也要训练自己,学习宽恕。你想到没有,你要搬出家,搬到什么地方去?我想可能有人向你提供地方,假如有的话!儿啊!那就是一个陷阱,现在的家还没有到你非搬出不可的地步,如果到了那个地步,爸爸也主张你搬出去,但要爸爸为你找地方,人世危机四伏,你还没有能力应付。你不是说要等爸爸回去吗?那么,你就要专心祈祷上苍,保佑爸爸早日回去,在爸爸回去前,千万忍耐,要想到爸爸回去后,我们父女欢乐的日子,我们再手挽着手走过敦化南路,我们共同去探望我们的故居。我将带你去复兴小学,和吾儿共荡秋千,我还要跟你的男同学一块玩,到那时,你就能够挺胸扬眉地介绍我:“这是我爸爸。”在等待爸爸回去的这段期间,把感情和全部注意力放到盼望上、放到功课上(理科的功课是多么吃力,专靠聪明是不行的)。虽然妈妈的行为使她丧失管教你应有的尊严,但她仍是你的妈妈,固然不能因她是妈妈便抹杀是非、颠倒黑白,也不能因坚持是非黑白而抹杀妈妈。吾儿不是说要刚强吗?“刚强”和“一意孤行”外貌一样而实质不一样。刚强就是争气,我偏不堕落,我偏要用功,我偏要忍耐,我偏要修身上进,使那些轻视我的人尊重我。我有错时,在眼泪中改正我的错,这才是刚强。注意,不要贪小便宜,包括物质的和精神的——在不甘寂寞的心情下,贪人们的同情和尊重,也是危险的,你要守身如玉。儿啊,爸爸的名字绝不使吾儿蒙羞,吾儿千万不要使爸爸蒙羞,吾儿要真正的刚强,爸爸和爸爸的朋友都了解你的心情,都看重你,你不孤单。一切等爸爸回来,有什么事应像儿时一样,都向爸爸讲。

爸

1976.8.20

174. 爸爸仍是吾儿最可信赖的盘石

佳儿:

我 8 月 19 日的信接到了吗?我要吾儿办的事:一、照片,二、星光老板,三、你在绿岛记在小簿子上向张姑姑要《宝岛长虹》,都办了吗?你有时间出去玩,却把爸爸的事丢在脑后,你知道爸爸在盼望吗?照片寄来几张之后,就再没有消息。星光只要打个电话就可解决,也如石沉大海(向张姑姑要书,不要办了,我已自己去信了),但上两件事,你将什么时候做呢?或是永远不去做呢?吾儿的心神飘浮,不能定下来,这是我最难过的。爸爸又于 8 月 20 日写了五张满满十行纸的一封长信给吾儿，因恰给罗叔叔写信，所以装在他信封里请他代转，吾儿可马上乘出租车到罗叔叔家去看，顺便和罗愫姐姐玩。希望吾儿沸腾的脑海静一静，把8月20日的信仔细地多看几遍，然后写封回信给爸爸。你现在没有地方可以倾吐你内心的苦闷，只有给爸爸写信。你小时候受一点委屈，都要找爸爸，现在爸爸虽不在你身边，仍是吾儿最可信赖的磐石，不要有任何隐瞒，不要骗爸爸。又在你小时候，报上常看到一些坏人欺侮小女孩时，总是对小女孩说："你不可告诉爸爸，不然爸爸会打死你。"我曾再三向你叮咛："那话是故意吓人的，你做什么，爸爸都不会打，千万不要瞒着爸爸。"你每次都很严肃地点头，现在也是如此，用以避免吾儿受更大的委屈。爸爸自问是一个开明而明事理的人，我们父女之间不会有代沟，爸爸永远是吾儿的保护人和知己朋友，因为我总回想到我儿时和我年轻时的错事，这使我对孩子们有太多的怜爱和太多的宽恕。你和男同学来往也要告诉爸爸，他们什么名字？哪里人？在什么学校读书？怎么玩法？爸爸都不反对，反而还会为吾儿出主意呢！你跟妈妈争吵，又发威风，也要把细节告诉爸爸，不妨也向爸爸发脾气。8月20日的信，吾儿一定要仔细地看，能耐下这份心吗？我怕你草草地一目十行。再说一件你小时候的事，你有一个奇怪的毛病，常一个人静悄悄地躺在沙发上，独自默想，妈妈惊叫我到客厅："快来，看佳佳怎么啦？"抱你起来时，你总是一身大汗，怕你受了惊，怕你小心灵有什么痛苦，细语问你想什么？你只一味傻笑。这迄今仍是一个谜。现在这种毛病恐怕已没有了，你忽然"野"起来，爸爸就是要你能多想一想。吾儿要刚强，我再补充一下刚强的意义。刚强不是横眉怒目，不是发狠拼命。刚强是和平的，发自内心，是用流着热泪的耐心力争上游。举个例子吧，一个吸食毒品的人，无视人们的批评，不管自己受害，"天变不足畏，人言不足恤"，硬是非吸毒到底不可，那不是刚强，而是自甘堕落、一意孤行。只有把吸毒戒掉，把身体养好，重新做人，才是刚强。吾儿是选择什么呢？脚踏车需多少钱（你压岁钱还有多少)?何日开学?爸爸听吾儿的话,少吸烟。

爸

1976.8.23

P.S.药接到,衣服(香港衫)、皮带也接到,大概吾儿看到爸爸的衣服皱了破了,那还是八年前爸爸在家时穿的旧皮带,也是故物,虽旧仍不忍丢弃,难得吾儿观察得那么仔细。

175. 我和妈妈之间的感情很奇特

爸:

星光书报社老板仍是林紫耀先生,地址:台北市中华路2段39巷14弄26号,可是据说林老板出国了,9月初才会回来(我没有告诉他我是谁,只说有书要出版,希望知道老板的名字)。

这封信拖了好久才写的,总是一拖再拖,心里总很内疚,因为您托我办的事都没做,所以提起笔来惭愧万分。您寄来的信及底片都收到了,因为买了部脚踏车,身上所剩无几,再加上最近又常去游泳,一次的花费颇多,而我又没有向妈要钱的习惯,所以照片我打算9月领了零用钱后去洗。而我这边的底片除了连同包裹给您寄去的几张之外,其他不是洗不出就是模糊不清,所以我到〔倒〕是没有打算加洗(这次照的成绩颇不理想)。这是照片和星光二事的交代,这封信早该写的,如今写了,心中那块石头、肩上的责任终于卸下来了!

和妈妈吵架的事,真是说来话长,到了绿岛,自己也不知道为什么要那么激烈地为妈辩护。说句实话,我和妈妈之间的感情是很奇特的:好的时候她宠得我像什么似的,吵架了,我们却像多年的仇人,三五天甚至十天半个月的,两个人打冷战。妈有时很有感触地说:“为什么我们母女的感情跟其他的母女不一样呢?”这我也说不出所以然来,只是我知道我非常痛恨妈妈那种紧迫钉人的方式,如果说这是她对我的爱,那么我可以坦白地说:我承担不起。您试想想,我放假在家,她一天总要从办公室打五六个〔通〕电话回来,好似我会随时跑出去玩似的,而男同学打电话来,她又连声斥责,有时又会很恶毒(岂〔起〕码我受不了)地说我一天到晚到外招蜂引蝶,我难过极了。不错,如今男孩追女孩在我们这个年龄已经是很普遍的事了,但是我自信我还能把持得住自己,说句老实话,我不是一个丑女孩(我初中毕业纪念册上,导师给我的评语是:妒风笑月,佳人难再。当然我也不会自恃自己的容貌)。追我的男孩也不是没有,可是从初中到现在,从没有发生任何事,更没有因此而影响了我的功课。追我的男孩,大多是慕名而来,我都不认识,而这种男孩子绝不是什么好孩子,居心亦不良,像这种人打电话来,我只会惋〔婉〕拒。(我也不愿大吼大叫的,让别人以为我很傲。)可是,如果是小学同学或是郊游(如今高中生经常两班——一班男校、一班女校的出去郊游)认识的男孩,我自然把他们当成女孩似的相处,否则不是小家子气了吗?有时会在篮球场上认识男孩子,我相信会把时间放在运动上而不是声色犬马中的,应该不是坏孩子。而我们玩些什么呢?小学同学通常都是郊游、聚餐、看电影。球场上的呢,大都是打完球一同去吃冰或是看看电影,如此而已,在一起玩得正常,思想也正确,否则我不是早就掉到"爱"的泥沼里而无法自拔了吗?而且前途究竟是重要的,如果现在就喜欢上了某人或是不能自拔,那么功课一定会退步,况且这么早就将感情付出,岂不很傻!而我和妈妈吵呢,也是为了男孩子,这次自强活动,我到了曾文水库,结束时又临时和同学跑到高雄去玩,可是人生地不熟的,就由两名住在冈山(父亲都是空军)的男孩陪同游历高雄,晚上就坐夜快车回台北。而他们又很客气地送了我们二瓶蜂蜜,结果其中有一位男孩要到台北来玩,我和那位同学(叫做吴国珍)负责接待,而那男孩我们都叫他小弟(因为他长得矮矮小小),到了台北后又送了我们四瓶蜂蜜(冈山名产)。而小弟晚上打电话(八点)给我,希望我和吴能陪他逛逛台北的闹区,那我当然是义不容辞,结果引起妈妈的反对,就吵起来了,而我又觉得如果我不去很对不起朋友,所以就一发不可收拾,而至〔致〕吵得天翻地覆!

我希望妈妈的没别的,只是希望她信任我。暑假将过,开学之后生活又将步入常轨,到那时就没时间玩了。

9 月 2 日驻〔注〕册,9 月 4 日开学,脚踏车二四五〇元,压岁钱只剩一百元,可是您别寄钱来哟,否则我会心不安的!您举的例子,相信我会选择后者,因为一意孤行害的是自己,可是振作之后,以前瞧不起你的也会另眼相待,最后最有收获的是自己!皮带会不会太松,香港衫你喜欢吧?药要按时吃!祝

安康!

佳儿敬上

1976.8.27

176. 你漠不关心,爸爸再无他法

佳佳:

8 月 18 日信收到,脚踏车买了,骑车时千万小心,要注意斜刺里冲出的汽车,转弯时一定要沿边、要慢,不要争强抢道。吾儿这封信仍没有提到星光老板,我是 7 月 30 日教你询查的,足足一个半月,你抛在脑后,好像心安理得,怎不使爸爸难过?现在不要你打听了,我在“全国图书目录”附录全国出版社中,看到他的名字——仍是林紫耀先生,对吗?我希望吾儿借此训练一下你独当一面的能力,由爸爸写一信,交吾儿持往交涉讨取版税。(请华妈妈陪你也可,我叫你代我向华妈妈致谢的话,你说了吗?)你如没有这份勇气,就作罢,我直接去信。如有这份勇气,我就把信寄给你。吾儿 8 月 8 日和 14 日信均接到,爸爸对吾儿的信,都有详细的回答,不像吾儿对爸爸的信,一

撕了之。我7月4日、16日和30日的信，絮絮地谈了很多，你从未提及一句感想。如果嫌爸爸写得太长，我以后可以写短一些。我8月19日、20日和21日三信大概都已寄到。还有一件事嘱吾儿要办的，前天，梁上元阿姨送我一架卡式录音机（我向陈阿姨托陈叔叔打听价钱，梁阿姨看到信，就送给爸爸一个，真漂亮，比我们家的那个漂亮多了），我非常欢喜。记得吾儿在绿岛时，爸爸曾问到家里保存的那些盘式录音带，吾儿说还在。请立即把它们找出来，看看多少卷，来信告知。我已去函陈叔叔把它们转录到卡式录音带上（等回信后，我再函你送去），爸爸希望再回味一下十五年前的往事，那录音带上有你小时的儿语、过生日时小朋友的贺语、爸爸的小说《旷野》连播一个月的全部录音和中广公司对爸爸访问的录音。卡式带容易保存，将来吾儿也可听听。爸爸请吾儿办事，都是非吾儿办不可，而且并不困难的事，如果你漠然不关心，爸爸就再无他法了。何日开学？

爸爸

1976.8.30

177. 吾儿自爱，爸爸放心

佳儿：

8月27日信接到，吾儿能自爱，爸爸就放心。我曾答应吾儿过生日时寄两千元作生日礼物，现在你生日就要到了，我还没有钱，要到月底才会有，届时当补寄。祝吾儿生日快乐。

爸

1976.9.14

178. 觉得世界不再冷酷

爸：

好久都没有写信给您了，不是没空，只是整天精神不能集中，空闲时总是胡思乱想，一点正事也没做，那么久没接到我的信，相信您一定急坏了，我自己也不知道是怎么回事！

刚刚写了两封信，一封给梁上元阿姨，一封给孙观汉伯伯，我实在不知道如何表达对他们的感激之情，如今这世上像他们这样的人实在少之又少，然而如今却有这么些人表示对您和我的关心，使我的人生看法也大大转变了！记得我去看您时，总免不了有些偏激，有些激动，以为这世上的人都自私、可恶，可是我遇到了汪乃效叔叔和那儿所有关心、照顾您的军官，还有罗祖光叔叔、陈丽真阿姨他们，使我觉得这世界不再是那么冷酷、那么现实！相信您一定有和我一般的感触！最近烟应该没有抽得那么凶了吧？婆婆都戒烟了，她老人家抽了大半辈子的烟，居然能说戒就戒，实在了不得！希望您多替自己的身子着想，烟可以抽，但要有节制！

维他命丸和祈富灵都还有吧？没有要告诉我，药钱是省不得的，也千万别说麻烦，因为这是我做女儿的本分呀！

“双十国庆”我们又要“排花”（不是“排字”，是另一种花样），但比排字累，因为排字是坐着，而排花是站着，真怕我会支持不住！月考是 10 月 13、14 日，“国庆”之后又有得忙了！梁阿姨送您的录音机，您打算如何应用？需不需要录音带？来信时告诉我！祝

健康！

佳儿敬上

1976.10.3

179. 吾儿选的香港衫正合适

佳儿：

寄上两千元，如不够用，可来信告知。如有急需，可随时去找罗叔叔或梁阿姨先借（梁阿姨住青田街 5 巷 3 弄 7 号）。林紫耀先生处，因久未接吾儿来信，我已直接去信了。吾儿一月无只字，使爸爸挂念。天气惭凉，吾儿上次寄来的香港衫，爸爸已穿上，大小正好，难得吾儿记得爸爸是一个高个子。

爸

1976.10.4

180. 生化学老师的气

爸：

接到您的挂号信和叁仟元（与您所说的二千元不符），看到您寄来的汇票，我真是难过极了，因为这些钱您赚得不易，且似乎应是我寄钱给您花用，而如今整个地反过来了。我想这些钱可给您买药和我每月的补习费（因我每月补习四百元，总觉得花得过意不去，如今可避免伸手向妈妈要钱的机会了），但是以后您别寄来了！我实在是感到惭愧！

最近，每天总是离不了排花，很累人，所以回家后不能念什么书就睡了，觉得〔倒〕是睡了不少，书却碰也没碰。您一定奇怪为什么有一个月我都没写信给您,唉!一言难尽,前几个礼拜心情之恶劣使我无法安下心来写信给您!说来话长:前几个礼拜的下午一、二节是化学实验课,因为那一阵考试繁多,而且又是下午一、二节的课,因此同学个个睡得迷迷糊糊,所以到实验教室就迟到了。很不巧地却引起化学老师(代课的,原本的老师请产假了)雷霆之火,因而记了我们班长二节旷课且赶她回教室,不让她实验(因为老师说她态度不好等等,其实她当时根本没睡醒,所以有些迷糊!)而因我是康乐股长,因此点名单由我管(旷课是要记在上面的),放学之后他就到训导处查看我记了班长没。(小心眼!)可是当时我没交,反正隔天早上交亦可,因此就拖到礼拜五的下午才交。更不巧的是,他礼拜六又跑去查,而管点名单的老师把我礼拜五交去的点名单放到礼拜四的去了,因此他乍看之下:怎么?变成另一张了?所以他就说我伪造文书,包庇班长,跟他解释一点用也没有,根本不听,还说要记我过什么的,幸而国文老师帮我说情才得解决。如今已事过境迁,我不想批评老师,只是这件事使我学到多站在别人的立场替别人想想、凡事都不能主观,且要不迁怒!(即使圣人亦有错,何况是老师,因此我原谅他,但也因为这件事,我对化学课深恶痛绝!)

除了香港衫,您可需要些什么别的东西?如今有了钱可以买些了。(照片我也已送去洗了!)祝

安康!

佳宝

1976.10.7

P.S.烟应该能少抽些了吧?

181. 能原谅人是高贵的情操

佳佳：

10月3日和7日两信及照片先后收到。女儿用爸爸的钱，是天经地义、理直气壮，爸爸用女儿的钱就使天下人都为之感动，但愿吾儿永有这份爱心。我本是要寄两千元的，在寄信时，恰巧接到星光出版社经理林紫耀先生寄来《异域》版税四千元，所以临时多寄了一千元，而信是早已写好呈请长官批准过的，不能随便更改，并不是我老糊涂。星光的钱，我曾写信给你，要你去接洽，你连回信都没有，我只好直接去信，并没有说数目，林经理就立刻用限时挂号寄来四千元，说我如果不够用，还要再寄。吾儿记住此事，以后如有临时急需，可去见他，当可救急。药不要买，因我已买了，祈富灵一瓶三百二十元，对吧？爸爸的钱来之不易，过去所置家产，刹那间化为一空。现在，戋戋此数，只需吾儿好好用功，为我父女争一口气。我想那位化学老师有点不对，学生既已上课，如不守规矩，只能按不守规矩办，不能按旷课办。学生即令“包庇班长”，也不能记过，如果说是“伪造文书”，岂不要送到法庭判刑坐牢了吗？以老师之尊，向一个没有抵抗力的孩子压迫，不是英雄。我儿气他是合理的，能原谅他更是吾儿高贵的情操。但要从内心真正的原谅，不要嘴巴说说表示自己大量，心里却仍恨他，那就是虚伪。尤其不要因人的缘故，迁怒他所教的功课。化学在你的前途非常重要，化学不好，如何学医？不要为了一个漠不相关的人，反误了自己。爸爸建议吾儿试着同情他，同情他或许仅只脾气不好，同情他地位虽高却仍无知。吾儿说过要刚强，这正是刚强的时候，决心把化学学好。人贵在了解，将来也可能发现这位老师是一位好人。梁阿姨、孙伯伯有回信吗？我已给梁阿姨去信了，希望你星期六、星期天或晚上去看她,从前我们常到她家吃饭,她家广东萝卜糕、虾油最好吃。梁阿姨认识你时,她正是北一女二年级的学生,跟你现在一样,今天她已是大学教授了。你可自己前往,练习独当一面的能力。孙伯伯义干霄汉,对我的关爱超过其他任何一位朋友,我得此良友,才真正是死而无憾。我此生恐怕见不到他,吾儿将来见到他,要代爸爸叩谢,等你长大,要写下这桩使人挥泪的友情。吾儿10月3日信上,再度提到人情温暖,记得你来绿岛时,还哭着说:"当爸爸被捕后,有谁管我们?又有谁上门?"而今你终于明白,当爸爸入狱不到两个月,家中即发生丑闻,朋友如何管?又如何上门?上门后又谈些什么?徒增加尴尬而已。但爸爸朋友中也并不是没有掉头而去的,有一位学生,他过去一句一声"老师",对爸爸崇拜备至,结果他却调戏妈妈,反目诋毁。而有人更落井下石。这些都是过去的事了,我们原谅一切。我所以说出来,是让吾儿认明是非,凡事不要一竿子打落一船人,不要一味抱怨别人,而应多抱怨自己。对我们好的、我们感激图报(爸爸报答不了,希望你和两位哥哥本城、本垣代爸爸报答)。对我们坏的,我们付之一声叹息。信上问:"需不需要录音带?"我8月30日、10月4日两信说得很清楚,要你把家中存的录音带找出来,你难道没有看见吗?为什么又这么问?下次信一定要告诉我找到没有?如果找到,你是不是会送到商店,请商店代为转录到卡式带上(当然事先要整理一下,理好顺序?)。我要你办事,实在没有信心,你要多帮助爸爸。

父

1976.10.13

182. 孙伯伯古道热肠

爸：

接到您的信，去书架上找了许久，可是因为有些外面没有标明是什么，倒是找到不少录音歌曲、访问妈妈及小时（四岁、六岁、一岁半）的录音带，不知道您要哪些？我是准备这星期六、日去街上找找有没有转录的地方，先把我小时候的声音转录下来，其他的看您要什么再去转录。

昨日回家，因为补习的关系，约九点多才到家。梁阿姨已经把收录音机送来了，音响极好，当然也不便宜，还送了我不少空白的录音带及附上了一千元整（她是说您托她买的录音带，她不知该买些什么，所以就由我去买好了！），所以您得告诉我您需要些什么，我也好去买，她告诉我说：孙伯伯亦不富裕，只是古道热肠，听了心中很难过！

天气渐渐凉了，衣服都够穿吗？过分破旧的就不要了，“旧的不去，新的不来”，需要什么告诉我好了，下个星期一放假，正可上街采购呢！烟要少抽哦！祝

安康！

佳儿敬上

1976.10.19

P.S. 原来的化学老师回来了，我得重心〔新〕培养兴趣！

183. 受恩于人，一定报答

佳佳：

10 月 19 日来信，走了六天，10 月 24 日才到绿岛，爸爸于 10 月 26 日收到，航空也不快，大概受圣诞节邮件拥挤的影响。录音带我全部要，我 8 月 30 日的信上不是说过了吗？为什么吾儿还要再问呢？去街上找录音店拷贝，可请华妈妈或干姐姐一块去，希望吾儿借此机会锻炼自己做事的胆量和能力。可将梁阿姨的一千元，全部买录音带（卡式的），还差多少？来信告知（听说八十分钟的一百元，六十分钟的六十元，加上吾儿自己还要留下一部分，所以一千元绝对不够）。录音带中一半是爸爸的小说《旷野》，须先把顺序整理出来，这需要有耐心，而且有盘式录音机。你说过我们家的那台已经坏了，是不是可委托录音店代办？我不能具体的建议你用什么方法，因为我和社会隔绝太久，一切不甚了解，你要用心去做。信上说："梁阿姨已把收录音机送来！"甚为惊讶，不知道是怎么回事？我并没有请梁阿姨送吾儿一个收录音机，更没有向她要录音带，怎么会突然送来呢？梁阿姨又说："孙伯伯并不富裕。"因此爸爸有一种异样的感觉，好像是我，或有人代我向梁阿姨、孙伯伯伸手讨什么东西似的？这使我很难过。我一生性格是受恩于人，一定报答，所以不到山穷水尽，万不得已，能不打扰朋友，就不打扰朋友，免得恩情太重，超过将来我们报答的能力。八年牢狱，衣服褴褛，营养不足，从没有向任何人讨过东西，孙伯伯曾寄来过一百元美金，是陈阿姨收下，我不能退回，那太不近人情，因半身将近瘫痪，向他讨过一次风湿药。陈阿姨一定叫我要东西，否则她就认为故意疏远，我才向她要过一本书、一支笔、若干稿纸。我宁可自苦,不愿增加朋友的负担,何况录音机是一种奢侈品,何能向朋友张口?所以此事要弄清楚是怎么发生的。是吾儿向梁阿姨要的吗?或是吾儿在给孙伯伯信上说过什么?梁阿姨是派人送去的或亲自送去的?是当面告诉你的或是电话中告诉你的?她的口气怎么说?当时是什么情形?盼详细描述给爸爸听。梁阿姨已送了我一个录音机,如今又再送吾儿一个收录音机(更贵),这份情谊太重。火速来信。

爸爸

1976.10.27

184. 提高她的求生意志

佳儿:

有一件事嘱儿,1976 年 11 月 14 日《青年战士报》载:"竹东镇大同路七一〇巷七号"十二岁的徐桂银小妹,右腿红肿得跟腰一样的粗,家产已经用尽。看后落泪,爸爸不便寄钱,希吾儿速给徐小妹寄五百元(爸爸还你)作为捐款,此钱固杯水车薪,但是表示人情温暖对她的关心,盼能提高她的求生意志。十二岁的孩子,命运如此残酷。爸爸 10 月 27 日曾去一信,问梁阿姨为何送吾儿收录音机事。20 余日,未见答复,给徐小妹寄钱的事,望吾儿不要不理。

爸爸

1976.11.16

185. 同学都说我有个好爸爸

爸：

今天下午去邮局汇钱，汇票拿了准备明天寄去（因为我兑换了汇票后，不知该如何寄去。回来问才知道该寄挂号，准备明早上邮局寄）。上星期日下午就收到了爸的信，但因邮局礼拜日只开半天，下午即已关门，放学后，邮局亦已关门，所以就拖到今天才寄！

月考刚完，因为此次考八科，累死人了，其中历史、地理，如果我不转组，联考就不考，所以考试时都没用心，考前也觉得把时间花在史地上实在是浪费，因此弄得自己是三心二意，书反倒没念好！数学尚在及格边缘，说也奇怪，事后看看考卷都觉得会做，考试时却是看一题不会一题！化学也难得很，同学都考得不好，不过此次无一科红字，倒也幸运得很！

记得您前封信提及的收录音机之事，那是孙伯伯送我的，好让我们能由信的通讯转到立体的录音带上，当时听孙伯伯说梁姐姐〔阿姨〕已送您一架，我以为即是为此之用，所以我也认为您该知道，可是没想到您不知道，所以我没说清楚！

和同学提及您要我寄钱给徐桂银小妹之事，同学都说我有个好爸爸，只是令我很难过，因为天下可怜人何其多，而那些有钱人，只要他们少上几次夜总会，就可使若干个如徐小妹的人得到温饱。唉，这世界如爸爸您这样的人，太少！祝您

安康！

佳佳

1976.11.27

186. 月考、园游会

爸：

您好！大寒流来临，衣服可要多穿些，以前寄去的冬装恰可派上用场，别摆着不穿！

这礼拜实在是忙得可怜，因为12月12日是北一女31周年校庆，而校长又莫名其妙地批准举行园游会（历届都只有运动会，因为校长怕有人在校内闹事，再加上记者的渲染）。可是时间紧迫，只有一个星期的准备时间，而下个星期四、五又是第三次月考，唉！真是分身乏术，再加上我又是康乐股长，此次校庆的节目由我负全责，从事先的准备到当天的义卖（卖些吃的和一些游戏，收入的钱学校要抽三分之二），到事后的清理，皆由我来安排，唉！累坏了，从决定卖什么开始我就一肚子火，全班有55个人，七嘴八舌的始终弄不出个结果来，最后还是由全班股长会商才决定的，可见做一个主管有多难！

明天是星期六，后天就是校庆了，刚刚在床上躺了两个钟头，一直无法睡着，满脑子后天的事（我们还有很多事没做呢，譬如海报、广告、教室布置……因为这星期是考前的一个礼拜，各科都在赶课，而我都无心听课，想必第三次月考一定完蛋），明天下午还有得忙的呢！

天冷，写起字来都有些僵僵的，字好像有一种拉不开的感觉，再加上刚在床上白躺了许久，如今头好疼（刚才胃疼），毛病多多，失眠真痛苦！不写了，月考完再给您报告园游会的趣事！祝

安康！

佳佳

1976.12.10

187. 快乐 + 快乐

爸：

新的一年又快到了，

祝您快乐 + 快乐！

佳佳

1976.12.20

188. 办户口迁出

佳佳：

等吾儿考试过了之后，请到区公所为爸爸办户口迁出手续，迁到"绿岛乡公馆村流麻沟一号"，办妥后，连同我的身份证一并用限时挂号(或用航空挂号亦可)寄来。贺年片收到，祝妈妈生日快乐。

爸

1976.12.27

189. 嘱代谢汪叔叔

佳儿：

我12月27日的信收到了吗？办户口迁移，可能会有困难，因为爸爸离家九年有余，恐怕户籍法上有什么特别规定。汪乃效叔叔非常同情我们父女的遭遇，他于今天休假北返，答应爸爸的要求，将拨电话给吾儿，抽一天宝贵的时间，帮助吾儿到区公所办理，吾儿应代父感谢。希望你能看到汪叔叔的小女儿。现在，要把爸爸的私章找出来准备。匆匆。

爸爸

1977.1.5

如果爸爸的私章找不到，则请立刻去代爸爸刻一个木头的，越快越好，不要有一分钟的延误。汪叔叔的时间太宝贵。

190. 女儿相形见绌

爸：

好久都没有写信给您了，期考将届，各科都逼得很紧，而我尤其担心数学和化学，最近的化学都讲得极为抽象，听都听不懂，而数学是疏于练习，所以题目拿到手上都不会做，第三次月考考得奇差，得靠期考来拉些分数了！

星期六晚上接到汪乃效叔叔的电话（自接到您的信后，我就一直在等电话）！因为收到您的信后，我就把私章、户口簿及身份证找了出来，就苦的是没时间去办，后来知道汪叔叔要回台北才松了一口气，否则爸爸要我办的事似乎没有一件办成（像录音带，我去问了，他们只有代客录音，但是不转录，在中华商场绕了几圈，我就不好意思再问了）！可是也麻烦了汪叔叔，难得一次休假，却要为了我们的事出去奔波半天！心里真是又惭愧又感激，看到长官们对爸爸的关照，使得我这个做女儿的相形见绌！至于办迁移户口的事，详情我也不知道，等您回信就晓得了！

因为今年年过得晚，所以寒假也放得晚，期考也是到一月底才考（24—27日，考四天），每天的考试都很多，害得我一天得喝两杯coffee才能支持！等这期间过了，就不喝了，否则会喝出瘾来的，以前初中时就是这样，一天不喝就恹恹的！

今天是八节课，很累人，明天要考数学、化学一大堆！唉，读书真苦！不写了，教室里乱哄哄的，一点情绪也没有！祝

安康！

佳佳敬上

1977.1.12

P.S.要好好照顾自己的身子，保持清洁！

191. 无涯的感激

佳佳：

阴历年快到了，寄上五千元，其中一千元作为吾儿的压岁钱，剩下的四千元，请吾儿选购一些礼物，送给几位照顾我们父女的朋友，他们自不在乎我们的礼物，但我们只是略表我们无涯的感激。计送：梁阿姨一千元、于姑姑一千元、罗叔叔二千元。礼物要实用，不要只

求外表好看。听说台北很多人送礼用“保卫尔牛肉汁”,可供吾儿参考。牛肉汁大概每瓶二百五十元左右,一千元可买四瓶,二千元可买八瓶(一定要大瓶的,小瓶便小气了。)盼能在2月10日前送去。并再面致我们父女无涯的感激。

爸爸

1977.1.20

192. 爸爸已被扫地出门

佳佳:

1月12日信收到,爸爸一再嘱咐写信要用航空,这次吾儿又忘了,仍用平信,少贴一元邮票,使信不能越过澎湃的海峡,以致费时八九天才寄到,如非有船冒险开航,恐怕仍留在彼岸。爸爸于前天(1月20日)寄的五千元,嘱吾儿买牛肉汁,自思太孤陋寡闻,友人提及还可买咖啡、可可之类,吾儿自行决定吧,爸爸不知道应买什么才好。陈阿姨那里不必送,我会直接寄钱给她,她较不富裕,送礼物不见得实用。我的户口正在办,看了户口簿,爸爸竟早被妈妈扫地出门,能不感慨!汪叔叔对吾儿夸奖备至,爸爸也觉得骄傲,我们父女要好自为之,不辜负期望。吾儿寒假可否来绿岛?盼告。化学、物理、数学、英文是四门最重要的功课,化学、数学尤其需要细心和耐心,吾儿聪明当能了解。

爸爸

1977.1.22

193. 合唱第二名

爸：

漫长的四天终于过去了，整个学期都在盼的寒假也终于来临了！放了假人也懒散了，虽因合唱比赛得了全校第二名，而需于每天上午八点半至十一点半、星期天下午二点至五点练唱外，人都玩野了，可是练唱实在累，一站三个钟头，还得开口唱，而且住在外县市的同学居然也不让他们回家团聚！真讨厌北一女，一天到晚"名誉！名誉！"地猛喊，一点也不为学生着想（我们班还有二十二位参加仪、乐、校队，得在下午二点至五点练习，所以这寒假等于没放）！

汇票收到了，还没去领，我左思右想的，我想还是送他们礼券吧！这样他们还可以依自己的意思去买些自己爱的东西，免得我们花了心思、花了钱，别人不一定喜爱！您觉得如何呢？

今天有些不舒服，在家养了一天的精神，又和妈搞得不甚愉快，所以心情也不好！不写了，头有点疼，改天我就去领钱！祝

安康！

佳儿敬上

1977.1.29

P.S. 台北又变天了，不知绿岛如何？要保重身体！去绿岛的事，妈妈是说不放心我一人去，不知您的意思如何？

194. 一天一天长大,要学做人道理

佳儿:

1月29日信收到了。买礼券似乎不如买礼物,礼物固不一定是他们所必需,但主要的是表示我们父女的感谢,他们都是有钱的人,吾儿以一个晚辈送礼券过去,太不适当。如果这样适当的话,爸爸岂不是可以从绿岛直接寄去,何致麻烦吾儿?而且还希望借送礼之便,由吾儿登府叩拜。我猜想你一定是把礼券由邮局寄去了,为何如此懒散?为何不能亲趋?多责备无益,只是提醒吾儿,一天一天地长大,要学习做人的道理。过年时,吾儿要去拜年,这一点切记。北一女不让同学回家与家人团聚,是不对的,但老师们也同样的不能回家同家人团聚啊。吾儿批评说:"名誉、名誉,也不为学生着想。"难道不练唱,教学生们天天去野,就是为学生着想了吗?"名誉"绝不是害人的东西,而只会砥砺人向上。一个人如果撕破了脸皮,连"名誉"都不要了,才真正可怕,希望吾儿这一生不要遇到这类人物,无论是男是女。寒假期中,吾儿最好把时间放到家里,陪陪妈妈,尤其是妈妈休假的日子,不要离开。这正是"跟家人团聚",不是吾儿所义愤填膺要求的吗?吾儿和妈妈之间经常不愉快,我从朋友处听到很多,朋友们是既怜悯又焦急,这一次不愉快恐怕不仅是不愉快而已。我知道吾儿内心的隐痛和烦躁,可叹我现在无力帮助吾儿。我唯一嘱咐你的是:多忍耐、多付出爱心。我无法具体的建议吾儿要做什么,也无法解开吾儿心头的结,只是祈求不要发生任何事情。吾儿,听爸爸的话吧。

爸

1977.2.7

195. 爸爸同你一齐进修

佳儿：

今天是除夕的前夕，汪乃效叔叔全家，一儿一女跟着汪妈妈来绿岛与汪叔叔团聚，住在吾儿去年来时所住的招待所套房。小妹年龄跟爸爸离家时你的年龄相若，小弟只四岁余，白胖调皮，有个可爱的嘴形，说起话来真好看，全家挤在房子里，又笑又闹，跟我们家昔日的情形一样，爸爸也分享他们的快乐。礼物都送了吗？年节三天内，一定要去拜年，不可偷懒，也不可胆怯，要学习当一个大人。几天假期，希望吾儿在家陪妈妈，把心平下来，凡事多责备自己，少责备别人，妈妈固然有错，难道吾儿以及爸爸就全对了吗？只有不成熟的孩子或绝对自私的人，才总是为自己着想。找个机会和妈妈静静的谈谈心，诉诉委屈，也听一下妈妈的委屈。父女虽不能在一起，母女能在一起，也是难得，吾儿要特别珍惜。学校考得如何？把成绩单寄给爸爸过目。爸爸最近复习英文（早年学的都忘光了），想和吾儿共同进修，以后我每星期找若干道题寄吾儿作答。原题留在儿处，另找一张纸，抄下答案寄我。不仅仅写答案，还要你抄全题，而且把每题译成中文，再说明为什么选择那个答案（只几个字就可以了）。固然很麻烦，但这样却更能彻底了解。现在就寄上第一课，吾儿要用心答。我离家的那年过年，我们在门前燃了很大的花炮，你捂着耳朵跳脚，今年怎么玩？

爸爸

1977.2.16

196. 慰问比我们悲惨的人

佳儿：

爸爸的年过得很好，除夕之夜，跟汪叔叔、汪妈妈、汪小妹、汪小弟在一块包饺子、吃火锅，吃得肚子发胀，十分快乐。吾儿过年的情形如何？也应告诉我，让爸爸分享。英文作业做了没有？现在寄上第二课，盼把第一课答案寄回，它一定耽误了吾儿不少玩的时间，但必须这样地刻苦，学识才能充实，任何真正的学识都不是白捡来或是天上掉下来的。有一位从韩国返台定居的华侨马先生，靠做杂工维生，生四男二女，穷困可知，做父亲的终于积劳病故，这是多年前的事了。那时孩子都在稚龄，靠母子们捡破烂糊口，可是捡破烂不能解除饥饿，就沦落了，结局是四个儿子因为偷窃，先后全都入狱（他们现在仍在囚禁中）。长女婚变，流落无依。家中只剩下母女二人，相依为命，母亲受不了这种永无止境的打击，神经失常，疯了，每天打她的幼女。可怜这个小女儿，她只十五岁，比吾儿还小一岁，哀讨无门，哭天泪尽，纵使为盗为娼，也无法自救。悲惨遭遇齐集一家，令人酸鼻。现邮寄上一千元，希吾儿立刻给她送去（不要晚上去，要白天去），幼妹名马玉美，住"台北市松山区福德街二〇二巷三弄十三——十八号"。找到后，询问清楚（不要弄错了），诚恳地安慰她、付给她，不要告诉她吾儿的名字。愿上苍保佑她。

爸爸

阴历正月初四 1977.2.21

197. 爸，原谅我！

爸爸：

昨天（26 日）中午放了学回家，吃过饭换了衣服之后，就直奔“松山”！我对松山已极不熟悉，更少听说，连坐哪路公交车还是左打听右打听来的！找了半天站牌，又找了半天地方，好不容易找着了地址所在，已经三点多了，可是我敲了半天门也没人应，正好看到一小妹，只好问她（她好像很怕的样子——因为她说马玉美的妈妈会打人，而且经常打人），她说马玉美很少回家，大约一两个礼拜才回家一趟，问她马玉美为什么不回家？在哪里做事？（马玉美未读书！）做什么？一问三不知，只知很少回家就是了！现在我不知道该怎么办？是交给邻居吗？又不放心！交给她母亲更不行了，而马玉美又不知何时在家，我又已经开学，总不能天天去找她吧！而且我又怕马玉美学坏沦落成小太妹一类的，那么我把钱交给她，不是更助纣为虐了吗？当然我不希望事情如我想的那么糟，但如今该如何呢？是将钱交给报社，抑或如何？

今年的年过得仓促而无趣！难得听见鞭炮声，鞭炮虽然危险，但却能平添一些过年的气味！而我呢？寒假等于没放，除了唱歌还是唱歌，心情极糟，讨厌的不只是天天练唱的那股无奈，还有那音乐老师的冷嘲热讽、喜怒无常——我看她心理有毛病。所以，您寄的四千我都还没送，而且您又反对我送礼卷〔券〕，可是我早买好了——如今社会上流行送礼卷〔券〕，简单大方且宾主尽欢，于我可省去采购之苦，于他则可买些实用之物！本想期考完就去送，可是一拖再拖拖到过年。（我那一阵子心情不好，早上唱歌，下午睡觉，偶而〔尔〕看看电影，不知道为什么，大概这就是“寂寞的十七岁”吧！）过年我反倒不好意思送了，我怕我好似去讨红包似的，现在我想：罗叔叔、梁阿姨那里可早些送去，可是于姑姑那里可能晚些——因为她住得好远，我又不会找。

"成长是要付出代价的"，我想是吧，至少今年过年我遗失了孩堤〔提〕时代那份期待、盼望、兴奋，再大，可能更没意思了！您过得愉快就好，我最近情绪不大对劲，别让我影响了别人！祝

安康！

佳儿敬上

1977.2.27

P.S.原谅我，爸爸！您托我的事我都没办到！

198. 爸爸要你办"自己"的事

佳儿：

正在担心你久未来信，接2月27日的信，知你平安无事，甚是安慰。你竟没有把礼券于年前送去，真使爸爸沮丧，你太不争气了。既有时间睡，既有时间看电影，难道不能少睡一小时，不能少看一场电影，而去送礼券或到邮局寄出？这不是爸爸"托"吾儿办爸爸的事，而是要吾儿办你自己的事。我嫌礼券不适宜，一则我不知道台北社会现在的情形，二则我只是说出我的意见，并没有叫你不送，早知道我直接寄去。你说，新年过去了这么久，不年不节，如何措辞，现在该怎么办？送也罢，不送也罢，你已渐大，对这件事应该自己做主处理。至于马玉美，她只比你小一岁，所遭遇的是什么？即令沦为太妹，她自己怎能负责？而且又怎能称为"助纣为虐"？难道她当了强盗，我们帮她买刀吗？帮助人要诚恳，不是施恩，你去了一趟就不耐烦，说你不能天天去，难道爸爸能天天去吗？这事应由你自己做主处理。

我要你在做这些事上训练自己，你却把它当做爸爸为你添麻烦，心不在焉，爸爸感到很是伤心。英文题做了没有？连提都没有提。吾儿，爸爸要求你的并不多。

爸爸

1977.3.2

P.S.吾儿的成绩单要寄来给爸爸看。

199. 责儿太重，心中不安

佳佳：

3月2日的信接到了吧？这两天爸爸一直不安，我想是我责备吾儿太重了，当爸爸像你这么大，同样地贪玩畏事。我读高中一年级时，我父亲（你的祖父）住进医院，我的继母吸鸦片烟不去看他，只靠我照顾。那时正逢暑假，父亲嘱咐我上午一定要去，因为他刚开刀，躺在病床上不能动（顺便告诉你，祖父的名字是郭学忠），需要我服侍。我却不放在心上，到了天黑才去，老人已硬生生地躺了一天，护士们待遇低，一个比一个不耐烦，叫不动她们。父亲有气无力地说："我眼望着天花板，听着走廊上的脚步声，盼望着你来，你怎么没有想到父亲需要你。"但我当时确实没有想到，而吾儿正是这个年龄，而且你的情绪还一直不安定。不要介意爸爸生气的话。送礼是件小事，年节已过，不必再送，再送就很尴尬了，礼券就赠与吾儿，可用来买东西。马玉美小妹的钱，送报馆亦可，你找一个星期日再去一趟亦可，或由邮寄去亦可，如果真送不到，也就作罢，不要勉强。吾儿要定下心用功，把成绩单寄来。那个音乐老师大概吃错了药，有点不对劲，好在音乐一课不重要，但吾儿正可利用来锻炼怎么处逆境，那就是忍耐，天下事不都是全顺心的。再寄上一课英文，只有五题（我怕你嫌多），盼吾儿把答案寄还,帮助爸爸学习,这比那混蛋唱歌重要多了。

爸爸

1977.3.4

200. 心中一股暖流

爸:

接到您3月4日来信,老实说这封信我鼓足了勇气才拆的,我好怕和前一封信一样使我看了满心的愧究〔疚〕和不安!可是看了信之后心中一鼓〔股〕暖流,也舒坦多了!

您责备我是应该的,怎会过分呢?父亲要我去做的事都无法达成,将来在社会上如何取信于人?本想如果礼券能兑钱,我想存入银行以备不时之需——究竟现在把钱送去实在有些怪怪的!可是又不能换现钱,只好干冻在这里,实在麻烦!至于马玉美的事,我想这星期六再去一趟!因为我觉得如果寄去(交由报馆相信也是寄去给她们),马玉美根本不在家,她妈妈又神经不正常,如何利用这些钱呢?还是亲自交到她们手上安全些!

今天回家在信箱中看到一封小孩子写给我的信,着实使我惊讶了一下,拆开一看,原来是汪叔叔的女儿写的,长得好像汪叔叔哦!可爱极了,信也写得生动活泼,等回〔会〕儿就回封信给她!

星期六参加音乐比赛,我们班在校际比赛中是以最后一名入选,可是北市比赛时却得到第二名——第一名是建国中学,同学都很气输给男生!但这也是没有办法的事!祝

健康愉快!

佳佳敬上

1977.3.7

201. 对两位哥哥想念甚深

佳佳吾儿：

照片很美，见照如见儿面。

礼券的事，吾儿可自由处理，用以试验你自己处理钱财的能力。但爸爸有两个建议，第一个建议是，我对你两位哥哥想念甚深，最近听说你二哥就读台大地质系（读这一系，真得有点学问），大哥今年暑假也要考大学，吾儿是他们的亲妹妹，可以不可以给他们一人寄一份一千元礼券？（你们都是"本"字辈，大哥郭本城，二哥郭本垣，幺妹郭本明，这是咱们郭家的古老传统，可惜你们下一代用什么字排行，已记不得了。你的那些鬼男朋友，唤你"小本"，真是笨蛋。）如果可以的话，就直接寄到学校（大哥的由二哥转），信上不必提爸爸，只说是你把压岁钱跟二位哥哥分享。我不知道这建议合适不合适，吾儿自己酌量，觉得合适就做，觉得不合适就不做。另一个建议是：《读者文摘》出版了一套英语书籍和卡带，价值一千四百元，而且可以先拿回家试听，听满意了再付款，不满意就退回。吾儿已有录音机，为了进修英文，应充分利用，不要只听唱歌。（不买这个，买其他的进修英语的卡带也一样，总比吃糖把牙吃坏好。）

你称汪小妹是"小孩"，值得会心微笑，好像你已是大人了。大人就得有大人样，汪小妹聪明已极，恐怕你还不如她，她的弟弟"小土"尤其可爱。你写信要用正楷，人家"小孩"才看得懂，将来有一天我会带你去他们家玩。

前些时剪报，在元月份的台北《新生报》上，就有四则少女悲剧的新闻，她们是在四种不同的情况下，失身于男友，断送一生的。现在寄给吾儿，吾儿要仔细地看。这不是故事，这是真实的镜子，如果再照不出自己,那就太和自己过不去了。吾儿聪明,用不着爸爸担心。

爸爸

1977.3.12

(编者注:“两位哥哥”和佳佳是异母兄妹关系,是柏杨先生与前妻齐永培女士所生。)

202. 小佩给爸爸带来回忆

佳佳:

3月12日的信收到了吧?再寄上英文习题第五课,仍和前几课一样,不但要解答,还要注明理由。爸爸希望吾儿对所学的要深刻了解,仅只浮光掠影的印象,是经不起考验的。你寄给小佩的信和照片,她都寄给汪叔叔看,还嘱咐要寄回去保存起来呢,你要常写信给她。小佩在绿岛给爸爸带来很多回忆,她才十岁,多么像你小时候啊(只有一点不像,她不要人喂饭)。

爸爸

1977.3.18

203. 白头发竟转黑

佳佳:

寄上英文习题第五课,想已到达。爸爸真想再出一些数学、化学的题,可惜我对这两门功课更是一窍不通。我的数学太差,到今天连九九表都弄不清,吾儿还记得吧?爸爸在家时,经常的从书房大声问妈妈:“几乘几是多少?”连女佣都大为吃惊。化学更不用说了,除了认识 H_2O 之外,其他的一概不认识。原因是从小人人都赞我聪明,我自以为聪明人闻一知十,用不着下苦功,等悟过来时,已失去了学习的环境,所以这一生才没有发展,受尽苦楚。吾儿要以父为戒,一定要把这几门功课弄好,英文答案弄妥后,立即寄来。爸爸本已全白了的头发,最近渐渐变黑,后半部有三分之二变黑,前半部有四分之一变黑、四分之一变黄(好像是黑的前奏),汪叔叔说:“可能要转运气了。”爸爸每天都打一个小时的乒乓球,现在球艺猛进,已非吾儿去年来时能比,希望将来有一天我们父女再大战时,能招架得住。我一直担心你的腰——弯如龙虾,妈妈从前也是弯腰,被爸爸改正过来,吾儿要挺起脊梁。你已渐渐踏入社会,爸爸有一句重要的话要告诉你:记住,任何情形下,不要贪小便宜,包括物质上的小便宜和精神上的小便宜。不可接受你不能回报的礼物,不可对赞许和夸奖认以为真。要慎重交友,要把自己看成最笨拙的人,一丝不苟地用功。等将来有一天,吾儿要把这话转告你的大哥、二哥。

爸爸

1977.3.20

204. 急切期待见大哥、二哥

爸:

您一定着急也奇怪怎么一个礼拜都没有回信,而且您的来信也如石沉大海,可是如果我告诉您我这一个礼拜没动笔的原因,相信您回信时也一定激动得不知写什么好!——这七天,有四天是等待,有半天是紧张,有两天是焦燥〔躁〕、好奇、兴奋与不安!

星期日收到您的来信,您告诉了我大哥、二哥的名字和二哥的学校,其他可说是毫无头绪,可是想见哥哥的心情比什么都重要。第二天我就"出动"了所有〔全部有〕哥哥在台大的同学回家帮我问,其实我是不抱着什么希望的——因为台大那么大,怎么可能……可是也许是上天有意帮助我们吧!同学之中有人的哥哥认识二哥,于是我由失望变成期待——因为我同学的哥哥要帮我查电话号码,就这样,星期四同学把电话号码告诉了我,害得我一天七堂课都迷迷糊糊心不在焉。七堂课有如一世纪那么长,一分钟有如一天那么难熬,只见分针在表的格子上慢慢地爬,好不烦人,老实说我有些紧张、有些怕。晚上,我打电话给他们了,是大哥接的,当我说出我是谁时,我有十分紧张,他有三分惊讶、七分好奇,却没有一分气愤,我们约了星期六下午见!于是我又过了一天半的非人生活——那种期待真难熬啊!

好高啊!您会高兴的,因为除了在篮球场上、在西门町或街上难得见到一个这么高的!我已经不算很矮了,可是站在他的旁边却是那么娇小——在家我是最壮的,可从没想过还有娇小的一天。我们聊了一个半钟头,他人很好,至少很通达事理,对我很好——做了十七年的"单身女郎",如今才知道有个哥哥多好!他和您脸的下半部像极了,除了眼睛不像,脸长长的——长脸是咱们家的标记!足足有一八五公分高呢!驼着背——这似乎也是咱们郭家的传统,虽然不好!我和他谈了许多,还把您的照片给他看!当然我不会忘了礼券的事,可是我说了这是您要送我的,爸,原谅我,可是我觉得多傻的人都能想到是您要我送的,况且就算是我送的,他会收吗?我根本没存着他会收下的心,所以我又收回来了,相信您不会不高兴,因为虽然我没达成任务,却替您收回了一个儿子——他不可能写信给您,可是我相信您能了解,他不能违背母亲而写信给您,更何况他母亲有心脏病,他不愿再刺激她了!可是他心里却是想的,究竟父子之情,谁都不能磨灭!我没见着二哥,可是据大哥说二哥脾气古怪,回家很少说话,也懒得多说,好听些是"顽固",不好听是"不通事理"——我觉得简直是“古怪”！管他的，大哥那么好，就算二哥不要我，我也心满意足了！可是我虽然只和大哥聊了一个半钟头，却可以看出他个性很强、脾气不顶好，也够执着——和您一样（也和我一样，只是他的个性、脾气很能控制，我啊，却不行）。

现在我只有两种心情：为您高兴——您有这么硕壮的儿子（二哥也有一八〇公分），也为我高兴——因为我有了两个哥哥，我一直希望有的！祝

安康！

佳儿敬上

1977.3.20

P.S.我礼拜一还要打电话给他（大哥）。

205. 兄妹相爱，爸爸死也瞑目

佳儿：

接3月20日的信，很是高兴（你这信用细笔尖写的，又龙飞凤舞，看了好几遍才勉强看懂），想不到吾儿有这样的勇气和灵性，去创造一个新的突破——寻找哥哥。你两位哥哥能容纳你这个妹妹，你这个妹妹也能容纳你的两位哥哥，而且一开始就这么手足情深，爸爸真是谢天谢地，谢祖宗的呵佑。以后你跟其他女同学们一样，也有了哥哥，不再孤单了。两位哥哥会照顾你，你当然也会照顾两位哥哥。你去年来绿岛时，我就告诉你：上一代的恩怨，不要影响下一代。爸爸一生锥心的内疚，是遗弃了你两位哥哥，所以把全副爱心，都给了吾儿，想不到最后也把吾儿遗弃。但总算兄妹争气，虽没有父亲，哥哥读台湾最好的大学，妹妹读台湾最好的中学。两位哥哥当然怨我，这是正常的，但我和他们的母亲之间，好像两块日夜相撞的岩石，

只有分开,才能避免同归粉碎。想起来,婚姻有时候是幸福的,有时候也很可怕。大哥是在爸爸怀中长大的,你小时候在爸爸怀中听到的催眠曲(一些抗战期间爸爸当兵的老军歌),也是大哥小时候听到的。大哥五六岁的时候,有一天,爸爸带他到屋后广场上玩,我躲在一排砖后面,他抬头找不到爸爸,吓得哭了,我急奔出来抱他哄他,都不能使他不哭,他小心灵一定受到极大的震撼。有一天,蜘蛛网眯了他的眼睛,他搂着我的脖子说:"爸爸,我好爱你啊。"这些,迄今都使我心中泣血。大哥很顽皮,成天在爸爸身上翻斤斗,爸爸唤他:"飞贼高金钟。"可是他读幼儿园时,却很害羞,没有你读幼儿园时那么大方,爸爸送他去国语实小幼儿园,他就是不让爸爸离开他的视线,一看不见就哭,以致我只好天天站在走廊上,老师也没办法。你对大哥应该有印象的,大哥考高中时,爸爸开车一连两天陪他在内湖(那时爸爸总想跟大哥单独谈谈,可是他却邀有一个同学在一起,使我找不出机会),你也挤在车上,叽叽呱呱说个不停,我教你唤大哥,你回来后向华昌言她们小朋友骄傲地宣传你有大哥,被妈妈禁止。二哥生下来黑黑的、胖胖的、傻傻的,没有大哥那么机灵,我和妈妈结婚后,曾去看他,他还唱了一首歌,这都是往事了。哥哥们的母亲是他们的骄傲,现在斯坦福大学任教,你切切不可去打扰她的安宁,也切切不可提议哥哥去打扰你妈妈的安宁。我已经满足了。只要你们兄妹相爱,如手如足,将来在事业上能有成就,获得荣耀。爸爸那时已在地下,也会瞑目。

你找哥哥,找得人仰马翻,其实我在信上写得明明白白,二哥在地质系,这范围岂不小得太多,何致来一个"普查",你看信果如我所说的一目十行、浮光掠影。你将来当了医生,如此粗心地看病历表,岂不得要有两位上帝保佑你的病人?你文字的表达能力很强,但不够明确。吾儿说咱们郭家的人都是驼背的,这可糟了。驼背与遗传无关,翻看一下你小时坐在脸盆里洗澡的那张照片,小脊梁挺得比钢铁还直。驼背是高个子的副产品,高个子大概对鹤立鸡群表示谦虚,就稍弯弯腰,结果成了龙虾。爸爸虽老,但现在已练得不驼背了,你要改正,有机会也劝哥哥改正。大哥鼻子敏感,现在好了没有?吾儿对人的观察和分析,都很锐敏、很深入,看起来不是一个糊涂虫,这使我很高兴,但也使我隐忧,苏东坡诗:“人皆生儿望聪明,我被聪明误一生。但愿吾儿愚且鲁,无灾无难到公卿。”我倒希望你们兄妹能浑浑噩噩。你能为大哥着想,这是可喜的。凡事都要为人想一想,这就是恕道,能做到这一点,世界就宽大多了。一个人如果总是想自己的利益,总是想自己的幸福,不惜践踏别人,那就是自私。这种人可能快乐,但他不可能高贵,而他的快乐中还含着刺,不断地伤害自己。咱们郭家的人不会如此,佳佳不会,城城、垣垣也不会。吾儿,爱你的哥哥们,发奋也要考取台大。今天,爸爸太高兴了,太高兴了,写得语无伦次,而且仍有很多平常在心里反复想到的话,一霎时却记不起来。

爸爸

1977.3.26

206. 盼改正爸爸的错误

佳儿:

第四、第五两课英文习题,吾儿还没有寄来,大概这些时找哥哥太紧张了。爸爸对你第二、第三两课的解答,提出若干意见,一一的已开列给你。爸爸也在学习,老实说吧,爸爸的英文程度远逊吾儿,希望你对爸爸的意见仔细地看,如果我说对了,你要改正。如果我说错了,吾儿要来信告知,爸爸就改正。爸爸年纪已老,还在学习,吾儿千万不要懒惰,不要荒废了光阴。等你考上大学、出国深造,我就安心了。再寄上第六课。

爸

1977.3.31

柏杨说故事

提 要

这个故事是说给女儿听的，内容是小棉花历险记。柏杨说这故事的时候，人在狱中，而这是一场冤狱，他的处境坏透了，但是当他无法像离家之前一样，每晚说故事给女儿听的时候，他开始写信给女儿说一个小白兔的故事，前后将近一年的时间（1968—1969）。《柏杨说故事》这本书就是这样完成的，出版时已在二十年后（1988），当年八岁的佳佳已近而立之年。

用文类来说，这是一个寓言体童话，说一只名为“小棉花”的小白兔，聪明、活泼，在放学途中失踪了，故事的主体是“爸爸兔”寻找爱女及赴西天德赛山求取神杖的过程，其中有各种邪恶力量所造成的艰难险阻，也有慈悲、善良的力量协助排难化险，前者来自双尾狼和双头蛇，后者主要来自米老鼠、萤火虫以及一座花园里各式各样可爱善良的小动物。

慈父寻女是爱的行动，求取神杖是为了拯救受恶魔网困的和尚们。爱、悲悯与智慧成为力量的根源，受困中的柏杨一边跟女儿说话，一边讲这样一个故事给女儿听，是爱的教育，更是人生理想的苦苦追寻，在“西天”的“德赛山”，不就是五四以降中国知识分子所期待的“德先生”“赛先生”吗？途中所经的花园不正是“桃花源”的理想之境吗？故事虽然没有说完，已足发人深省矣。

1. 她的名字叫小棉花

佳佳,我的小女:

儿啊!我们父女,身悬两地,你可知道,爸爸是多么想念你啊!爸爸离家之前,每天晚上,你爬上小床睡觉,总要爸爸给你说故事,爸爸就跪在床边,把手伸进被窝里,握着你的小手,讲给你听,你听啊听的,有时还忽然睁开眼睛,问:“怎么会这样呢?”然后逐渐睡着了,这时,爸爸才蹑手蹑足地走开。现在,爸爸不能再跪在床前说给你听了,因此就在信上写故事,每星期写一封,请妈妈念给你听,好不好呢?

现在爸爸开始给你说小白兔的故事吧。

这个小白兔呀!身上雪白雪白的,大眼睛红红的,三片嘴唇,唉!你不知道吧?小白兔的嘴唇跟我们人不一样,跟狗也不一样——跟什么动物都不一样,人的嘴唇是两片,狗的嘴唇也是两片,小白兔的嘴唇却有三片,你看怪不怪呢?而且还一掀一掀的动个不停呢。这个小白兔的名字叫……叫什么呢?等我想一想,对了!她叫“小棉花”,因为她卧在墙角,就跟一团棉花一模一样。有一天,妈妈跟阿姨从外面买东西回家,妈妈是个近视眼,一进门就说:“你看,谁这么不爱干净?把一团棉花扔到这里,也不知道捡起来。”说着,弯下腰,伸手去捡,手还没有碰到,那团棉花却忽然蹦起来,一跳一跳地跳走了,把妈妈吓了一跳,阿姨笑得连手里的东西都掉了一地。从此呀,大家就叫她小棉花。对了,再告诉你,小白兔是不会走路的,她不像人,也不像狗一步一步地往前走。她不会走,只会跳,要走的话,她就跳,你请星舅舅跳个样子看看,那才好玩呢。小白兔,唉,她叫小棉花呀,小棉花有一个哥哥、一个弟弟、一个妹妹,上面还有爸爸、妈妈,一家六口,住在一个山洞里,大家过得相亲相爱,十分快乐。妈妈兔最爱小棉花了,每天呀,都给她梳头扎两条小辫子,小辫子上还绑着红蝴蝶结,配着大大的红眼睛,真是漂亮!人人见了,都要夸奖一声呢。

爸爸

1968. 9. 22

2. 羡慕哥哥兔上学

佳儿:

小棉花,也就是小白兔,她不是有个哥哥吗?我们就叫他哥哥兔。哥哥兔天天上学,上学的时候,背着书包,穿着制服,书包里鼓鼓的,全是书呀,生字簿呀,日记簿呀,联络簿呀。说到这里,你记不记得,你一年级时,有一次放学回家,怎么找生字簿都找不到,急得又哭又闹,又骂爸爸是臭爸爸,我说恐怕是老师没有发下来吧?你说明明记得发下了的,最后爸爸实在想不出办法,只好牵着你的小手去学校,到教室里找,竟然在老师桌上找到了,全班学生的生字簿都堆在那里,根本没有发呢,看你挂着眼泪的小脸笑个不停吧。

且说哥哥兔天天上学,书包鼓鼓的,制服挺挺的,上面绣着他的名字,还戴着漂亮的运动帽,又棒,又神气!小棉花好不羡慕,就闹着也要上学。可是她的年纪还小,不到上学的时候呀,要再等一年才能上学,怎么办呢?小棉花不管这些,她闹着,反正她就是要上学,什么道理她都不听,妈妈兔被她闹得没有办法,只好给她也买了一个书包,也买了些书,也做了一套学生制服,叫她在家上学。小棉花高兴得不得了,天天呀,都背着书包,穿上制服,在家里走来走去,又把书本摊开在桌上。她不认识字,可是她认得画呀,就一面看画,一面嘴里哼着,谁也不知道她哼的是什么。这么过了些时候,有一天,她忽然对妈妈兔说,她不在家上学了,她要到外面上学,像哥哥兔一样,到外面上学,妈妈兔一听,十分着急,这怎么能行呢!下星期我再告诉你小棉花到外面上学了没有。

爸爸

1968. 9. 29

3. 小棉花哭闹妈妈兔

佳佳小女儿:

小棉花一直闹着要到外面上学,妈妈兔一直不肯,因为外面太杂乱、太危险了!汽车一辆接一辆飞快地跑来跑去,还有一种三轮摩托车,拉着一车重货,横冲直撞;一个小白兔,从没有出过家门,怎么应付得了呢?何况,要到学校,必须经过一个山坡,那里长满了树木荒草,不时地有老虎呀、狮子呀,出来吃小动物。其实,老虎和狮子并不太可怕,它们的身子好大呀,威风凛凛,远远地就可以看见,早早的就可以逃掉。最可怕的还是那些豺狼和毒蛇。豺狼是什么样子呢?它的样子跟狗差不多,不仔细看简直分别不出,仔细看就看出来了,豺狼的眼睛冒出的是一种凶光,身上的毛又脏又硬又凌乱,有一股冲鼻的臭味,(你想,它没有人爱护,谁给它洗澡呀?)日夜的在深山里跑来跑去,见了老虎、狮子就怕得要死,见了比它弱小的动物,像见了小白兔,它就凶得不得了,张牙舞爪把她吃掉。有时候明明已经吃饱了,仍是要吃,实在吃不下去,宁可扔掉,也要把她咬死。你看,这种残忍的东西,可恨不可恨呢?还有毒蛇,佳儿呀,你见过蛇没有?我们全家看电影时,爸爸不是带你去西门町蛇店看过吗?蛇有两种,一种是没有毒的,一种是有毒的。毒蛇嘴里有两颗毒牙,人呀、小白兔呀,只要被它咬上一口,毒液顺着血管流到心脏,立刻就会死了。所以,你以后遇到蛇,不管它是有毒的,还是无毒的,千万不要去逗它,连走近它都不要,它爬起来跟飞一样快,咬你一口,爸爸妈妈就没有可爱的小女儿了。你想!路上有车,山上有老虎、狮子、豺狼、毒蛇,妈妈兔怎么肯教小棉花去外面上学呢?可是小棉花说:"那么,为什么哥哥能去呢?"妈妈兔说:"哥哥比你年纪大呀。"小棉花没有理,说不过妈妈,就哭,她知道妈妈最心疼她,不忍心看她哭,一定会答应她的。

爸爸

1968. 10. 6

4. 头上碰了一个大包

我亲爱的小女儿:

小棉花要上学,妈妈不肯,小棉花就哭,妈妈一看她哭,就怕了,唉!你猜,妈妈是个大人,她还怕小孩哭吗?她不是怕呀,她只是太爱自己的女儿,不忍心她哭,既怕她哭坏了嗓子,又怕她哭坏了身子。好了,小棉花这么一哭,妈妈急了,赶忙说:"别哭啦,别哭啦,等哥哥回来,问问他,能不能去再说。"好不容易等到晚上,哥哥兔背着书包,放学回来,小棉花拉着妈妈的手催着说:"妈妈,快问哥哥呀!他回来了。"妈妈就说:"小白球呀——"对了,忘了告诉你,哥哥兔的名字叫小白球,他身上的毛也是雪白雪白的,看起来像一个雪白的大皮球。哥哥兔听见妈妈叫他,把书包往桌上一扔,说:"妈妈,您叫我干什么呀?"妈妈兔说:"你们学校还收不收学生呢?"哥哥兔说:"收是收呀,可是不收小学生了,只收幼儿园小朋友。"妈妈兔说:"妹妹上幼儿园行不行呢?"哥哥兔说:"那得等我问老师才知道。"妈妈兔说:"好吧,明天上学,记住问老师,放学的时候再告诉妈妈。"小棉花一听,要等到明天才问,很是生气,就大叫说:"不行!不行!一定要今天问。"哥哥兔说:"今天怎么能问?"小棉花说:"今天怎么不能问?"哥哥兔说:"今天老师都回家去了,我找谁呀?"小棉花生着气,也只好等到明天。到了第二天,一清早,小棉花就催哥哥兔上学,放学时候,小棉花早早就在洞口等着,一见哥哥兔,就大叫起来,说:"我的事你问了没有呀?"哥哥兔说:"问了。"小棉花说:"行不行呢?"哥哥兔说:"老师说行,明天就可以去了。"小棉花听了,高兴得不得了,一跳一跳的,一不小心,头碰到门框上,鼓起了一个大包。

爸爸

1968. 10. 13

5. 真高兴,上学了

儿啊:

你写来的信收到,你说:"小白兔就是我呀!"儿啊,小白兔有时候是你,有时候不是你呀,你过生日的照片也看到了,你才八岁呢,又长高了一些,爸爸多么高兴。妈妈说,你过生日时,孙世钟姐姐还寄来十元美金,你要写信去谢谢她。还有一件事要吩咐你,千万不要跟什么人去外边玩,放了学一定要回家看妈妈,一定要听我的话!好乖。

我们再继续说小棉花,小棉花一听明天可以上学,头上不是碰了个大包吗？那一夜呀，她一直没有睡好觉，第二天一早，她就爬起来，先把书包背在肩上，吃过早饭，就跟哥哥兔上学去了。到了学校一看，哎呀！好多小朋友呀，全是小白兔，有的头上扎蝴蝶结，有的穿花花绿绿的衣裳，看见小棉花，都来问长问短的："你叫什么名字呀？""你家住在哪里呀？""你会不会讲故事呀？"小棉花一一的告诉她们，大家挤在一起，打秋千、划摇船，快活得不得了，一会儿工夫，只听："当当当当……"大家纷纷往教室里跑，小棉花说："这是干什么呀？"大家说："这是上课，快跟我们进教室吧，老师马上就来了。"小棉花也进了教室，刚刚坐好，又听班长喊："起立，鞠躬，坐下！"——佳儿：你们学校上课的时候是不是这样的呀？啊，那没有关系，反正小棉花那个学校是这样的。小棉花的老师是一位女老师，大家都叫她白老师，白老师说："小朋友，早安！"大家说："白老师，早安！"白老师就问："你们今天早上，刷牙了没有？"大家都说："刷牙了。"白老师又问："那么，你们都剪过指甲了？"有的说剪过了，有的说没有剪过，白老师说："不要吵！不要吵！都把手伸出来，我要检查。"大家都把手伸出来，老师一个一个地看，看呀看呀，看到小棉花的手了，你猜她有没有剪指甲？

爸爸

1968. 10. 20

6. 不肯排路队

佳佳：

上次不是说到白老师要检查小朋友们的指甲吗？小棉花也把手伸出来了，白老师一看，嗨！才真糟糕，小棉花的十个指甲都是长长的,长长的还没有什么,指甲里面却都藏满了污垢,又黑又脏。白老师说:“啊呀!你怎么不请妈妈给你剪一剪呀?剪得短一点呀!”小棉花说:“剪那么短干什么呢?”白老师说:“指甲太长,里面容易藏脏东西,脏东西里一定有传染疾病的细菌,像大肠菌,吃下去会泻肚子;像霍乱菌,吃下去会上吐下拉,会送命哩!如果指甲短短的,就藏不了脏东西,就不会害病了,而且,你看,黑黑脏脏的指甲,多么难看呀,清清洁洁的指甲,又多么漂亮呀。”小棉花听了,生气地说:“这都是妈妈不好,谁教她不给我剪呢?”这时哥哥兔正巧在门外面站着,就说:“你怎么能怪妈妈?妈妈昨天还要给你剪指甲,你跑到东、躲到西,害得妈妈喘气都喘不过来,看我回家告诉妈妈。”小棉花说:“告诉妈妈就告诉妈妈,我怕你?哼。”哥哥兔说:“好!你在背后怪妈妈,说妈妈坏话,看妈妈伤心吧。”小棉花最怕妈妈伤心了,听说妈妈要伤心,急得不得了,眼泪都流出来,哥哥兔就安慰妹妹说:“不要哭,不要哭,我不告诉妈妈就是了。”白老师说:“这才是好哥哥好妹妹呢。”这一天就这样过去了,放学的时候,哥哥兔说:“小棉花呀,我们快去排路队!”——佳儿:你们学校不是也排路队吗?小棉花说:“我不排路队,我要自己走。”哥哥兔说:“不行!不行!自己走的小学生,要妈妈来接的。”小棉花使性儿惯了,趁哥哥兔一转脸的功夫,就自己走了,哥哥兔到处找她都找不到。

爸爸

1968. 10. 27

7. 妈妈兔的祷告

佳儿:

你看,小棉花淘气不淘气?硬是不肯听哥哥兔的话,自己背起书包,一溜就溜走了,她溜走了不要紧,可把哥哥兔急得团团转,白老师也非常着急,到处找小棉花,连厕所都找了,也没见影儿。白老师就对哥哥兔说:“这么办吧,她大概想妈妈,先跑回家了,你马上也回家,说不定她在路上贪玩,这一路不太好走,有大狼出出没没,千万小心呀!”哥哥兔就急急忙忙跑步回家,一面跑一面想:“小棉花,一定趴在妈妈怀里吃糖呢!”所以一跑进家门,就喊说:“小棉花! 小棉花! 你为什么不排路队呀?”妈妈兔正在那里洗盘子,看见哥哥兔一面喊一面跑进来,就说:“你今天放学这么早,妹妹呢?”哥哥兔一听,不对呀! 就说:“小棉花不是回来了吗?”妈妈兔说:“没有回来,我正在等你们呢!”哥哥兔急着说:“糟了! 糟了! 小棉花丢掉了,她比我走得早,老师说,她一定先回家了,怎么还没有回来呢?”妈妈兔不是正在洗盘子吗? 一听说小棉花不见了,心里一慌,哗啦一声,盘子掉到地上,打了个粉碎,当下就说:“小白球呀,你快去告诉爸爸,教他到山坡那里去找,我到山谷那里去找,大狼这么多,如果遇上了,怎么办呢?”哥哥兔放下书包,飞快地找爸爸兔去了,妈妈兔也马不停蹄地往山谷那里跑,一面跑一面祷告圣母马利亚说:“圣母呀,保佑我的小棉花,不要让她遇到大狼,救她脱离灾难,我要把最好的胡萝卜献给您!”这样,跑到了山谷那里,树木长得真是茂盛,树上还有小鸟儿叫,山谷底下,还有一条小河慢慢地流着,可是却看不见小棉花。

爸爸

1968. 11. 3

8. 凤凰树下的书包

佳儿、小臭臭:

妈妈兔在山谷里跑来跑去,一面跑一面大声叫:“小棉花! 小棉花！我的女儿！”只听山那边有很大的声音，照样也叫：“小棉花！小棉花！我的女儿！”妈妈兔吃了一惊，怎么山那边也有人在叫小棉花呢？就停住了脚，又叫一遍：“小棉花！小棉花！我的女儿！”山那边果然又响起了同样的呼唤：“小棉花！小棉花！我的女儿！”佳儿，你猜这是怎么一回事呀？这就是回声呀。其中道理，问老师问妈妈就知道了，可是妈妈兔怎么知道这是回声呢？还以为是什么妖怪呢！吓得不得了。上次不是说过哥哥兔——小白球，去叫爸爸兔了吗？他们是往山坡那个方向找的，到了山坡之后，爸爸兔说：“小白球，你往东找，我往西找，不要跑得太远，小心大狼。”爸爸兔跟妈妈兔一样，也是一面跑一面喊：“小棉花！小棉花！我的女儿！”你猜，他这么喊，有没有回声呢？当然有回声，不过爸爸兔知道那是回声，所以没有害怕。可是任凭他怎么喊，都喊不到小棉花，爸爸兔跑得一身都是汗，心里又是怕、又是急，嘴唇都青了。这时候呀，天色渐渐黑下来，飞鸟们都回巢了，爸爸兔真要哭了，正在走投无路的时候，忽然听见小白球在远远的地方叫：“爸爸，快来呀！我找到了小棉花的书包。”爸爸兔急忙跑过去一看，只见一棵凤凰树下面，放着一个书包，正是小棉花的，可是小棉花呢？谁也不知道她到什么地方去了。她叫大狼吃了没有？下星期再告诉你！

爸爸

1968. 11. 10

9. 路旁有几滴鲜血

佳佳：

上一次我们说故事，说到什么地方呀？对了！是说到哥哥兔在一棵凤凰树底下，找到了小棉花的书包，爸爸兔和妈妈兔听见了哥哥兔叫喊的声音,急忙跑过去,果然是小棉花的书包。可是小棉花呢?却影踪不见,往前走了几步,忽然在路旁看见几滴鲜血,妈妈兔哭了,说:"不好了!我的女儿一定叫大狼吃掉了。"一提起那可怕的大狼,听山那边传来几声狼号,爸爸兔打了一个寒颤,就一只手拉着妈妈兔,一只手拉着哥哥兔,说:"不要离开我。"哥哥兔说:"我怕!"爸爸兔说:"不要怕,我们一块找妹妹!"三个人战战兢兢,一面走,一面哭,一面叫:"小棉花!小棉花!"唉!佳佳,你看,爸爸、妈妈是多么爱自己的女儿呀。记得你八九个月大的时候,我们住在通化街,有一天,女佣阿珠(你不会记得她了,有一次我去上班,你哭个不停,她把你放到水泥地上,我恰好忘了东西,转回去拿,看见了,心里疼得像刀割一样,就把她解雇了),那时她刚来,抱着你去小铺买东西,左等不回来,右等也不回来,爸爸跟妈妈想到会不会把你摔死,她自己跑掉了?当下就像疯了一样,沿着大街小巷,大声叫着:"佳佳!佳佳!阿珠!阿珠!"街上的人都呆呆地看着我们,以为真是两个疯子呢。叫了足足两个小时,回到家里看你回来了没有,才看到阿珠抱着你一歪一歪地走过来,一看到你笑嘻嘻的脸,妈妈跑上去,一把抱过来,快乐得滴下眼泪。可是,你猜阿珠说什么?后来邻居告诉她爸爸妈妈急的样子,她不但不同情天下父母心,反而说:"神经病!"你说,这是爱呢?还是神经病呢?

爸爸

1968. 11. 17

10. 山谷底下传来声音

佳佳我儿:

你十一月十二日的信,我二十一日收到,三月间,你写信还只两三行,而这封信却写了十九行,你说:“您好吗? 我是佳佳。”使我想起你在电视上的镜头。我们分别了九个月,你也长大了不少。记得吗? 你一放学,总是趴在爸爸怀里,跪在爸爸腿上,搂着爸爸脖子,嗅个不停,说:“爸爸身上的味道真好闻啊。”妈妈最不喜欢你这话了,因为你喜欢闻的是香烟味道呀。如今,爸爸不在身边,每一思念你是个无父的孤儿,我便流泪,我不能见到你的两个哥哥,所以你就是我的命根,我知道你也很想爸爸,“暗中常滴思儿泪,只怕思父泪更多。”你说:“您写字太累了,就不要写了。”大概妈妈告诉你我在这里都是趴在地板上写的,妈妈也这样劝过我,可是,这算什么“累”呢? 一个星期只能写一次,让我累吧! 不要说累,即令为我儿死、为妈妈死,我也愿意、也高兴。儿啊,你什么时候才知道为父的心呢?

现在再继续我们的小白兔吧。上次不是说到妈妈兔看见了几滴血,就哭起来了吗? 爸爸兔一只手拉着妈妈兔,一只手拉着哥哥兔,一面走,一面叫:“小棉花! 小棉花!”这样找了好久,天渐渐黑了,风也大起来,一轮明月,在天边悬挂着,满地都是树木的阴影,凄凄凉凉,十分可怕,连爸爸兔都心惊胆怯了,正在这时候,忽然听见山谷底下有一个陌生的声音说:“好呀! 我可不怕你这个大狼!”妈妈兔急忙叫:“小棉花!”爸爸兔说:“这不是小棉花,不要说话,听听还有什么!”可是却再也听不到什么了。

爸爸

1968. 11. 24

11. 飞也似的跑向山谷底

佳佳：

爸爸兔、妈妈兔、哥哥兔在山崖上屏声静息地听着听着，听不到什么声音，妈妈兔忍不住了，向着山谷底下叫："小棉花！小棉花！回答我的话呀！妈妈在这里呀！"这时爸爸兔说："我们下去看看。"可是，迟疑了一下，对妈妈兔说："你最好跟小白球在这里等我，我一个人去。"妈妈兔说："那怎么行，我们三个人在一起，胆也可以壮一点。"爸爸兔说："你跟小白球能壮什么胆呢？万一遇到大狼，我又要照顾你们，又要打大狼，怎么能分开身呢？何况，我要是遇到小棉花，抱起来就跑了，有你们在一旁，怎么能跑得快呢？"妈妈兔一听，也很有道理，就说："我跟小白球留在放书包的地方等你，你可要特别小心呀。"爸爸兔说："你跟小白球也得小心，你看着东面，小白球看着西面，要是有大狼，你们就飞快地跑回家，千万不要跟它打。"小白球说："我们要是跑了，那么，爸爸，你呢？"爸爸兔说："傻孩子，不要担心爸爸，你看爸爸多么强壮呀！"说罢，就从地上捡了一根树枝，当做一条棍子，向小白球说："千万不要乱跑，跟妈妈在一起。"这才一步一步向山谷底下走去，山路真是难走，路面又窄，一边是千仞绝壁，一边是万丈深渊，要是一步走滑，掉了下去，会活活跌死，连骨头都跌碎了呢！心里想："小棉花胆最小了，她怎么敢来这种地方呢？"就要停住脚，可是又一想："说不定她被大狼抓住，正盼望爸爸救她呢？"想到这里，顾不得危险，立刻飞也似的向山谷底下跑去。

爸爸

1968.12.1

12. 大石头后会发声

小佳佳：

你寄的圣诞卡片好漂亮哟！今年圣诞节，爸爸没有什么可以送给你，但你知道爸爸爱你。你在圣诞卡上涂鸦的两行字："圣母会保佑您，我和妈妈都爱您！"傻孩子！你这些时给大舅父、毛舅父跟二位姨妈写信了没有？婆婆明年要到美国去，希望你和妈妈能跟婆婆走，妈妈去念研究所，你去念小学，你说好不好呀？可是先要叮咛你，不管怎么，都不要忘了你是中国人，不要忘了总是在悲剧中的祖国。——这些话，说得太深了些，让妈妈讲给你听吧。如果仍听不懂，也没关系，等你再大一点，就会懂了。

上次不是说到爸爸兔在山谷底下跑吗？山谷底下，十分阴暗，爸爸兔正在着急，忽然从一块大石头后面，响出一个声音说："嗨！看你慌慌张张的，找什么呀？"爸爸兔说："我找我的女儿小白兔。"那声音说："你女儿叫什么名字？"爸爸兔说："她叫小棉花。"那声音说："我刚才看见她躲在前面一个山洞里，大概怕黑，不敢出来，你快去接她吧。"爸爸兔说："哪一个山洞呢？能不能麻烦你指点一下。"那声音说："可以的，你在前面走，我在后面跟。"爸爸兔高兴得不得了，一跳一跳的向前跑。

爸爸

1968. 12. 8

13. 被关进魔术宫

佳佳：

爸爸兔一听说有人知道小棉花躲在什么地方，高兴得不得了，就在前面跑，跑呀跑呀，跑了一段路，那声音在后面说："好了，到了，路旁边不是有一个山洞吗？"爸爸兔说："哪个山洞呀？"那声音说："嗨，看见没有？洞门口写着三个大字呢！"爸爸兔停住脚，喘了口气，定了定神，借着明媚的月光，只见洞门口上果然写着三个大字，再仔细看了看，就说："朋友，是'魔术宫'吗？"那声音说："对了，就是那里，快进去吧。"爸爸兔说："那里一定是个好地方，我的小女儿一定玩得很好呢。"那声音粗暴地说："你怎么这样啰嗦呢？"爸爸兔因为马上就可以找到小棉花，高兴得什么都忘了，既没有看清楚谁跟他讲话，也没有听清楚那声音的音调有没有什么特别，就跑进那山洞，山洞里黑漆漆的，伸手不见五指，只有在远远的地方，有一点灯光，他就大声喊："小棉花！小棉花！我的小女儿呀！"只听身后面轰隆的一阵声响，他转头一看，啊呀！奇怪呀！刚才洞口还有月光呢，怎么一下子月光没有了呢？难道天要下雨，云彩把它遮住了吗？可是，怎么连风都没有了呢？心里不由得有点害怕起来，向山洞口那里摸索着走去，心里想，等出去找到那讲话的朋友，问明白之后再进来不迟，他只走了几步，就碰到一个硬硬的东西，用手一摸，不禁叫起来："天啊！这是一道门啊！是谁把洞口关起来了？"又一想："糟了！我上当了，小棉花不会在里面的，我怎么出去呢？"正在又急又怕，只听有一个人在黑暗里磔磔地怪笑起来。

爸爸

1968. 12. 15

14. 见到双尾狼

心肝儿:

那磔磔的怪笑听来十分可怕,爸爸兔打了一个寒颤,头发都竖起来,下牙打着上牙,问说:"你是谁呀?"那声音说:"你这个傻瓜,连我是谁都不知道,怎么听我的话?我教你做什么,你就做什么呢?"爸爸兔说:"我一心一意想着我的小女儿,把心都想糊涂了,你到底是谁呀?"那声音说:"好吧,看看我到底是谁吧!"说罢这话,只听"啪"的一声,电灯亮了,山洞里照耀得像白天一样,爸爸兔急忙用手掩住眼睛——他在黑暗里太久了,一下子有了亮光,刺得他睁不开呢。等过了一会,能睁开了,抬头一看,哎呀!就在面前,站着一个毛茸茸的东西,浑身是又黑又脏的长毛,两个耳朵尖尖的,两个眼睛冒着绿色的凶光,长长的嘴大张着,露着森森的牙齿,用舌头舐着嘴唇上的血。爸爸兔这一惊非同小可,喊说:"你是大狼呀!"大狼说:"对了,我是大狼,你能被我吃掉,也实在光荣,要知道,我不是一个普普通通的大狼,我的身份比所有的大狼都要高呢!"爸爸兔定了定神,再仔细一看,看见了那大狼长着两条尾巴,那两条尾巴像两条蛇一样在地下拖着,不禁叫说:"你!你就是那有名的双尾狼!"双尾狼得意地大笑说:"你说得一点也不错,看起来我的名声传播得很远,你恐怕是天天看报吧?"爸爸兔说:"有谁不知道你呢?你有两条像玩魔术一样的尾巴,害了多少可怜的小动物啊!"

爸爸

1968. 12. 22

15. 棒打双尾狼

佳佳：

上一信不是说到双尾狼把爸爸兔骗到魔术宫山洞里了吗？爸爸兔问它说："不知道你吃了多少小动物啊！"双尾狼说："这还用说吗？我吃的小白兔尤其多，嗨！小白兔的肉比别的动物的肉要香得多呢。"爸爸兔战战兢兢地说："天呀！你一定把我的小女儿也吃了。"双尾狼说："是呀，那小女孩不听爸爸妈妈的话，到外面乱跑，我替你管教管教她，把她连皮带肉吃到肚子里，哈哈哈哈！"爸爸兔本来害怕得不得了，浑身发抖，腿也发软，可是一听那双尾狼说它已把小棉花吃了，心里一阵绞痛，胆量一下子壮了起来，举起他手里的棍子——佳儿，你记得不记得？爸爸兔下山谷的时候，不是捡了一根树枝吗？那是一根橡木树枝，坚硬得跟钢铁一样呢。爸爸兔因为恨死了那个双尾狼，用尽了所有的力气，朝双尾狼头上打下去，双尾狼没有想到一个大白兔竟然不怕死，敢打一个大狼，所以一点也没有防备。只听"咚"的一声，一棍正打中头顶，双尾狼摇晃了几下，立刻昏倒在地。爸爸兔这时才定了定神，看见双尾狼直挺挺地躺在那里，嘴里还滴着鲜血，又害怕起来，就找了一条绳子，把它的四只脚结结实实地捆住，等到捆好，已累得上气不接下气，心里想："我怎么办呢？我一定要打死它，为我的小女儿报仇。"想罢，就举起棍子，要再打下去，可是，这时候，双尾狼已经苏醒过来了。

爸爸

1968. 12. 29

16. 双尾狼向爸爸兔求饶

乖佳佳：

双尾狼被爸爸兔捆住，眼看就要被打死，爸爸兔已经把棍子举起来，双尾狼却忽然从昏迷中转醒，用力一跳，它以为它可以跳起来呢，谁知道那么一用力，手脚被绳子勒得更痛了，就大叫道："不要打我，不要打我，饶我一命吧！"爸爸兔说："你这个大坏蛋，求我饶你，你为什么不饶我可怜的小女儿呢？"双尾狼说："老实告诉你吧，我没有吃你的小女儿。"爸爸兔说："那你刚才怎么说吃了我的小女儿呢？"双尾狼说："我只是吓吓你罢了，快放开我呀！"爸爸兔说："你说的话我不相信——你想想看，谁能相信一个大狼的话呢？"双尾狼无可奈何，只好说："这么办吧，你呀，顺着这山洞，一直往后走，走到洞底，那里有三条岔路，你顺着右边那一条走去，大概要走一百五十步，靠左边上，有一块大青石头，你用手在那个大青石头上画两个十字，它就会自己打开，里面是我的厨房，有一只小白兔绑在那里……"爸爸兔一听，马上叫说："那是我的小女儿吗？"双尾狼说："不是，不是，不要性急，听我说完呀，那小白兔不是你的小女儿，他只是跟你的女儿一齐玩的呢，我本来两个都要捉住的，你小女儿是个小鬼精灵，一转头就一溜烟地跑掉了，我只捉住了那个男孩兔，绑在那里，正要配酒吃呢，你问问他，就知道我有没有吃你的小女儿了。"爸爸兔赶忙向后面跑，双尾狼大声说："啊呀，你只问问他就行了，千万不要放掉他呀！"爸爸兔恨得跺脚说："你这个大狼，为什么这样凶恶呢？你教我饶你，你却不肯饶人。我当然要放掉他，难道我会留下来叫你吃他吗？"那双尾狼不敢再啰嗦了，爸爸兔跑呀跑呀，跑到了三岔路口，顺着右边那条路跑了一百五十步，左边墙上果然有一块大青石头，好大好大,比五张桌子加在一起还大呢!

爸爸

1969. 1. 5

17. 米老鼠的忠告

小宝贝:

爸爸兔一看见那块大青石头,心里想,一定是这里了,就要用手去画十字,手都举起来,心里忽然又想:“我得小心点才好,大狼是个坏东西,专门害人,它叫我画十字,说不定存心害我呢?”正在想着,有一只米老鼠悄悄地从洞里跑出来。嗨!佳佳,你不是在电视上看过“太空飞鼠”吗?米老鼠长得就跟他一模一样呀,只不过米老鼠只会跑,不会飞罢啦。那米老鼠悄悄地跑到爸爸兔跟前说:“兔先生,你好!”爸爸兔说:“米老鼠先生,你好!”米老鼠说:“我知道你遇见困难啦,看你的样子,一定是从双尾狼那里来的。”爸爸兔说:“对呀,你怎么知道的呀?”米老鼠说:“那双尾狼是不是还告诉你,要你在这块大青石头上画两个十字,它就会自动打开呢?”爸爸兔奇怪地说:“你怎么知道的呀?一定是刚才偷听了我们的谈话。”米老鼠说:“我没有偷听你们的谈话,要知道,一个正正派派的人,是从不偷听别人谈话的。我是看你慌慌张张跑来,东张西望,你刚才不是举起手来要画什么吗?我本来要大喊一声,叫你不要画的,可是看你把手又缩回去,知道你最最聪明,我才这么慢吞吞地告诉你,免得我大喊一声,害你吃一惊呢。”爸爸兔说:“谢谢你,米老鼠先生,我如果画上十字,大青石头会自动打开吗?”米老鼠说:“千万不要画十字,我看得多了,那些找孩子、找父母的小动物,啊!有一次我还看见一只妈妈羊,她也是来找她女儿的,她用角把大狼撞伤,大狼不能吃她,就骗她,说她女儿关在这里。那个可怜的妈妈羊为了找女儿,急得几乎疯了,我大声喊她不要画,她竟没有听见,我冲出去,咬她的腿,她还气我捣乱,踢我呢。我只好赶紧钻回我的洞里,那妈妈羊刚画完了十字,只听轰隆一声,大青石头砸下来,砸到妈妈羊头上,把妈妈羊砸死了。"

爸爸

1969. 1. 12

18. 又黑又亮的方砖

佳佳:

上一封信说到那妈妈羊被大青石头砸死,唉!孩子们不听大人的规劝,自己吃亏不算,连妈妈也害死了,应该不应该呀?爸爸兔听了米老鼠的这段话,害怕地说:"老天啊!幸亏我没有去画十字,不然的话,我现在已被砸死了,怎么还能找我的小棉花呢?"正在说着,米老鼠耸起耳朵,低声说:"兔先生,不要说话,听!"爸爸兔这时候也听到一种声音,咯吱!咯吱!是谁向他们这个方向走来了呢?心里十分疑惑。忽然间,一大团黑影像一阵风一样,呼的一声,从爸爸兔面前冲过去,米老鼠吃惊地叫:"啊呀!"一跳就跳进他的鼠洞。——佳儿,你猜这是怎么回事呢?原来呀,那双尾狼不是被爸爸兔用绳子绑了个结实吗?你不知道,这个双尾狼所住的魔术宫是一个魔洞,不论绑得多么结实,那块大青石头下面,有一块黑颜色的方砖,又黑又亮,不管是谁,凡是想在那块大青石头上画十字的,一定得站在那块黑方砖上,只要往上面一站,所有绑到身上的绳子全都会自己解开,你说,奇怪不奇怪啊?所以,当米老鼠跟爸爸兔说话的时候,那可恶的双尾狼早已经蹑手蹑脚地、一溜一溜地，溜到了跟前，它本来要扑上来把爸爸兔吃掉的，可是，它更恨米老鼠，因为米老鼠拆穿了它的诡计。你要知道，一个邪恶的人，对那些戳破他假面具，暴露他真相的好心肠绅士，一定恨得入骨，比恨它真正面对面的敌人还要深，还要厉害。所以，那双尾狼就抛开了爸爸兔，直扑那米老鼠，谁知道米老鼠一晃身子，就进了洞，双尾狼用的力太猛，收不住脚，一头撞到墙上，撞得头昏眼花，跌倒到地上，像尸首一样，躺在那里。

爸爸

1969. 1. 19

19. 在白方砖上画三个方格

佳佳儿：

那双尾狼呀，真是一个坏东西，专门害人，这一次想吃米老鼠没有吃成，反而撞昏倒在墙跟前。米老鼠这才从洞里跑出来，拍拍胸脯，喘了口气说："啊哟，好危险哟！"爸爸兔简直被刚才这一连串发生的事情吓呆了，背靠着墙，两只大而长的耳朵直直地竖在那里，很久很久，说不出一句话。米老鼠说："不要怕，大狼不是已经撞昏了吗？一时还不会醒，等我找根绳子把它捆起来。"说着，就找出一根麻绳，跟爸爸兔把那只双尾狼捆了个结实，捆好之后，丢到路边。爸爸兔累得呼呼地说："我们现在做什么事呢？我恐怕要先走了，赶紧去找我的小女儿。"米老鼠说："不要走，兔先生，你不是要找你的小女儿吗？那大狼在这上头没有说谎，唉！坏人有时候也会说实话呢。我们且到他的厨房瞧瞧。我呀，仿佛看见大狼提了一个小白兔丢在那里。"爸爸兔说："可是，我们怎么进去呢？"米老鼠说："这个我知道，你往前走几步，小心点，千万不可以站到那块黑方砖上。只要往那块黑方砖上一站,大狼身上的绳子就又自动解开,那就糟了。你要站到那块白方砖上,看清楚那块白方砖没有?"爸爸兔说:"看清楚了。"米老鼠说:"等你站到白方砖上之后,就用手在那块大青石头上画三个方格,画第三个方格的时候,立刻把眼睛闭住,这时候会有一道闪光,要是不把眼睛闭紧,这道闪光真能把眼睛照瞎了呢!等这道闪光过后,门就自动打开了。"爸爸兔说了声:"谢谢!"就一跳跳到那块白方砖上,用手在大青石头上画三个方格,在画第三个方格的时候,同时也把眼睛闭上,刚闭上眼睛,果然起了一道闪光,一道闪光过去,听米老鼠喊说:"兔先生,你可以睁开了。"

爸爸

1969. 1. 26

20. 小刚强泪眼汪汪

佳佳:

米老鼠不是叫爸爸兔睁开眼睛吗?爸爸兔就把眼睛睁开,啊!真是奇妙啊!那块大青石头已经打开了,米老鼠跟爸爸兔走进去一看,果然是个厨房,不过,那厨房呀,可太大了,比我们住的整个光武新村还要大呢!里面堆了很多骷髅——你知道骷髅是什么吗?就是那大狼吃人的时候,只能吃肉,骨头却吃不下,剩下来的骨骼架子,就叫骷髅。有人的,也有兔的,也有鸡的,也有狐狸的,也有羊的。爸爸兔看了,眼泪流了下来。叹口气说:"唉!这些死了的可怜孩子,他们虽然死了很久,可是,恐怕他们的爸爸妈妈还到处找他们呢!"正在悲伤,只听一个细小的声音叫说:"兔伯伯!米叔叔!快救救我呀。"爸爸兔耸起耳朵——小白兔的耳朵很长很长,会前后左右地摆动,非常好玩呢。听那细小声音又说:"快来救我呀!我马上就要死了。”爸爸兔说：“你是谁？你在哪里呀？我怎么看不见你呀？”那细小的声音说：“我叫小刚强，也是小白兔，就在你跟前。你往前走，不是有个石坎吗？我就在里面呢。”爸爸兔照着他的话，果然找到一个石坎，石坎里躺着小刚强。小刚强是个男孩兔，长得很是漂亮，可是，他现在却倒霉兮兮的、头发蓬蓬的、眼泪汪汪的，身上左一道、右一道地捆着绳子。爸爸兔急忙给他解开，他好懂礼貌啊，向爸爸兔一鞠躬，说：“兔伯伯，谢谢你。”爸爸兔真高兴，说：“好孩子，你爸爸妈妈多有福气呀，有你这么一个好孩子，他们一定急疯了。”小刚强说：“是呀，所以我要马上回家。”爸爸兔说：“我有一个小女儿，叫小棉花，你看见过她吗？”小刚强兴奋地说：“你就是小棉花的爸爸吗？”爸爸兔说：“是呀，你一定看见过她了。”小刚强说：“我们刚才还在一起呢，大狼来捉我们的时候，她好快哟！一闪身就跑了哩！”

爸爸

1969. 2. 2

21. 老头儿的胡萝卜

佳佳：

这个星期，妈妈来看爸爸，大哭着回去了。儿啊！我心如烈火在烧，七个月没有看见你，一定又长高不少了吧？堂堂世界，朗朗乾坤，妈妈、爸爸，加上我儿，我们的眼泪都哭不出一线生路，人生有时候是多么无可奈何啊，你快长大吧，免得为父在睡梦中都为你担心。（可是，你不要再来看爸爸。这封信到时，你恐怕已跟妈妈回婆婆家过年了，要快乐，孩子！为了爱爸爸，要快乐，但不要任性。）

接着说小白兔，那小刚强告诉爸爸兔说，小棉花已经跑掉了，爸爸兔心里很是高兴，就说：“她往哪个方向跑的呢？”小刚强说：“好像是往山坡那里跑的,我已经吓昏了头,没有看清楚往哪里跑的。"爸爸兔说:"你们怎么遇到一起的呢?看你的样子也是一个小学生呢?"小刚强说:"兔伯伯,我当然是一个小学生呀,你要是不信的话,看看我的书包就知道了。"说着就打开书包,拿出一本第二册《常识》给爸爸兔看,爸爸兔说:"你真是一个好学生。"小刚强听说夸奖他,十分高兴,就说:"兔伯伯,你的小棉花才是一个好学生呢,她只上了一天学,老师讲的什么,她呀,她都懂得,一路还说给我听哩!"爸爸兔说:"可是小棉花的书包却扔掉了,你的书包却保管得这么好。"小刚强说:"你不知道?我们是在山坡下面碰见的,她一个人在那里跑来跑去,跑得很倦了;天又黑下来,正想回去,我才跑到。嗨!我们还是同学呢。我说:'小棉花,玩一会再走嘛!'她说:'不行,爸爸妈妈会急死的。'我说:'没有关系,我们再绕着那块地方跑三圈就走。'她说:'好。'就这样呀,我们一起跑,刚跑完了第三圈,那面来了一个老头,手里提着一篮胡萝卜,青青的叶儿,真好吃,我们一瞧,连口水都滴出来了呢!就问说:'老伯伯,你那胡萝卜是卖的吗?'"

爸爸

1969. 2. 9

22. 长袍底下的尾巴

儿啊:

今天是阴历年的除夕,也是爸爸写信的日子,记得爸爸离家的时候,你坐在地毯上看电视,还向把爸爸带走的差人努努嘴呢,妈妈忧愁不安地在走廊上站着,他们保证爸爸十二点钟以前一定回来,所以爸爸倒很安心地走了,谁想到一去就是一年,而又回家无期。不要谈过去吧,也不要想过去,这会使爸爸哭,也会使女儿哭,更会使妈妈哭,人生有尽,爱无尽,还是让爸爸继续说小白兔的故事吧。

上一次说到小刚强跟爸爸兔见了面,小刚强告诉爸爸兔,他跟小棉花碰到一个老头,手里提着胡萝卜,就问那老头,能不能卖给他们一点呢?那老头和颜悦色地说:“我这些胡萝卜都是不卖的,你们要吃的话,就跟我来,我住在魔术宫,宫里面多得很呢!”小棉花说:“魔术宫!听起来一定是一个好地方,我们去玩,好不好?”小刚强说:“好。”两个小白兔,就跟着那个老头,一直往魔术宫走去。说到这里,爸爸问你,小佳佳,你知道这个老头是谁了吗?嗨,你应该知道的,猜猜看?谁住在魔术宫呢?对了,就是那个双尾狼呀,你看,那双尾狼多坏,扮着老伯伯的仁慈模样,要骗小棉花和小刚强呢。这两个小傻瓜,不知道马上就要被吃掉了,还高高兴兴地跟着他,一蹦一跳地走,走呀走呀,走到一棵凤凰树下面,小棉花忽然觉得不对呀,那老伯伯穿着长袍,长袍下面怎么露出来两条尾巴啊?心里一想,哎呀!它一定是双尾狼,就拉了小刚强一下说:“不好了!我们快跑吧。”小刚强一愣说:“你说什么?”小棉花低声说:“那老伯伯原来是只大狼呀。”小刚强正在贪玩,哪有心听小棉花的话,可是那双尾狼已经听见了,它回转身来,问说:“你们说谁是大狼?”小棉花吓得牙齿都打着颤,小刚强到底是男孩兔,他这时也看见了长袍下面的那两条尾巴,就大声说:“你就是那大狼,而且还是双尾狼。”双尾狼说:“胡说,我不是双尾狼,我怎么会是双尾狼呢?”

爸爸

1969. 2. 16

23. 露出真面目

小佳佳:

你看,那双尾狼多坏,它变成一个慈祥的老头,打算把小棉花跟小刚强骗到山洞里吃掉，想不到它那尾巴太长，从长袍底下露了出来，小棉花眼尖，一眼就看见了，可是，双尾狼还嘴硬呢，不承认它是双尾狼，一面把它的尾巴悄悄地缩回去，一面说："你们两个小孩子，眼花了吧？我怎么会是双尾狼呀。"小棉花说："我看见了你的尾巴。"双尾狼说："尾巴呢？尾巴在哪里呀？"小棉花一看，对呀，长袍下面什么都没有。小刚强心里想："刚才一定是眼花了。"双尾狼说："走吧，跟我去吃胡萝卜吧！不要三心二意、胡思乱想了。"于是，他们就往前走，走着走着，走到了那个魔术宫的山洞。这时候，天快黑了，（佳儿，听爸爸的话，你以后无论去什么地方玩，天黑了之后，千万不要再去陌生的地方，一定要马上回家，家，有爸爸妈妈在，才是最安全的地方。）小棉花心里有点害怕，就想回去，可是，想一想那又红又脆又有绿叶的胡萝卜，就忍不住一直跟着走下去，这样的一直进了山洞，正想问胡萝卜在哪里呢？啊呀，不好了，那双尾狼把长袍一脱，把假面具去掉，小棉花、小刚强一齐喊说："天啊，它真是双尾狼！"双尾狼眼睛里冒着凶光，笑着说："你们两个小傻瓜，叫人家说几句话就骗来了，可逃不掉了吧，我要把你们身上的毛拔掉，洗得干干净净，做成清蒸兔，一面喝酒，一面吃呢！"小棉花、小刚强又急又怕，哭着叫："爸爸！妈妈！快来救我呀。"双尾狼说："平常你们不听话，现在事到临头，谁也救不了你们了。"说罢。用前爪一扑，一只爪抓住了小刚强的书包，就捉住了小刚强，可是另一只爪去抓小棉花的书包时，却没有抓住，你猜为什么呢？

爸爸

1969. 2. 23

24. 双尾狼爪下逃生

佳佳我儿:

让爸爸像在家时那么唤你一声:小女女! 你 1 月 25 日的信爸爸收到了,考得怎么样? 把分数告诉我,你说:“您讲的故事非常好听,不知道是您自己的故事还是您编的?”傻孩子,爸爸怎么会成了一个小白兔呢? 你又说:“爸,还有什么话讲呢? 只有空等!”你才九岁,也不过是小学三年级学生,知道得太多了,我不喜欢你早熟,爸爸的事等你长大了之后再知道吧,如果爸爸还在人世,爸爸会告诉你,如果爸爸已经不在了,也会有人告诉你,到那时候,你会很骄傲地指着爸爸的名字说:“我就是他的女儿!”现在,哪个姓岳的孩子,不自认他是岳飞的后代呢? 但,现在,你不要想爸爸的事情,也不要为爸爸哭,要多跟别的孩子们玩,爸爸离家时,你还要妈妈喂饭呢,现在,可以自己吃了吧。妈妈在你信后面写:“这信,是佳佳写了很久的,今天整理抽屉,发现了它,想不到她独自写信写得如此好!”妈妈这一段是 2 月 13 日写的,孩子,你的信怎么放得那么久不寄给爸爸呢? 你又在什么时候写这封信呢? 以后,随时写随时寄给爸爸,我们父女的爱,会得到上天的恩典,是不是呀? 星舅舅附写的话,也看到了,他说:“人在哪儿都是一样的!”真是一句很富哲学意味的话。

现在,继续说我们的小白兔吧。那双尾狼一把就抓住了小刚强的书包,也抓住了小刚强,可是双尾狼再去抓小棉花的书包时,却没有抓住,你猜,那是为什么呢? 嗨,原来呀,小棉花贪玩,经过那棵凤凰树的时候,她觉得书包好重呀,就把它放到树底下,用一块石头压住,打算等到吃了胡萝卜回来,再背起来,想不到她这个小淘气这么一淘气,双尾狼一抓她的时候,没有抓住书包——她已经没有书包了呀！小棉花看见双尾狼露出凶恶的真面目，吓得索索地打颤，双尾狼一抓她，她就从它爪底下飞也似的向山洞外跑去。

爸爸

1969. 3. 2

25. 救女心切，一分钟也不能停

佳佳：

爸爸兔听小刚强说到这里，才松一口气，放下了心，就说："米老鼠先生呀，现在怎么办呢？我往哪里找我的小女儿呢？"米老鼠说："兔先生，依我的意思，今天已经这么晚了，妈妈兔、哥哥兔还在山上等着，妹妹兔、弟弟兔呢，两个人在家，一定会害怕，所以呀，我劝你还是回去，等到明天，多请些邻居朋友，一齐出来找，包管会找得到呢。而且，小刚强这孩子，也该送他回去了，他妈妈爸爸不知道急成什么样呢！"小刚强也说："对了，兔伯伯送我回家吧，我恨不得飞着回去，我妈妈会哭死的。"说着，两行眼泪从他那小脸上淌下来，爸爸兔看了，很是难过，就掏出手帕，给他擦眼泪，说："不要哭！乖宝宝，我会马上把你送回家，可是，我不能不找小棉花呀，她才那么一点点小，吃饭都要妈妈喂呢。又被大狼吓成这个样子，恐怕是吓疯了，在这黑夜里，她跑到哪里去了呢？说不定跌到山谷底下，跌断了腿，痛苦地喊：'爸爸，快来救我呀！'也说不定有什么坏野兽把她捉住，正要吃她，她哭着喊：'爸爸，快来救我呀！'我一分钟也不能停，一分钟也不能停。"说着说着，爸爸兔也哭了，想起小女儿正遇到危险，盼望他去救她，他却站在这里，心就像刀割的一样。

爸爸

1969. 3. 9

26. 米老鼠送小刚强回家

佳,我的女儿:

爸爸兔已是那么大的人了,为了小女儿,却哭起来。佳佳,你看见爸爸哭过吗?爸爸很坚强,遇到再大的困难,也都不哭。只有妈妈最喜欢哭了,动不动就哭,你考幼儿园小班,得了一百分,爸爸和妈妈远远张望,你小小身躯大摇大摆地在那里走来走去(有些小朋友就是怕),妈妈都高兴得哭了。可是,爸爸最近却哭过很多次呢。

米老鼠看到爸爸兔哭,心里叹息着:“我一定要帮助他!”就说:“兔先生,这么办好不好?你不妨继续去找你的小女儿,把小刚强交给我,我带他去山崖那里,并把你继续找小女儿的消息,告诉妈妈兔和哥哥兔,请他们先回家等候消息。然后,我再把小刚强送回家。你呢,就顺着这条山路往下走,一面走一面找,不要离开太远,等我把事情办完之后,就回来追你。这一带地方,我最熟悉了,一定尽我的力量找到你的小女儿。”爸爸兔连忙说:“你这番好意,我怎么报答你呢?”米老鼠说:“能够看见你找到小女儿时的那种快乐神情,我就满意了。”爸爸兔说:“你是一个好人,有一副仁慈的心肠,我们都感谢你!”

爸爸

1969. 3. 16

27. 来到大庙门口

佳佳:

米老鼠就跟爸爸兔告辞,拉着小刚强的小手,一直往山崖那里走去。临走时,小刚强说:“兔伯伯!谢谢你救我,我爸爸会报答你的。”爸爸兔说:“好可爱的孩子,你真懂礼貌,做你的爸爸妈妈真应该骄傲,代我问候他们好。”

就这样的,爸爸兔捡起原来那根树枝,也不管那撞倒在地上的大狼的死活,沿着山路,走了下去。这时候,已经是半夜了,月光照射下的世界,跟白昼一样。他一边走,一边耸起耳朵(嗨,佳儿,你可看见过小白兔耸起耳朵?)听一听有没有喊救命的声音。可是,什么都没有呀。他就大声叫:“小棉花!小棉花!我的女儿!”他这样一遍一遍重复地叫,叫得眼睛都昏花了。走呀走呀,走到一座大庙那里,那座大庙可真大呀,几百个人都住得下。他就去敲门,敲了很久,没有回声,爸爸兔喊说:“对不起!请打开门好不好?我来找我的小女儿,她叫小棉花,在你们庙里面吗?”仍然没有回声。正在奇怪,忽然那庙门“呀”的一声开了,爸爸兔在门外等着,一定会有人出来才对呀。可是,等着等着,始终不见人影。

爸爸

1969. 3. 16

28. 老和尚说双头蛇

佳儿：

你说，在那深深的夜里，深深的山上，一个大庙里，空空洞洞的，叫唤了那么久，都没有人应一声，害怕不害怕呢？无怪爸爸兔心里想："这一定不是个好地方，我还是赶快离开吧。"正要转身走的时候，忽然起了一阵大风，呼呼地刮着，连月亮都刮得看不见了，飞沙走石，十分厉害，爸爸兔连忙把脸蒙起来，免得沙子刮到眼睛里，正在这时候，听那庙的后面，有一个人的声音说："兔先生，你快一点离开吧，千万不要再往里走，要是一走进当中的大殿，上面就会掉下来一条绳子，把你捆住。"爸爸兔说："你是谁呀？"那人说："我是庙里的老和尚。"爸爸兔说："你怎么知道这些事呢？你又在哪里呢？怎么不出来告诉我呀？"老和尚说："我不能出来，我们全庙院里一共有三百六十五个和尚，现在呀，都被妖怪用魔法囚禁在后面的一间大房子里，也没有关门，更没有上锁，可是，那魔法却像一层看不见的玻璃一样。"爸爸兔说："那妖怪是什么样子的呢？"老和尚说："它是一条双头蛇！"爸爸兔刚逃出双尾狼的毒手，现在听说又有一条双头蛇，好像被雷打了一样，叫了一声："哎呀！世界上怎么这么多害人的东西呢？"老和尚说："双头蛇最喜欢吃人了，它把我们囚禁在这里，每逢月圆的时候，它就腾云驾雾地来到庙院，吃一个人之后才走，兔先生啊，我们已被吃三个人了。"爸爸兔说："那怎么办呢？你们总要想办法呀。"老和尚说："我们有什么办法呢？被那妖怪困在这里，纵然有通天本领，也施展不出啊。不过，我听说，在西天那里，有一个德赛山，德赛山上，有一个德赛洞，德赛洞里有一个神仙叫'德赛仙子'，她的本领最最高强，如果能找到她，她手里常拿着一根小小的神杖，那神杖呀，就叫德赛杖，能请她把那德赛杖赐给我们，不但我们这些可怜的和尚得救，就是这一方的生灵也都得救了。因为那妖怪天不怕、地不怕，就怕德赛仙子，只要用那杖朝它一指，它就像触了电一样，马上头昏脑涨、四肢无力，我们就可以把它捆起来，关在山洞里，再也不准它出来害人了。嗨，我们要是心狠一点的话，用那杖朝它头上一敲，它就死了呢。"爸爸兔说："既然有这种杖，你们怎么不早一点去求那神仙呢？"老和尚说："我们也派人去求了呀，可是，那德赛山在大海那一岸，那么遥远，路上又多的是强盗土匪、狼豺虎豹，有些人没有走到就死了，有些人是在回来的道上死的，不是被强盗杀了，就是被虎豹吃了，所以落得今天这个下场。兔先生啊，只盼望你能救我们一救！"爸爸兔说："你说的这个德赛山，在什么地方呀？我怎么才能找到它呀？"老和尚说："这个德赛山在那西方快乐世界，远在天边，近在眼前，如果没有诚心，纵然走十年、走二十年，都走不到。你要是肯救我们，我就告诉你怎么走法。"爸爸兔说："我当然很愿意救你们，为你们走得再远、受再大的辛苦，都没有关系，可是，我是来找我小女儿的呀，如果去德赛山，就不能找我小女儿了。"老和尚说："你那小女儿叫什么名字？"爸爸兔说："她叫小棉花。"老和尚说："是不是一身雪白的毛，头发上还扎着蝴蝶结？"爸爸兔说："就是她！就是她！你看见她了吗？她在什么地方？"老和尚说："不要担心，是天刚刚黑了的时候，她慌慌张张跑进来，一面跑一面哭，一面哭一面喊：'爸爸、爸爸！妈妈、妈妈！'"爸爸兔听到这里，低声地唤着："我的女儿、我可怜的小女儿！"老和尚说："不要伤心，兔先生，别看你那小女儿那么小，可真有见识呢！我就劝她不要哭，也不要跑进大殿，有什么话可以告诉我们，她就把遇见双尾狼的事说了，说了之后，又哭着要妈妈，好不容易才把她劝住，她呀，向四下看了又看，才发现竟然没有一个人，就又害怕起来。"

爸爸

1969．3．23

29. 小棉花独自上德赛山去救难

小佳佳：

小棉花一个人跑到那庙院里，东看看是空的，西看看也是空的，没有一个人，心里十分害怕，老和尚就说："不要害怕，小妹妹。"小棉花说："这么大的院子，连一个人都没有，你又在哪里说话呀？"老和尚说："小妹妹，你先在门口那石凳子上坐下来，让我告诉你是怎么回事吧！"于是，就像刚才告诉爸爸兔那样，把双头蛇怎么害人、怎么吃人的事情，原原本本告诉了小棉花，小棉花心肠是多么软啊——别小看小棉花，她虽然小，可是却非常慈爱，不但是软心肠，还是侠义心肠呢！什么是侠义心肠呢？就是一心一意帮助别人。佳儿，你不是一直为爸爸和我们全家的苦难，祈求祷告圣母马利亚吗？爸爸再在这里教你念一段《圣经》："你要尽心尽意爱主，爱你的神，你要爱人如己。"这一段《圣经》上的话，请妈妈讲解给你听，要做到这一步是不容易的，但我们只要有这种爱，就会慢慢做到，尤其是当别的人，无论他是朋友也好，陌生人也好，当他需要我们帮助的时候，我们一定要帮助他。小棉花呀，她就是这样的听了老和尚告诉她的话，心里很是难过，眼泪都流下来。可是，她一面流泪却一面说："老和尚伯伯，你们被妖怪害成这个样子，我能不能去那德赛山，向那德赛仙子取那根德赛杖呢？她看我还是一个小孩子，会不会赐给我呢？"老和尚说："德赛仙子是最慈祥的一位仙子，凡是向她求告什么，她都会很高兴地答应，只要你看到她，向她说明白我们受的这些苦难，她就会立刻把那德赛杖赐给你呢。只是呀，看你一个小孩子，为了救我们，千辛万苦地前往西方，实在对你有说不出的感谢。"小棉花说："哎呀！我离家这么久了,爸爸妈妈在家里等我回去,一定等得急死了,怎么办呢?”唉!小棉花这个小白兔啊,这时候玩了个够,又几乎送掉了命,才想起了爸爸妈妈,可是一旦想起来了,就恨不得马上回家,她也知道爸爸妈妈会焦急的,万万想不到,爸爸妈妈会出来找她,当儿女的,哪里知道父母的心呢?老和尚屈指一算说:“不要哭,傻孩子,你爸爸妈妈他们早已不在家了。”小棉花吃惊地说:“他们怎么不在家,往哪里去了呀?”老和尚说:“说你傻,一点都不错吧!你爸爸妈妈早已经离开家,到山坡那里找你了,你以为你放学时没有回去,爸爸妈妈能安下心在家里干等吗?爸爸为了找你,几乎被双尾狼吃掉呢!”小棉花叫说:“老天呀!爸爸也遇到双尾狼啦?他一定会平平安安的,是不是呀?”老和尚说:“请放心,一切都非常平安,因为有米老鼠帮忙,所以妈妈兔、哥哥兔,还有那个小刚强,都回到家里去了。爸爸兔呢,他刚离开了魔术宫那个山洞,不久也会到这里来了。”小棉花一听爸爸妈妈都平安无事,快乐得不得了,擦干了眼泪,就说:“谢天谢地!我就在这里等爸爸,等他来了,我们一块去德赛山,你说好不好?爸爸呀!是个大好人,最听我的话了。”老和尚说:“小棉花,你已经答应救我们了,本不应该再说别的,可是,你要知道,你早去一天,就早回来一天,就可以多救人命,你能不能先走一步呢?等爸爸来了,我请他在后面赶上去,你们在半途会见面的。”小棉花急着要救那里的和尚,就说:“好吧!麻烦你把我去的情形跟爸爸说清楚,请他不要挂念我,我要走了,可是,你还没有指点我怎么走法呢?”老和尚说:“说实在的,我也不知道怎么走法。不过,你出了大门,一直往山顶上爬,爬呀爬呀,爬到山顶上,山顶上有一个石头房子,石头房子里面有一张桌子,桌子上放着一本书,你向那本书鞠一个躬,问它往哪个方向走,它会告诉你的。”小棉花说:“我知道了,我现在就走,老和尚伯伯,再见。”说罢,转身就走了,老和尚夸奖说:“好一个可爱的小女孩,她会救出我们的。”

这是爸爸兔没有来以前,小棉花到庙院里面的情形,老和尚告诉了爸爸兔,爸爸兔听了,也放了心,正要告辞,那老和尚忽然喊起来说:“不好了,双头蛇来了!”

爸爸

1969. 3. 23

30. 书柜救了爸爸兔

佳佳,孩子:

告诉你一件事,在过去的七个月里,每个星期,我都给妈妈写一封信,信封里同时再附寄两信,一封是给你讲的小白兔故事,一封是给孙世钟姐姐讲的二十四孝故事。可是,就在前天,监狱官把我给你和给孙世钟的两封信,一齐退给我,并且警告我,以后一个星期只能写两封,一封只能写两百个字,这个规定是原来就有的,不过一向没有严格执行,现在不知道为什么缘故这么煞有介事了。俗话说:“在人屋檐下,不得不低头。”爸爸有什么办法呢?从这封信起,爸爸不能每个星期给你说故事了,但爸爸仍每个星期写下去,就存在我的身边,等到将来,有那么一天,我儿,你会看到的。那时候,你如果长得够大,也就是说,爸爸的冤狱得不到昭雪,你就自己读这些故事吧。你如果还很小,也就是说,爸爸得到了昭雪,能很早回家,我会读给你讲给你听的,现在啊,只有等待!

让我们继续小白兔的故事吧,上次不是说到爸爸兔在庙院里正要告辞吗?忽然间,那老和尚喊起来说:“不好了,双头蛇来了!”爸爸兔听了,吓得浑身抖个不住,问老和尚说:“我怎么办呢?”老和尚说:“没有关系,你就躲在墙角那个柜橱里吧。”爸爸兔说:“那柜橱里是什么东西呢?”老和尚说:“那原来是个书橱,里面放的全是书,现在还放了一些笔呀、墨呀,但总可以塞进去一个小白兔的,你躲在那里,再安全没有了。”爸爸兔说:“那是为什么呢?”老和尚说:“这些等我以后再告诉你吧!现在快躲起来,妖怪要来了。”这时,外面又起了大风,树枝呼呼地摇摆着,爸爸兔怕得不得了,一跳就跳进那个柜橱,里面果然放着好多书,他挤呀挤的,挤出一点空地方,就躲着一动也不动。只听呀,就在院子里,啪哒!啪哒!啪哒!一个妖怪慢慢地走进来,一进大殿,耸着鼻子,嗅了又嗅,自言自语说:“怪呀!怎么有生人的气味呢?”又往前走了几步,又耸着鼻子,嗅了又嗅,又说:“这还是一个小白兔的气味呢,我经常吃人,吃得嘴也腻了,肚子也腻了,应该换换口味,小白兔的肉跟人肉一样的香呀。”爸爸兔在柜橱里听了,吓得牙齿都咯咯地响,他急忙忍住,从柜门门缝往外看,只见那个妖怪长得真丑,青面獠牙,眼跟铜铃一样,手呀,不像人的手,却像火鸡的爪子,头呀,尖尖的,没有头发,长满了癞疮,叫人又害怕又恶心。那妖怪说了那话,就沿着墙根,一步一步地嗅着,眼看就要嗅到柜橱那里,爸爸兔几乎吓昏了过去,好几次,他都想跳起来逃跑,耳朵边上却听到老和尚低声地告诉他:“千万不要跑!你能比风跑得更快吗?那妖怪却比风快几倍呢!”爸爸兔说:“它要吃我了呀。”老和尚说:“不要怕,你千万不要弄出什么声音,小心点,它要来了。”说着,那妖怪已嗅到柜橱跟前,欢喜地说:“就在这个地方,等我找找看。”它正要去找,却忽然打了一个大大的喷嚏,打了这个大大的喷嚏之后,那妖怪说:“啊呀!怎么又没有气味了呢?那小白兔一定是跑掉了,哈哈哈!你跑不掉的,让你先跑三天三夜,我一下子就追上了。等我再闻一闻,看你往哪里跑?”于是,它就从墙头那里,第二遍耸起鼻子嗅着,嗅着嗅着,又嗅到了柜橱跟前,又叫说:“哎呀!这一次我可找到了。”可是,等它要去开那柜橱的时候,只听啊——啾、啊——啾!接连着打了两个大大的喷嚏,打了两个大大的喷嚏之后,又嗅不到什么气味了。那妖怪还不甘心,又重新嗅起,它呀,本来是嗅到有生人气味的,可是只要它站在柜橱前面一嗅,就头也胀了,眼也花了,鼻孔呢,打了两喷嚏之后,好像有一个东西塞住似的,什么都嗅不到,直把妖怪急得发了野性,用它的钢爪去抓墙,把墙都抓出了五个深洞。——如果抓到人的身上,可怕不可怕呀?妖怪发了一阵火,就对自己说:"我的鼻子一定坏了,算那小白兔命大,饶了他,今天我是来这里吃人的,还是安安分分地吃人吧。"

爸爸

1969. 3. 30

31. 爸爸兔感恩图报

小佳儿:

你猜,那妖怪为什么一走到柜橱那里,就连连地打喷嚏?而且,第一次走到那里,只不过打了一个;第二次走到那里,却打了两个;第三次呀,它打了三个,吓得那妖怪不敢再去了,要是去一百次的话,它就要打一百个喷嚏呢,这是什么原因呀?爸爸现在告诉你,原来那妖怪最喜欢闻的是血腥的味道了,在大海里面,有一种最厉害的鱼,名叫鲨鱼,嘴大大的,还长着跟钢锯一样的牙齿,人如果不小心被它咬住,一口就能咬掉一条腿,所以,凡是有鲨鱼的地方,人们都不敢游泳,怕被它咬死,这种鲨鱼最喜欢血的味道,人们掉到大海里,要是不小心有血流出来,好比说,打仗时候受了伤的军人呀,或是轮船上一失足跌下去的乘客们呀,只要身上有血,那鲨鱼在几里外就嗅到了,就会飞快地游来,游来后一见了血,就像疯了一样,张开大口咬人。爸爸说了这么多,就是告诉你,那妖怪跟鲨鱼一样,它嗅到了血腥的味道,就十分高兴,精神也振作起来。可是呀,它最害怕书,最害怕书的味道,只要一嗅到书的味道,它就忍不住要打喷嚏,一打喷嚏,别的味道就再也嗅不到了,所以,爸爸兔才逃脱了这场灾难。他躲的那个柜橱里不是有很多书吗?就是那些书救了他呢,如果不是那些书,妖怪早把他吃掉了。

且说爸爸兔走出柜橱,拍拍身上的灰,说:“老和尚呀,我也谢谢你救了我,如果不是你指教,我今天也死了。我现在就去德赛山,但愿上天保佑,教我赶上我的小女儿,我们一定拿回来那根神杖。”老和尚说:“上天会保佑你的,天已经亮了,你快去吧!记住,找到山顶那石头房子和那本书!”爸爸兔走到院子里,天果然亮了,东方的天上,太阳刚刚升起,显得一片光明。爸爸兔走出庙门,走了不久之后,前面果然有一座大山,他想:“对了,这就是老和尚说的那山了。”

爱你的爸爸

1969. 4. 27

32. 双头蛇的善脸和凶脸

佳:

那座大山,跟别的大山不一样,别的大山全是石头的,而爸爸兔眼前那座大山呢,却全是泥土的。这时候,山脚下有几只山羊在那里吃草,爸爸兔就问:“羊先生,早安!”山羊也回答说:“兔先生,早安!看你不像是我们本地人呢!”爸爸兔说:“是呀,我是来找我那淘气的小女儿,才找到你们这里来的。”山羊说:“有一个漂亮的小白兔,头上扎着红颜色的蝴蝶结,可是你小女儿吗?”爸爸兔高兴地说:“正是她、正是她!”山羊说:“她昨天晚上刚跑过去,说是要去一个什么地方找什么仙女呀?跑得飞快飞快的。”爸爸兔说:“她跑得飞快飞快的吗?真是一个热心肠的好孩子,她是为了救人才跑这么快的呀!”山羊说:“救人?救什么人?有人要死了吗?”爸爸兔说:“羊先生,你听说双头蛇没有?”山羊说:“怎么没有听说过呢?它是最坏的妖怪了,专门吃人。”爸爸兔说:“对呀!它现在就在这个地方,每逢月圆那天就要到那庙院里吃一个和尚呢!”山羊听了,不但不害怕,反而笑着说:“兔先生呀,你真会说笑话,想用双头蛇吓我们,是不是？地狱里才有双头蛇,我们这里哪来的双头蛇呢？不要提那庙院里的和尚了,他们才不是好东西呢!”爸爸兔说:“怎么不是好东西呢?”山羊说:“去年的时候,有一天下午,庙院里放着很多花盆,花盆里长着一种草,又香又嫩,我们就进去吃了,谁知道跑出来三四个和尚来赶我们,还说:‘这些讨厌的羊,把水仙花当成草吃!’有一个和尚还踢了我一脚。”爸爸兔说:“唉,羊先生呀,水仙花是很贵重的花,你把它当做草吃了,他们当然要生气呀。”山羊说:“就是昨天吧,我从庙院门口经过,往里望望,里面静静的,想进去玩,可是,出来一个人,笑嘻嘻地说:‘山羊呀,你快走吧,这里的和尚们都是有名的强盗,如果看见你在门前走来走去,会把你打死,剥你的皮哩。’因而,我就跑走了。”爸爸兔听了这一段话,心里想,怪了,庙院里的和尚,都被妖怪用魔法禁了起来,怎么还有人跟山羊讲话呢？又说那些可怜的和尚都是强盗呢？啊！对了,他急忙问:“羊先生呀,跟你笑嘻嘻说话的那个人,眼角上可有一个疤?”山羊说:“是的,有一个疤。”爸爸兔说:“它鼻子上可有一个痣?”山羊说:“是的,有一个痣。嗨,你敢情认识它?”爸爸兔说:“它就是善脸呀!”山羊说:“善脸？善脸是谁?”爸爸兔说:“善脸就是双头蛇的一张脸——它的另一张脸是凶脸,才可怕呢。”山羊呆了一会,摇摇头,说:“兔先生,你说的什么呀？我不信,一点也不信。”爸爸兔说:“你不信,我有什么办法呢？在这以前,我也不信呢。再见吧,我要上山了。”山羊也说:“再见吧,可是天气要变,恐怕要下雨呢!”爸爸兔抬头一看,真的,太阳没有了,满天都是黑云,还刮着一阵一阵的凉风,爸爸兔想,真的要下雨了,怎么办呢？正在想着,就有几滴雨珠落到他脸上,山羊说:“兔先生,那边有一个山洞,你可以去躲躲雨,等这一阵雨过了再走吧。”爸爸兔说:“谢谢你。”说罢,一直向那山洞跑去,临走时,对山羊说:“羊先生呀,你也要躲一躲雨呀。”山羊说:“没有关系,我们山羊是不怕雨的。”爸爸兔跑到了那山洞,刚进了洞,外面的雨就哗啦哗啦的下起来,如果慢跑一步,身上就淋湿了。爸爸兔在洞里等着,打算那一阵大雨过去后就走,可是,那雨一直下着,左等不停,右等也不停,等得心里十分烦,一不小心,手臂在墙上碰了一下,听那墙壁里面,有个小小的声音问说:“谁呀?是谁在敲门呀?”爸爸兔奇怪地侧起耳朵,心里想:真是奇怪了,这声音是问我的吗?我没有敲门呀,而且墙上光光的,也没有门呀?

爸爸

1969. 5. 4

33. 参加花鹿女儿生日宴

佳佳儿:

爸爸兔在山洞里,听到墙壁里面有个小小的声音问说:“谁呀?是谁在敲门呀?”爸爸兔说:“你在哪里说话呀?”那声音说:“请等一下,我来开门。”说罢,只听嘶嘶嘶嘶一阵响声,那山洞的墙壁上出现了一个大门,从里面传出很好听的音乐,爸爸兔非常惊讶,心里想:“这是什么地方呢?”只见有一只小鹿走出来,向他一鞠躬,说:“兔先生,请进来吧,我们非常欢迎你进来呢。”爸爸兔说:“谢谢你,可是,小朋友,我可以问一句吗?”小鹿说:“可以问呀,凡是我知道的,一定全部告诉你。”爸爸兔说:“真是奇怪了,墙上怎么会忽然开了一道门呢?你们又是什么人呢?”小鹿说:“兔先生呀,先告诉你,这里是我们的家,住着爸爸、妈妈、哥哥、姐姐、弟弟、妹妹,这个门,无论外面里面,一点都看不见,可是只要心里念着:‘爸爸妈妈,我爱你们啊!’门就自然开了,要是爸爸妈妈想开门怎么办呢?他们心里就念着:‘孩子们,我爱你们啊!’门也照样会开。”接着,小鹿又说:“现在,请进来吧,今天,是我小妹妹八岁的生日,爸爸妈妈为她举行一个小小的舞会,请了好多小朋友参加呢。”爸爸兔说:“你妹妹一定是一个可爱的孩子,可是,真是抱歉,我没有带礼物来啊。”小鹿说:“你能够亲自来,就非常欢迎了,请进,请进。”爸爸兔进去之后,小鹿恭恭敬敬,默念了一句,那门果然嘶嘶嘶嘶的又重新关起来。这时候,爸爸鹿、妈妈鹿看见客人进来,连忙迎接,啊!好多小朋友啊!都在客厅里跳舞,伴着优美的音乐,真是漂亮啊!等到一个舞跳完,大家朝着爸爸兔招呼说:“兔伯伯你好。”爸爸兔也说:“小弟弟、小妹妹,你们也好。”大家说:“谢谢兔伯伯,我们都好。”爸爸兔说:“哪一位是小寿星呀?”在很多小朋友中,一个最惹人注目、满身都是美丽白斑点的小梅花鹿走出来,向爸爸兔行一个礼。站在旁边的爸爸鹿就介绍说:“这就是我的小女儿,她叫小梅花,你看到她身上这些白斑点吧,是真正的梅花鹿呢!”爸爸兔说:“好漂亮的小女儿,我因为不知道会参加你的生日宴会,所以没有带礼物来,请你原谅,可是,我有几句祝福的话,要送给你——我祝福你:身体健康,一直这么快乐。”小梅花说:“谢谢你的祝福,请问,你也有小女儿吗?”爸爸兔说:“我也有小女儿,跟你一样大呢!”小梅花说:“我也祝福她同样地身体健康,一直这么快乐。”爸爸兔说:“你真是一个有教养的孩子,多么懂礼貌啊。”妈妈鹿这时候走过来说:“好了,小朋友们,吃饭的时候到了,快去洗手吧,洗过手,就请到饭厅里来。”大家听说要吃饭了,好不高兴,纷纷去洗手,一会儿工夫,都到了饭厅,桌子上放了一个大蛋糕,蛋糕上插了八支小红蜡烛,妈妈鹿把它点着,大家围着桌子,团团坐下,就由小梅花领导,唱生日歌,这生日歌跟我们平常听惯了的生日歌不一样,我们平常听惯了的生日歌,一开头不是“祝你生日快乐”吗,小梅花她们唱的生日歌是这样的:

就在今天,一个人来到这世界上。爸爸妈妈是多么欢喜,邻居朋友也都高兴歌唱。啊!请听这上达天庭的歌唱。

就在今天,一个人来到这世界上。成为一个有才能的人,一直怀着一副孩子般的心肠。啊!请纪念这可爱的心肠。

就在今天,一个人来到这世界上。一点一滴辛苦地读书和工作,全放着人生最宝贵的光芒。

唱罢了生日歌,小梅花弯下腰,一口气把那八支蜡烛都吹熄了,大家一齐鼓掌庆贺她,她就把蛋糕切开,首先送了一份给爸爸兔,说:“兔伯伯,你是我的大客人,请你先吃!”爸爸兔呀,看见小梅花这么乖,真是爱呢。

爸爸

1969. 5. 11

34. 醒来又见双头蛇

儿啊:

听爸爸继续给你说双头蛇的故事。

小梅花在她家做生日,先送了一块生日蛋糕给爸爸兔,然后又送一块给爸爸鹿、妈妈鹿,再然后呢?就由小朋友们分吃了,一个人一块,大家吃呀吃呀,嘴上全是奶油,好像长了白胡子似的,你看看我,我看看你,不由得都笑了。吃过饭之后,爸爸兔就要告辞,小梅花连忙跑到墙那里,默默地念了一句,墙上嘶嘶嘶嘶地响了一阵,门就开了,大家都向爸爸兔摇手说:“再见,再见。”爸爸兔也摇手说:“谢谢你们的招待,再见,再见。”说完了这话,门就又关上了。爸爸兔想:“这真是一个好地方啊。”走到山洞外面一看,雨已经停住了,不过天上仍布满乌云,好像随时都会再下雨的样子,就不顾一切,一直往大山走去,看见那几只山羊还在老地方吃草,爸爸兔说:“谢谢你们的指点,我总算躲过了一场大雨,而且在那山洞里,还吃了一顿最丰盛、最美好的午饭呢。”山羊说:“那山洞里空空的,怎么会有午饭呢?”爸爸兔说:“真的呢,山洞里住了一家小鹿,他的小女儿过生日,请了好多小朋友呀。”山羊说:“你说什么?山洞里有一家小鹿?他们什么时候搬来的?”爸爸兔说:“他们搬来一年多了。”山羊说:“你看,怎么会有这回事呢？我们呀，昨天还去那山洞里玩过，什么都没有看见呀？”爸爸兔说：“他们不住在山洞里，而是住在石头墙里。”就把他遇到的事情告诉山羊们，可是他们一齐说：“我们常去山洞里玩，挤来挤去，从没有听说有什么声音呼唤过，兔先生呀，你又是骗我们的吧？”爸爸兔无可奈何，只好说：“对不起，我得赶路了，再晚走的话，天黑之前，就赶不到山顶上了。”山羊说：“对了，你要去找你小女儿的，别耽误得太久了，快点走吧。”爸爸兔就一直往山上跑去，可是呀，天不是刚下过雨吗？那山又是一座土山，所有的道路全成了稀泥，爸爸兔一走一滑——往前走一步，就往后滑半步，一会儿工夫，就出了一身大汗，而且身上溅满了泥浆，走了几个小时，还没有走到半山腰，眼看天就要黑了，爸爸兔着急说：“怎么办呢？这样走下去，明天再走一天也走不到山顶呀。如果是一个晴天，路上干干的，我只要半个小时就跑到了，真是命运不济。”这时候，他想再向那些山羊请教请教应该怎么办？可是那些山羊正在山脚那里低着头吃草，不肯抬头，任凭爸爸兔怎么叫，他们都听不见，爸爸兔叹了一口气，呆呆地坐在路边，想不出一个主意。不久呀，天就黑下来，因为是阴天，没有月亮，到处都是黑漆漆的，爸爸兔心里害怕，这时候万一跑出来一个大狼，要往哪里逃呢？可是也没有别的办法呀！如果有月亮，他还可以借着月亮的光，继续往前走，偏偏没有月亮，路又是那么滑，又是在山脊上——佳佳，你知道什么是山脊吗？山脊就是两个山谷当中高起来的地方，一不小心，就会掉到万丈高的深谷底下，爸爸兔怎么敢走呢？只好呆呆地坐在那里，等天亮了再走。这样，等到半夜，爸爸兔有点困了，就闭起眼睛打盹。在睡梦中，忽然，有一个人把他推了一下，他没有醒，那人又推了他一下，他才醒了，睁开眼一看，啊！你猜站在他面前的是谁？原来竟是那妖怪双头蛇呀。爸爸兔立刻吓得抖起来，双头蛇说：“你这个白兔，真是太可恶了！昨天晚上，躲在庙院书柜里偷看，今天又到处讲我的坏话，现在我可把你抓住了。”爸爸兔说：“我昨天晚上不是故意去偷看的，是无意中走到庙院里，碰巧碰上的，请你原谅才好。”双头蛇说：“怪不得我一直闻到一股生人气,都是那些书的味道把我弄糊涂了,要不然昨天晚上,我就把你吃了。”爸爸兔说:“你为什么要这么狠呀?”双头蛇说:“我不狠,不吃你,让你到处说我不好吗?”爸爸兔说:“我没有到处说你什么呀!”双头蛇说:“你还想赖呀,今天早上你跟那群山羊说些什么?也真是好笑,那些山羊竟然不相信你的话,天底下傻瓜多的是,骗不完的呢。不过正因为这个缘故,我得找到你,把你吃掉,不然的话,你这么长久的宣传,大家知道地狱里的双头蛇现在竟然就在他们的面前,就要想办法对付我了。而且呀,你最该死的是,把我那一套凶脸善脸的法宝告诉别人,使别人拆穿我的诡计,我怎么能饶你呢?”说罢这话,张开血盆大口,就要吃爸爸兔。

爸爸

1969. 5. 18

35. 双头蛇施计骗咒语

佳佳:

妈妈来看爸爸,说,我儿病了——泻肚!儿啊,爸爸不在你身旁,无法疼你,你小小年纪,要听妈妈的话,小心食物。记得吗?我们住建国南路的时候,你才四岁吧,平常不肯吃饭,可是女佣一转眼,你却一歪一歪的,去把院子盘子里的狗食抓着吃了,结果上吐下泻,连呼吸都微弱了,急忙送到儿童医院住院,注射盐水针,爸爸晚上就陪你睡在病床旁的地板上,总算是好了,现在你又害病,爸爸不在跟前,妈妈一个人怎么照顾得及呢?妈妈虽然说你已经痊愈了,但我仍要嘱咐你:“苍蝇叮过的东西不要吃,街上小摊贩卖的东西不要吃,吃饭以前,一定要洗洗手。”

现在,再继续听我讲故事吧,双头蛇不是张开血盆大口,要吃爸爸兔吗？爸爸兔跳起来就跑，为了逃命，他跑得比飞的还要快呢。你知道，兔是跑得很快的动物，很难能赶得上，可是呀，双头蛇是一个妖怪，它摇身一变，就变成了一阵风，唉！风跑得更快呀，爸爸兔在前面跑着，只听身后风声呼呼呼呼地响，还听见双头蛇说："你跑不掉的，我非把你吃了不可，吃了你，我回去还要吃那些山羊呢，那一群呆瓜，也不能让他们多活几天呀。"爸爸兔不管这些，只管拼命地跑，跑呀！跑呀！忽然间，他觉得一只巨手已把他抓住，回头一看，天啊！那正是双头蛇的钢爪啊！爸爸兔心里想："这一次是死定了，可怜的小棉花，为了你不听爸爸妈妈的话，到外边乱跑，爸爸竟送掉性命，小女儿啊！你没有了爸爸，以后只有妈妈一个人疼你，爸爸再不能疼你了。"想到这里，眼泪忍不住掉下来，双头蛇哈哈大笑说："你现在后悔，已经迟了。"爸爸兔说："我有什么后悔呢？我只后悔我不该碰上你，你要吃只管吃吧，将来会有人为我报仇的。"双头蛇说："报仇我不怕，哼！看我有这么大的本领，还怕小白兔吗？那简直是一个大笑话。不过，我倒不一定吃你，只要你帮我做一件事。"爸爸兔说："帮你做一件什么事呢？"双头蛇说："山下面不是有一个山洞吗？山洞里不是住着一家小鹿吗？"爸爸兔说："是呀！"双头蛇说："他们不是住在山洞墙壁里面吗？"爸爸兔说："是呀！"双头蛇说："你不是知道那个开门的咒语吗？"爸爸兔说："是呀！"双头蛇说："那么，事情就好办了，你把那开门的咒语告诉我，我就不吃你，放你走。"爸爸兔说："你要那开门的咒语干什么呢？"双头蛇说："干什么？我想去拜访他们呀。"爸爸兔说："你既然要我告诉你那开门的咒语，就该把我松开，像现在这个样子，把我抓得紧紧的，我怎么能说得清楚呢？"那妖怪认为他说的有道理，就把他松开，爸爸兔心里想："我告诉它不告诉它呢？如果不告诉它？它一定吃了我。可是，如果告诉它呢？它说去拜访什么的，一定讲谎话骗我，它是个妖怪，准是要吃小鹿一家呢，那怎么得了。我宁愿现在就死，也不要告诉它。"想到这里，忽然间，耳边上有一个小小的声音说："兔先生，没有关系，把咒语告诉它好了，告诉它，它也打不开。"这声音明明是庙院里那老和尚的声音呀,爸爸兔就也用小小的声音问说:“怎么会打不开呢?那妖怪一旦知道了咒语,小鹿一家的性命就不保了。”老和尚的声音说:“你放心,我会害你?会害小鹿一家吗?”这时,双头蛇已等得不耐烦,发起脾气来了,问说:“你讲不讲?要讲就马上讲,要不讲呢?我现在就吃你。”爸爸兔只好说:“好吧,我告诉你吧,你走到山洞墙壁那里,面对墙壁,心里诚恳地念着:‘小鹿,我爱你们啊!’墙上自然就会嘶嘶嘶嘶地露出一个门来。”双头蛇说:“这么简单吗?”爸爸兔说:“是的呀,我骗你干什么呢?”双头蛇说:“我现在不能放你,你得跟我一块去山洞那里,等我叫开了门才放你。”爸爸兔无可奈何,只好跟那妖怪一块去那山洞,双头蛇就面对着墙,念说:“小鹿,我爱你们!”可是,那墙壁一动也不动,妖怪再念一遍,墙壁仍然一动也不动,爸爸兔在旁看了,又奇怪又害怕,奇怪什么呢?奇怪这咒语到了妖怪嘴里果然没有用;害怕什么呢?害怕妖怪不放过他。果然,双头蛇念了几遍之后,就大大地发怒了。

爸爸

1969. 5. 25

36. 嘴里说爱,心里想吃人

佳佳:

我儿五月二十一日的信,爸爸今天正好接到,知道你在学校当了排长,又当了体育队长,爸爸心里真高兴啊!可是,听妈妈说,你晚上总是不吃饭,人瘦得很,又教爸爸担心,我儿一定要吃晚饭才行啊,如果不吃晚饭,爸爸就会难过,就会为挂念你而流泪,那更使爸爸痛苦,记住!一定要吃晚饭,还要多吃青菜、豆腐,爸爸就放心了——爸爸知道这封信目前寄不出去,我会告诉妈妈的,我所以写在这里,是准备有一天,你会看到这封信,那时候,你照样要提醒自己,注意饮食,不要饿坏了身体。

上一信,我们说小白兔,不是说到双头蛇念动咒语,念了好几遍,一点用都没有吗?双头蛇就大大地发怒了,伸出它那钢铁一样的爪,要抓爸爸兔,可是啊,只听墙里面传出来一阵嬉笑的声音,双头蛇大声说:“谁在那里笑?”那声音说:“我在这里笑。”双头蛇说:“你是谁?”那声音说:“我是小鹿。”双头蛇说:“你笑谁?”小鹿说:“我能笑谁呢?我在笑你呀。”妖怪一听说小鹿在笑它,气得眼睛冒出可怕的凶光,用它毛茸茸的拳头打那墙壁,轰隆一声,冒出火星,碎石头随着它的拳头掉下来,妖怪一面打一面喊说:“你这个该死的小鹿,不知道天多么高、地多么厚,竟敢笑我,我非把你捉住吃下肚不可。”小鹿一点也不生气,只笑嘻嘻地说:“妖怪呀,你刚才不是还念着:‘小鹿,我爱你们’吗?怎么一会儿工夫,就要吃我们呢?告诉你,双头蛇先生,要想到我们这里来,再简单没有,只要在心头默默地念着:‘我爱你们’,门自然会开的,可是,这句话必须是真心话,门才会开,如果不是真心话,嘴里说爱,心里却想吃人,那门怎么都不会开的。这只能怪你自己心太坏,怎么能怪兔先生呢,他并没有骗你呀。”妖怪听了这话,又想起一条计策,什么计策呢?它就把爸爸兔抓住,教他念那咒语,双头蛇说:“我明白了!原来是这么回事,这好办得很,好吧,兔先生,你念吧,你心里是真正爱小鹿的,你一念,门一定会开,等门开了,我不是一样可以进去吗?嗨,我真傻,为什么没有早想到这一点,偏偏要自己念呢。”佳佳,你看,那妖怪是多么恶毒啊!小鹿在墙壁里听见妖怪这种办法,一家大小都哭起来了,鹿小妹——小梅花跟她的那些来给她做生日的小朋友们,也都哭起来了,小梅花抱住妈妈鹿的脖子,号叫说:“妈妈!妈妈!怎么办呢?兔伯伯是真心爱我们的,他会把门念开的呀。”妈妈鹿安慰她说:“孩子,不要哭,不要害怕,兔伯伯既是真心爱我们,就不会做出害我们的事呀。”爸爸兔在外面听了,心都碎了,可是双头蛇听了,却哈哈大笑说:“你们总算怕了吧,亲爱的兔先生,快念吧。”爸爸兔大胆地说:“我不念。”双头蛇说:"你说什么?你不念?"爸爸兔说:"是的,我不能利用爱心去害人,我不念。"双头蛇说:"好!你不念,我现在就剥了你的皮,活生生地剥了你的皮,你死了没有关系,可是你就再也看不见你的小女儿了。"爸爸兔听妖怪提到他的小女儿,忍不住滴下眼泪,说:"这样好了,你抓我这么紧,我怎么能念得出来呢?请你松开手,让我喘一口气再念,好不好?"双头蛇认为他有道理,就把手松开,说:"好吧,你现在念吧。"爸爸兔站在那里,左思右想,想不出一个好办法,如果是念呢?小鹿一家人都会被妖怪吃掉;如果不念呢?自己就被妖怪吃掉,自己死了算不了什么,可是,小棉花就没有爸爸了呀!想到这里,忽然间,他呀,像天上打的闪电一样,嗖的一声,冲出了洞口,跑了!双头蛇想不到爸爸兔会跑,所以吓了一跳,等到定一定神,才狠狠地说:"你往哪里跑?我非捉住你不行,这次捉住你,可再不放你,让你叫开门,连白兔、小鹿,一股脑儿一块吃掉。"说罢,摇身一变,变成一阵旋风,追赶爸爸兔去了。再说那爸爸兔冲出了洞口,一直往山顶上跑去,为什么向山顶上跑呢?因为他听老和尚说,山顶上不是有一个石头房子吗?石头房子里不是有一张桌子吗?那张桌子上不是放着一本书吗?

爸爸

1969. 6. 1

37. 比绿豆还小的灯——萤火虫

佳儿:

那桌子上放着一本书,对爸爸兔有什么用呢?他为什么想到那本书,往那个方向跑呢?前面不是说过吗?妖怪是最怕书的,一见了书,它的凶性就发不出来了,所以爸爸兔拼命往山上跑,希望能跑到书那里。可是，佳佳，你想一想，他怎么能跑得过妖怪呢？白兔跟人赛跑，人跑不过白兔，白兔跟妖怪赛跑，就跑不过妖怪了。他跑了一段路，听到背后呼呼呼的风声，知道妖怪追上来了，心里害怕，而那山路，又窄、又滑，唉！白天不是刚下过一阵雨吗？现在呢？山路上全是稀泥，周围都是黑漆漆的，什么都看不见，忽然间，双头蛇已经赶到背后，嘿嘿嘿嘿冷笑说："你往哪里跑？这一次再不放过你了。"说着，伸出它那比刀子还锋利的钢爪，就要抓爸爸兔，爸爸兔这时再也没有地方躲了，眼看就被抓住，正在十分危急的当儿，脚下不留心，滑了一下，他刚喊了一声"啊哟！"身子呀，就像一个皮球似的，滚到山谷底下，而且正滚到一个洞穴的门口，这个洞穴有多大呢？你说巧不巧，它正好只有一个白兔那么大，不过，它可深着呢。爸爸兔就急忙钻进去，刚钻进去，双头蛇的钢爪已"喳"的一声，抓到了洞口，几乎抓住爸爸兔的尾巴，一把没有抓住，双头蛇在洞口外面气得哇哇乱叫，说："好吧！算你找到了好地方，可是，你总不能在里面躲一辈子吧？我就在门口守着，你躲一天，我守一天；你躲两天，我守两天；你躲一年两年，我守一年两年，你饿得慌了，怕你不出来呀。"爸爸兔也不敢回妖怪的话，只趴在地上，喘着气，等着等着，等到眼睛慢慢地能看清楚了，更是失望，洞是那么小，又是那么深，很远很远的地方，仔细地听，有流水的声音，大概是一条小河了，他心里想："我不妨往里走走，能到小河那里，说不定可以逃走呢。"他就往里走，走了不久，就有两条岔路，一条往左，一条往右，不知道走哪条才好。管他的，暂时走右边的那一条吧。走了不久，又是两条岔路，爸爸兔十分迷惑了，这么多岔路怎么办呢？只好靠右边走吧，这样走着走着，真是奇怪！竟然又走回到老地方了。爸爸兔很是生气——我这一次靠左边的那一条岔路走，于是又走，见到岔路就往左边走，走着走着，你猜走到什么地方了？原来照样走回到老地方。从洞口往外望望，双头蛇那妖怪气忿忿地还在那里守着，钢爪举得高高的，准备着随时要抓爸爸兔呢。爸爸兔困在那里，正没有办法，只觉得很远很远地方，有一点点比绿豆还小的灯光，在慢慢地向他移动，那是什么呢？他正在奇怪,一会儿工夫,那一小点点灯光到了面前,原来是萤火虫呢。萤火虫向爸爸兔说:“兔先生,你好!”爸爸兔说:“萤火虫先生,谢谢你问我好,我有什么好呢?被困在洞穴里,走也走不掉,逃也逃不掉,妖怪就在门口把守,我有什么好呢?”萤火虫说:“兔先生,告诉你,永远不要绝望,总会有办法的。”爸爸兔说:“我恐怕是死定了,你如果见了我的小女儿,告诉她:庙院里那些可怜的和尚们跟山洞那些小鹿的生命,都很危险,她如果已拿到那德赛杖,当然最好,如果没有拿到,一定要去拿到,拿到之后救了人,赶紧回去看妈妈。”萤火虫说:“你放心,我见了她一定会告诉她,不过我是来救你的,这里岔路太多,一个陌生人是怎么都走不出去的,像双头蛇那么厉害,它满可以变化成一阵风进来呀,它也不敢。只有我们一家,几千年来都住这里,知道得清清楚楚,所以特地来带你出去呢。”爸爸兔说:“啊,那太好了!我该怎么谢谢你呢?”萤火虫说:“现在不要说客气话了,只要跟着我走就行了。”于是萤火虫在前面飞,爸爸兔紧跟在后面,曲曲弯弯,转弯抹角,一会走左边的岔路,一会走右边的岔路,一会走中间的岔路,一会往东走,一会往西走,这样足足走了几个小时,爸爸兔走得满身是汗,只听萤火虫说:“到了!到了!”果然,转过最后一个弯,嗨!眼睛忽然一亮,来到了一个很大的花园,那花园里有各式各样的鲜花,还有蝴蝶在飞,太阳已从东方天上升起来,照得爸爸兔眼都花了呢。

爸爸

1969. 6. 8

38. 终于找到石屋里的书

佳佳臭:

爸爸兔来到了一个花园,到处是花呀、草呀、鸟呀、蝴蝶呀、蜜蜂呀，就喊说：“萤火虫先生呀，这一定是神仙住的地方了。”萤火虫说：“这里没有神仙，也不是神仙住的地方，这里只是一个和平的地方，大家住在这里，相亲相爱，互帮互助，过着快快乐乐的日子。对了，让我给你介绍一些新朋友吧。”其实，用不着他介绍，那里各式各样的小动物，青蛙啊、蚱蜢啊、画眉啊、麻雀啊、鸽子啊，大家都围上来，很关心地问爸爸兔从哪里来？又往哪里去？听说爸爸兔为寻找小女儿遇到了那么多危险，都非常同情他、尊敬他，有的就请他去吃饭，有的就请他去洗澡。最后，还是萤火虫说：“这样吧，各位的好意，兔先生都十分地感谢，可是，他不能在我们这里久停，马上就要出发赶路呢，我们每个人送他一件礼物，让他带在身上，再遇到危险的时候，能够得到帮助，不是更好吗？”大家听了，一致地说好！于是，萤火虫在前，鸽子是第二位，蝴蝶是第三位，青蛙是第四位，蜜蜂是第五位，每个人都送给爸爸兔一个小包，爸爸兔一一道谢收下来，可是心里却奇怪地想：“这是些什么礼物呢？有一点点小，好像是金刚钻呢？”萤火虫看见爸爸兔的样子，知道他在想什么？就说：“刚才我不是说过，送给你一点礼物，当你再遇到危险的时候，好帮助你吗？所以，我们这些礼物不是普通礼物，别看它小，到时候却能够救你性命呢。你呀，这一次去找小女儿，又要救庙院里的和尚跟这一方人士，必须要到德赛山去见德赛仙子，德赛山在哪里，我们也不知道，不过，听说在那遥远的天边，要经过十座恶山、十条恶水，才能到呢。我们送你这些礼物，都是附着魔法的，你如果一路平平安安的，当然很好，可是，如果遇到大灾大难，走投无路、生死关头时，不妨打开一个小包看看，我们祝福你一路福星呢。”爸爸兔想不到这些小小的礼物，会有这么多奇妙的用处，就要告辞，萤火虫说：“你不是先要到大山上那间石头房子吗？”爸爸兔说：“是呀！可是，从哪条路走才能走到呢？看你们这里，连山的影子都没有，大概距离那大山有几千里呢。”萤火虫说：“怎么会有几千里呢？等我告诉你，你从这个方向一直向前走，走呀走呀，走到一棵大槐树跟前，向那大槐树行一个礼，它就会告诉你怎么走。只一会儿工夫，就到山顶上了。”爸爸兔向大家告辞，说声:“再见!”照着萤火虫的吩咐,一直走去,走了一个时辰,路旁果然有一棵大槐树,他就上前行一鞠躬礼,说:“槐树先生,对不起!我想到大土山上那间石头房子里去,萤火虫先生说你可以告诉我路径,是吗?”那棵大槐树树干里轰隆轰隆响了一阵,就有声音说:“就在我这棵大槐树下面,有一块大石头,看见了吗?”爸爸兔说:“看见了。”大槐树说:“那块大石头旁边,有一个洞口,看见了吗?”爸爸兔说:“也看见了。”大槐树又说:“就从那里钻进去,钻进去之后,遇到岔路,记住!一直靠右边那条走,就可以走到了。”爸爸兔说:“谢谢你。”说罢,他就钻进了那个洞,嗨!别小看那洞口,从外表看起来,又脏又小,可是钻进去之后啊,就好像进了一条大隧道,不但高,而且阔得很呢。爸爸兔照着大槐树吩咐的话,遇到岔路,一直靠着右边的那一条往前走,走了没有多久,就到了洞口,抬头一看,啊呀!面前不远,不是有一座石头房子吗?爸爸兔高兴得不得了,一口气就跑了进去。那座石头房子并不大,一共只有三间,大门也敞开着,里面没有一个人,当中那一间的正中央,放着一张桌子,桌子漆得油油亮亮的,擦得十分干净,就在桌子上,放着一本书,那是一本什么书呢?爸爸兔急忙跑过去一看,可是,上面写的字密密麻麻,左一行,右一行,前一行,后一行,怎么看也看不懂,心里想:“糟糕了!老和尚说只要看了这本书,就会告诉我走的道路,可是我看了这么久,怎么什么都看不出来呢?老和尚绝对不会骗我的,这一定有什么原因。”想着想着,忽然想起来:“唉!老和尚教我一鞠躬,我却连头都没有点,这般没有礼貌、没有诚心,怎么能找出道路来呢?”马上就恭恭敬敬向那书一鞠躬。

爸爸

1969. 6. 15

39. 金银笛会指点迷津

佳，吾儿：

爸爸兔向那本书一鞠躬，只见呀，从那本书上冒出一阵一阵的黑烟，后来又冒出来一团一团熊熊的火焰，在火焰里，有一个很洪亮的声音说："白兔先生，你好！"爸爸兔连忙说："书先生，你好！"那声音说："你有什么事要我帮忙吗？"爸爸兔说："对不起！你能不能告诉我往德赛山，应该怎么走呢？"那声音说："我知道了，你一定是为了救那庙院里的和尚、为了救那地方的生灵，才去德赛山，找那德赛仙子，要她那德赛杖，来降伏妖怪的，对不对呀？"爸爸兔高兴地说："听你这么一说，你什么都知道了，那再好不过，请快告诉我吧。"火焰里的声音说："我会马上告诉你，你呀，你就靠着右边那条小路，走到山下面，然后一直往前走，走到一座大树林，树林里面，有一棵最大最大的大松树，你要在树上敲七下，树就会开一个门，迎接你进去。然后呀，你向他们借一支金银笛，那笛子一半是金子做的，一半是银子做的。你借到手之后，走到树林外面，找一个空旷的地方，吹起那笛子来，吹了一个曲子之后，放下笛子，向天上喊着说：'凤凰！凤凰！'就会飞来一只凤凰，你骑到它背上，它会把你载到大海的边上，在大海边上，你再吹那金银笛，就会有一只船驶过来，你上了船，如果有人向你要那支金银笛，你就给他，那人就会告诉你以后该怎么走。"爸爸兔听那声音指点得这么详细，连忙说："谢谢你！谢谢你！我现在就告辞，赶路去了。"那声音说："好吧，再见吧！白兔先生。"爸爸兔也说："再见吧！书先生。"可是，当他转过身来，正要走的时候，却忽然听见火焰里轻轻地叹了一口气，他心里觉得很奇怪，刚才还是那么洪亮的声音，怎么会叹一口气呢？其中一定有什么原因，就又转回来，向那书再一鞠躬,问说:“书先生呀,刚才那叹气的声音是你吗?”那声音说:“是的。”爸爸兔说:“书先生啊,你为什么叹气呢?难道你以为我走不到德赛山吗?”火焰里的声音说:“从这里到德赛山,一路上的危险太多了,一不小心,就会在半路上被害死呢。”爸爸兔说:“没有关系,我会很小心的。”那声音说:“危险你不怕,可是还有呢,一路上有各式各样的诱惑,像好吃的呀、好玩的呀,人走到半路,往往会变了心,不去德赛山了,就在半路停了下来。”爸爸兔说:“有这样的人吗?书先生,我决不会的,决不会上别人的当在半路变心,我一定要走到德赛山,找到德赛仙子。”那声音说:“那太好了!不过那些变心的人,当初在我这里问路的时候,一个个也都这么说呢,也都很有抱负、很有志气呢。这些人呀,他们变了心之后,我就在他们背上画一个圆圈圈,每过一年,就再加上一个圆圈圈。你在中途,如果遇到什么人,只要一看他背上有没有圆圈圈,就会知道他是不是变心的人了。”爸爸兔说:“书先生,我非要把德赛杖取到手不可,决不会半路改了主意,何况,我还要找我的小女儿呀。”火焰里的声音说:“对了,白兔先生,要随时警惕自己才好,等你回来,一定会再经过这里,到那时候,我有一样很贵重的礼物送给你跟你的女儿。”爸爸兔说:“啊呀,什么礼物呀?”火焰里不再有声音回答了,爸爸兔又问说:“书先生,能不能先告诉我,是什么礼物呀?我见了我女儿先告诉她。”可是,那火焰刹那间消失了,一阵一阵的黑烟也消失了,爸爸兔走到书那里看了又看,又用手摸了又摸,完完整整的呀!爸爸兔为了追赶小棉花,不敢再停留下去,急忙照着刚才告诉的那条小道,一口气跑到山底下,休息了一会,就一直往前走,他以为那座大树林很近很近,一会儿工夫就可以走到呢,谁知道呀,整整走了一天,还看不到大树林的影子,不但看不到大树林,连小树林都没有啊。可是,天渐渐黑下去了,心里非常着急,就在山边找了一个石洞,那石洞真漂亮呀!四周的青石板都是光滑滑的,爸爸兔躺了一会,忽然闻到好香的味道,这是哪里来的呢?就顺着香味,往后面找去,啊!好多胡萝卜放在那里呀,爸爸兔这时候正在饿呢,高兴得不得了,一跳就跳上去,想要吃那胡萝卜。谁知道,脚刚刚一落地,一口还没有吃呢,只听得哗啦一声响,就从上面掉下来一张网,把爸爸兔结结实实地绑住了。

爸爸

1969. 6. 22

40. 爸爸兔身陷罗网

佳佳儿:

那个网呀,说它是钢丝的吧,它比钢丝要软得多了;说它是棉线的吧,它比棉线要坚牢得多了。爸爸兔被罩在里面,怎么挣扎都挣扎不脱。想钻出去呢,那网洞太小,钻不出去;想把网绳咬断,网绳是那么结实,又咬不断,他就像疯了一样拼命往外撞,可是呀,他不撞还好,越撞呀,那网越往里收缩。到了最后,就把爸爸兔紧紧地缠起来,连动都不能动呢。爸爸兔大声叫说:"这是谁的网呀?为什么藏在这里害人呀!"这时候,一个脚步声传进来了,爸爸兔抬头一看,不禁吓得魂都没有了,佳儿,你猜来的是谁?竟然是魔术宫里的那个大狼呀,那大狼走了进来,往爸爸兔面前一坐,打了一个嗝,就说:"哈哈!白兔先生,想不到又在这里跟你见面了,自从你进了我的山洞,不但没有把你吃掉,"说到这里,它又打了一个嗝,打过了嗝后,接着说:"反而呀,跑掉了小刚强,我怎么不生气呢?这一次,我把你捉住,你可再也跑不了啦。偏偏我现在吃得正饱,肚子里再装不下一个白兔了,等到晚上再吃你吧。"说罢,又打了一个嗝,就把爸爸兔从网里捉出来,用一根绳子把他的手跟脚都绑住,扔到墙角里,说:"我呀,我是个聪明的人呢,这条路上,行人虽然不多,可是,他们一半以上都是去德赛山找德赛仙子的。我还没有告诉你,在别的地方呀,妖怪闹得很凶,很多人都想到德赛仙子,辛辛苦苦地去找她。这些人都太善良、太诚实,最容易上当了,所以我天天有得吃。这地方比那魔术宫好得多,那地方太偏僻,有时候几天都吃不到一个小动物呢。”说着,又打了一个嗝。爸爸兔说:“你既然知道他们很善良、很诚实,而且,他们也不是为了自己的好处,是为了大众的好处,你为什么还狠心吃他们呢?”大狼说:“哼!我,双尾狼,就是专门吃善良诚实人的。”说着,把它的那两条尾巴十分骄傲地在地上扫来扫去,扫得灰尘都扬起来。爸爸兔既害怕又生气,就说:“你这个大狼,不要这么神气,总有一天我们会拿到那德赛杖的,你在德赛杖底下,不过是一条小毛虫而已,大家会起来报仇,要你偿命!”大狼说:“白兔先生,你一辈子也拿不到那德赛杖,那德赛杖如果像你想的这么简单、这么容易,一下子就可以拿到,别人早拿到了,我们也早完蛋了,哈哈哈哈!我到外边去看看还有没有别的傻瓜来,等晚上再来吃你。”大狼走出去,就搬了一个大石头,把洞口堵住,在外面说:“安心地等死吧,这一次再也没有人来救你了。”听它的脚步声,啪哒、啪哒的,向远处走去了。爸爸兔躺在墙角,叹口气说:“这一次是真正地死定了,唉!我的灾难为什么这样多呢?刚逃脱一个,接着就又来一个,是我的命运不好呢,还是这世界上本来有这么多坏人呢?”正在悲哀,忽然呀,他听见有人叫他:“兔先生,兔先生。”爸爸兔精神立刻振作起来,就回答说:“你是谁呀?你的声音怎么这样的熟悉呢?我好像在什么地方听到过?你到底是谁呀?我想想看,对了,你是米老鼠——先生。”米老鼠说:“你的记忆真好,正是我呢,你不要着急,我是来救你的,可是,洞口这块石头太大了,推又推不动,打又打不开,我现在正在夹缝地方另外再打一个洞,等洞打好了,就可以钻进去救你。”爸爸兔说:“你可得快一点才行啊!那大狼说,黄昏的时候他就要回来了。”米老鼠说:“你放心吧,我会在黄昏之前打通的。”爸爸兔说:“妈妈兔呢?哥哥兔呢?还有小刚强呢?”——啊,佳儿,你还记得这些人吗?如果不记得的话,请妈妈把以前爸爸写给你的信再念一遍给你听,你就会记起来谁是谁了。米老鼠说:“我把他们都送回家去了,现在都正在家等你的平安消息呢。我呀，我把他们送回家之后，就顺着你走的方向追着找你，找呀找的，刚才我才走到这里，正想休息一下，却看见那大狼走进山洞……"

爸爸

1969. 6. 29

41. 米老鼠一同遭殃

小佳儿臭：

米老鼠接着说："那大狼呀，不知道刚吃了什么人，一面走一面打嗝，一面打嗝一面用它那钢指甲剔牙。"——你看，只有妖怪才一面走路一面剔牙的，那是多么难看呀，你千万记住，不要一面走路一面剔牙。米老鼠说："我想，这个坏大狼一定在这山洞里又做什么坏事了，我就在它背后跟着，悄悄地跟着，只见它呀，用手往那块黑石头上轻轻地点了三点，哗啦一声响亮，一张网就掉下来，正好把一个什么人罩住，我这才发现是你遭了难，心里急得不得了。可是，我有什么办法呢？只有躲在外面，盼望它走了再进去救你，想不到它走的时候，搬了这么一块大石头把洞口堵住了。"爸爸兔说："你现在怎么办呢？能再打通一个洞吗？"米老鼠说："你听说过一句俗话没有？'龙生龙，凤生凤，老鼠生下来会打洞。'嗨！我们老鼠就是会打洞，暂时不要跟我说话，让我专心专意地工作，包管一会儿工夫就钻了进去。"爸爸兔就不再说话了，米老鼠也真能干，本来是堵得密密的，连风都不透呢，他却一下子真的打通了一个洞，钻了进去，一直跑到爸爸兔跟前，用牙齿去咬，在他以为，一咬就把那绳子咬断了，谁知道呀，不咬还好，只一咬，就哎哟一声！跳到旁边，痛得眼泪都流下来，爸爸兔吃惊地问说："米先生，怎么啦？"米老鼠说："事情不好办,这绳子不是普通绳子,上面有妖法的,我咬到上面,就好像咬到一块炭火上面,几乎把我痛死,这怎么办呢?”爸爸兔说:“你看一看,能不能解开呢?”米老鼠弯腰看了很久,摇摇头说:“解不开,解不开,那大狼简直是越来越坏了!再坏下去,准再生出第三条尾巴,变成三尾狼,更不是东西了,它呀!不知道从什么地方学来的。这绳子是没有结的,从哪里解呢?”爸爸兔听了这话,真是绝望了,就说:“米先生,你已尽了你的力量,我十分感谢你,不必再管我了,我拜托你,如果见了我的小女儿小棉花,告诉她,要她以后再也不要任性乱跑了,要安静下来念书。”米老鼠说:“不要紧的,等我再想想,还有没有别的办法。”正在这时候,听那洞外边,大狼在那里说话:“咦!是谁在这里打了一个洞?”爸爸兔说:“不好了,大狼来了!”米老鼠摇摇手,听那狼说:“难道小白兔跑掉了?不会的,我那绳子是有妖法的,解不开也咬不断的。对了!一定是那米老鼠,他专门跟我作对,这一次呀,我得把他捉住,看他往哪里跑?”说着,把那石头移开一看,米老鼠果然在洞里,不禁高兴得磨着牙:“哈哈!今天的晚饭可真丰富啊。”说罢,就把米老鼠捉住,也用绳子把他捆起来,跟爸爸兔放在一起,说:“你这个米老鼠,最喜欢坏我的事,你如果安安分分的,我早把爸爸兔吃掉了。”米老鼠说:“大狼呀,你这两条尾巴是有名的,你知道你为什么有两条尾巴吗?那是因为心太狠才长出两条尾巴呀,你为什么不学好呢?可以吃的东西很多,为什么偏爱吃最善良、最诚实的小动物呢?你知道有多少人像爸爸兔一样,去德赛山求德赛仙子吗?一旦有一天,有谁拿到了那德赛杖,朝你头上一指,你就完了,你为什么不想一想呢?”大狼说:“哈哈!你眼看命都没有了,还敢这么教训我,胆子可真不小,告诉你,去德赛山,大大小小要有二十一个灾难,哼!任凭是谁都过不去,我怕什么?真正怕的,应该是你啊。”米老鼠说:“这二十一个灾难,我们今天算是碰到第一个了。”大狼用它的两条尾巴很得意地敲着地面,敲得啪啪作响,它说:“对了,这第一灾难你们就过不去,还想过其余的二十个灾难呀。等天晚了之后,我还要请几个朋友,一块来吃你们,现在呀,躺在那里,好好地悔过吧。”爸爸兔说:“你这个可恶的大狼,我们有什么过好悔呢?”那大狼十分生气,用脚踢爸爸兔,说:“悔过不悔过?悔过不悔过?”爸爸兔被踢得十分痛苦,只好说:“悔过!悔过!”大狼这才哈哈哈的笑着走了,临走时,照旧把一块大石头堵住洞口。

爸爸

1969. 7. 6

42. 双尾狼和灰狼准备饱餐一顿

佳儿:

爸爸兔等到大狼走了之后,对米老鼠说:“米先生,对不起你!都是我害了你,我们恐怕逃脱不了,再不会有人来救我们了。”米老鼠不说话,爸爸兔说:“米先生啊,你在那里恨我吗?”米老鼠说:“我怎么会恨你呢?我是在思考呀,所以没有回答你。”爸爸兔说:“我也在思考呢,嗨!想起来一件事,我在萤火虫花园里的时候,那里的好朋友送给我五个小包,说是里面附着魔法,必要时可以救命呢!”米老鼠说:“好呀!那是五个什么小包呀?”爸爸兔说:“一个小包是萤火虫送的,一个小包是鸽子送的,一个小包是蝴蝶送的,一个小包是青蛙送的,一个小包是蜜蜂送的,可是不知道里面包着什么?”米老鼠说:“等我想想,哪一个小包现在可以帮助我们?”想了一会说:“把鸽子送的那一个小包拿出来试试?或许用得上呢?”爸爸兔说:“可是我的手捆得这么结实,缩不回来,怎么办呢?”米老鼠说:“没有关系,我的手可以伸到你口袋那里。这个大狼呀,它把我们放在一起,如果分开来放,就没有办法了。”爸爸兔说:“鸽子送我的那个小包,我放在右上边口袋,是一个白纸包,拿到了吧?”米老鼠说:“拿到了。”就把小包打开,啊!佳佳,你猜,里面是什么东西呀?原来是一个跟米粒大的小小鸽子呢,那小小鸽子说:“白兔先生早,米先生早,你们有什么事情吩咐我去做吗?”爸爸兔一看,这么一点点的小鸽子,能做什么事呢? 十分地失望,心里想:“完了! 完了! 这一次再没有别的生路了。”只听米老鼠说:“你能长得大一点吗?”小小鸽子说:“当然可以! 你如果需要老鹰那么大,我就可以变得跟老鹰那样大。”米老鼠说:“用不了那么大,只要跟普通鸽子一样大就可以了。”小小鸽子说:“可以的,现在就要这么大吗?”米老鼠说:“不,洞口外面的墙上有一块黑石头,等一会,大狼来了,你呀就飞出去,听我叫:‘好了!’你就用嘴朝那黑石头上连啄三下,好不好呢?”小小鸽子说:“好的,我会办到的。”一切都商量好了,他们就安静地等着。一直等了很久,天快要黑下来了,才听见大狼的脚步声,另外,还有一个客人呢,两只狼高高兴兴地到了洞口,大狼说:“请等一下,等我把石头挪开。”挪开了石头,米老鼠就轻声地告诉小小鸽子说:“你现在可以飞出去了,看见那块黑石头之后,就准备着,听我的口令。”小小鸽子说:“好的,再见吧。”就跟一只蚊子一样,飞了出去,这时大狼已经进来了,它的客人是一只灰狼,两只狼看见它们的晚餐仍然在那里,很是高兴。大狼说:“你是客人,白兔就让你吃,我就吃米老鼠好了。”那灰狼说:“谢谢你,白兔的肉一定很好吃呢。”大狼说:“现在我们可以摆起桌子,慢慢地吃了。”它们就去搬桌子,走来走去,都走不到中央那个位置,有时候大狼走到了,灰狼却在另一个地方;有时候灰狼走到了,大狼却在另一个地方,这怎么办呢? 只捉到一只狼不行呀! 必须两只狼一块捉到才行呀,你想,仅只捉住一只,另外的一只不是照样可以吃他们吗? 所以呀,米老鼠心里十分着急,就生了一计,叫说:“大狼、大狼! 你来看看,怎么当中这里,有一摊血呢?”大狼说:“等我来看。”走到当中,用鼻子闻了又闻,说:“胡说八道,怎么有血呢?”米老鼠说:“你这个大狼呀,心太坏了! 眼睛不中用,鼻子也不中用了,不信的话,请那灰狼来看一看,到底有没有?”灰狼说:“对了,等我来看看。”它就跑过来,跟双尾狼站在一起,还没有开始嗅呢,米老鼠就大叫说:“小小鸽先生,好了!”那小小鸽子把身子一摇,变成普通大的鸽子,朝那块黑石头上,啲、啲、啲啄了三下。——下次再讲吧。

爸爸

1969. 7. 13

43. 米老鼠智擒两恶狼

佳佳:

米老鼠不是大声说:“小小鸽先生,好了!”那小小鸽子就变成大鸽子了吗?大狼正在地上嗅着,看有没有血呢?它抬头说:“你这个米老鼠,跟谁说话?”米老鼠说:“跟我的朋友说话。”大狼说:“我看你死到临头还不老实,你的朋友在哪里呢?”米老鼠说:“你跟灰狼如果站着不动,我就把我的朋友指给你。”大狼说:“好吧,我们就不动,把你的朋友指给我吧。”原来呀!大狼的心很坏,它想,米老鼠的朋友,一定是山羊呀、白兔呀、波斯猫呀,指给它看了之后,它就把它捉来一块儿吃掉,所以一动也不动地站在那里。那小小鸽子(哇!不对,现在应该是大鸽子了,是吗?)就用他的嘴朝洞门口那块黑石头上,啲、啲、啲啄了三下,只听见哗啦一声,那魔网已掉下来,恰好把大狼跟灰狼网住,大狼跟灰狼吃惊地叫了起来,挣扎着要摆脱那魔网,可是呀,越挣扎,那网把它们绑得越紧,一会儿工夫,两只狼就跟夹在烧饼里的两根油条一样,一动也不能动了。米老鼠说:“小小鸽先生,请过来,大狼先生、灰狼先生,你们不是想见见我的朋友吗?这位就是我的朋友。”大狼骂说:“米老鼠!你真是我最大的敌人,不过,没有关系,绑你们的那绳子是魔绳,谁都解不开的,会把你活活地饿死。”米老鼠说:“可是,你会解这魔绳呀,你不会让我们饿死的,对吗?”大狼说:“我不会给你们把绳子解开,非让你们饿死不可。”米老鼠说:“可是,你也会饿死呀。”大狼狠狠地说:“没有关系,要饿死也是你们先饿死,我能看到你们先饿死,就心满意足了。”爸爸兔说：“听你这口气就知道你的心是多么坏啊！我们过我们自己的日子，我们走我们自己的路，有什么地方妨碍你？你为什么非害我们不可呢？”米老鼠说：“跟这种坏东西，有什么好说的呢？”就对小小鸽子说：“小小鸽子先生，谢谢你的帮忙，请你回去吧，原谅我们不送你。”大狼说：“你这个鸽子，从今天起，我记住了你的样子，下一次再遇到你的话，我会把你身上的毛全都拔光，然后再吃你。”小小鸽子说：“米先生、兔先生，再见吧！我要回去向我的主人报到了。大狼先生，也再见吧！你说那么多凶恶的话干什么呢？我只是为了救人性命才这么做，而你是专门害人性命的呀。”说罢，就飞走了。

现在，佳佳！你明白了吧，山洞里剩下四个人，一个是爸爸兔，一个是米老鼠，都被魔绳绑着，躺在山洞的一角，第三个是大狼，第四个是灰狼，一块儿被网在魔网里。只听灰狼说：“双尾狼呀，承你的好意，请我吃大餐，如今大餐没有吃成，反而被捆得这么结实，这是对客人的礼貌吗？你是主人，要想办法呀。”大狼说：“我想什么办法呢？只有盼望我们的朋友经过这里，墙根地方有一个铁环，只要一拉那铁环，这网就起来了，我们就可以吃大餐了。”灰狼说：“可是，我们怎么解开那魔绳呢？”大狼说：“我刚才不是说过，我会解吗！”灰狼说：“怎么解呢？”大狼把嘴附在灰狼的耳朵上，用低低的声音告诉它，灰狼听了，叫说：“我知道了，我知道了。”米老鼠说：“什么话不敢大声说？只鬼鬼祟祟的？”大狼说：“怎么，你想把解魔绳的办法听了去呀？天下没有这么傻的人，会把秘密大声讲出来的。”说罢，哈哈哈哈！很得意地笑起来，可是，它的笑声还没有完，只见小小鸽子——这时候，它又变得跟米粒一样大小了，飞到爸爸兔身上，叫说：“兔先生、米先生，我告诉你们一个好消息。”爸爸兔说：“咦，小小鸽子先生，你刚才不是回去了吗？怎么又转了来呢？”小小鸽子说：“我本来打算回去的，可是看这大狼太可恶，就悄悄地再飞回来，看它玩什么花样！想不到呀，它正在告诉灰狼解那魔绳的方法，我统统都听见了呢。”

爸爸

1969. 7. 20

路，要你自己走

提　要

柏杨在全球华人社会拥有广大的读者，在马来西亚当然也不例外。二十余年来，他曾数度访问吉隆坡，备受欢迎。《路，要你自己走》是当地《中国报》专栏的结集，当然是为马来西亚的读者所写的，却极具普世性意义。

在柏杨的写作史上，和读者对话是常有的事，但这个专栏以“信箱”方式呈现，在以前却没有过。全部是一问一答，问题五花八门，回答则充满智慧，妙趣横生。

这些问题包括宗教信仰、国族认同、工作与事业、爱情与婚姻、亲子关系、文学与文化等，主要是现实人生的困惑，当然也有一些非常概念化，亦非马来西亚所特有的问题。而另有一些是由柏杨自身的文章及经历而来，大体来说，问题都说得很清楚。

柏杨可以说是一个善答问者，他的人生经验足以让他面对这些问题，而且思考精细、敏捷，很快掌握要点，回答时也不迂回，态度则极诚恳，能体谅人，有时虽有点训人的味道，但他说：“事，要你自己判断！路，要你自己走，谁都无法代替。”解人之惑的同时，柏杨表达了他积极、充满了爱与智慧的人生哲学。

序

“天下本无事，庸人自扰之。”年轻的时候，认为这两句话只不过文人雅士创造出来的一种浮词滥调。但年龄越大，回顾历历如绘的若干已逝的人生画面，不由不惊佩这两句话隐藏的奥秘和洞察力的深刻。人生苦短，为什么总有受不完的灾难，除不尽的烦恼？一桩当时看来天塌地陷，被形容为空前绝后的天大事件，都不过少数庸人在那里起舞，多数人在那里伸手踢腿而已。从遥远的时空隧道回到目前，发现我们自己原来也不过是其中之一。具体地说，大自战争，小至爱情，都使人感到在那里一直作无穷无尽的重叠。

年青一代总踏着年老一代的脚印前进，当年轻人心惊肉跳，举目茫然之时，如果从最高点鸟瞰，也只是旧脚印上出现的新脚印，往事又在重演，智慧幸运的人从庸人制造出的混乱中跳出来，在旧的枝头上再出新的芬芳花朵。愚昧而命运不佳的人，则死在旧桎梏中，埋葬过前人的坟墓，一分不差地照原样再埋葬自己。

1991年，我到马来西亚访问，吉隆坡历史最悠久的《中国报》发行人周宝源先生，要我为他的报纸，用信箱形式，写一专栏，由报社把读者信件传到台北，我则把回信传回吉隆坡。虽然他知道我不是一个排难解纷的适当人选，但他认为我的年龄可以为中华族群的儿女，提供经验和建议，使感到困惑的读者，听到一种“远来的和尚会念经”的声音。我没有办法推辞，我欠他太多。半年下来,据说深受读者重视,遂收集成册。我十分抱歉不能继续写下去——我所译的《资治通鉴》,进度已严重落后。我已尽我的所知,倾巢回报读者。我当然不敢自负我的见解正确无讹,但我敢自负每一句话都是真心之言,供你参考。事,要你自己判断!路,要你自己走!谁都无法代替。

祝福所有中华人世界,永享和平,庸人绝迹!

是为序。

1993年6月1日于台北

1. 失恋的心情是复杂的

人，一旦恋了爱，智商立刻降低，理性马上化为乌有。如果真能三言两语斩断情丝，那还叫“爱情”吗？

柏杨：

我有一个朋友，今年二十二岁，目前尚在求学。他是个不爱多话且害羞的男孩。有一天，他跑来对我说他恋爱了，对象是个长发女孩。他们常常出去玩，并且还带那女孩回家。可是有一天，那女孩对他提出分手，原因是个性不合。我的朋友不愿接受这事实，嚷着那只是她的借口而已。他很伤心且不甘心，始终要那女孩给他确实的理由。开始时，女孩还好言好语地解释，但他始终不罢休，就这样一直缠着那女孩。那女孩生气了，甚至拒绝听他的电话。

从此，我的朋友变得沮丧，把功课给荒废了，再过一个月就是他的大考，任我们怎么劝他，他始终那样固执，那样不甘心去接受事实。我对他说，很多东西是不能勉强的，尤其是感情这一回事。他反驳我不了解他，他说他喜欢这个女孩，他不想失去她。而我跟他说，天涯何处无芳草，何不从头觅过，但不得要领。

柏杨，现在我不晓得怎样去劝他，我不忍心让他这样沮丧下去，我很想让他把这件事忘掉，可是他很固执，他始终要讨回一个理由。事情发生已有整整三个月了，在这一个月里，他就漫无目的地过着他自认乏味的生活，学业也荒废了。我很难过见到他那个样子，而我更不知要如何帮他。所以我希望柏杨能劝劝他，不要让他沉迷下去。

静宜

静宜小姐：

你那位二十二岁朋友恋爱恋得如此辛苦，使人动容，这就是爱情的力量，这力量庞大无比，可以惊天地泣鬼神，只单单不能挽回已经变了的心。人，一旦恋了爱，智商立刻降低，理性马上化为乌有。女孩子跟他分手，"性格不合"这一条就足够了，他还嚷着说只是借口，证明他已钻进了牛角尖里，恐怕谁都无法拔出。面对一个智商低而又丧失理智的低能儿，你能希望用理性和学问使他恍然大悟么？这并不是讥笑你的朋友，而是，如果真的能这么简单明了的三言两语，就斩断情丝，好像没事人一样，那还叫"爱情"吗？一个人的失恋心情，非常复杂，还夹杂着自尊心的伤害，甚至有更多的成分是，认为以后再也找不到更好的了。西方有句恶狠狠的谚语，就这样说："医治失恋的特效药，就是一张更漂亮的脸！"

假如可能，建议你介绍"一张更漂亮的脸"给他，可能药到病除。如果仍不能除，那么，请你闭嘴，不要再劝了，让年轻朋友自然发展，你如果再劝下去，可能劝出更大的麻烦。如果你的朋友有福气，又有足够的智慧，时间会使他恢复正常。

柏杨

2. 两星期的爱情

对爱情真假最敏锐的考验，就是"隔离"，受不了"隔离"的爱情，不值得珍惜。

柏杨叔叔：

我是一个刚满十八岁的小女孩。从前我非常羡慕一些常在街灯下的情侣们，我也希望有一天能像他们一样和自己所爱的人在一起。可是当我爱上一个人的时候，感觉竟完全不同，因为他到国外工作，前两星期我还时常挂念他，可是两星期后，我对他却一点感觉也没有了。现在他已从国外回来，我想如果不再爱他就该坦白地告诉他，免得他越陷越深，我不想伤他的心，因为他的确对我太好了。

现在，他需要我给他一个正确的答案，我自己都不知道如何是好，可是他还是一样深爱着我。

在此，请柏杨叔叔教我该如何面对这一切。

忆

忆小妹：

十八岁，正是梦幻年华，多么美丽的岁月，对人生、对爱情充满憧憬，我大胆地揣测，影响你最深的，恐怕是你所看的小说上，或电影上的情节。对于街灯下，公园里的情侣，不但你这样年轻女孩羡慕，就是我这样年老的衰翁也羡慕，恨不得把那男孩一拳打走，自己凑数上阵。不过，激情不是爱情，你说你爱上一个人，可是当他出国不久，竟把他忘得一干二净。由这项叙述，说明你当初并没有真正地爱上他，那只是一个十八岁女孩的一种好奇，因为羡慕得太久，促使自己迫不及待地纵身一试。

对爱情真假最敏锐的考验，就是"隔离"，有些难舍难分的情侣，老爹的铁棒都打不开，但一旦隔离，真假立刻现出原形，受不了"隔离"的爱情，不值得珍惜。英国女王伊丽莎白二世十八岁时，堕入爱河，当时的娘亲，现在的皇太后，就带她到世界各地，慢慢旅行，希望用"隔离"考验她对菲力普先生爱情的真挚性。公主不但在千里外没有变，在接见过千万英俊高贵青年之后仍没有变，回伦敦后就跟现在的王夫结婚。在台湾，有些海誓山盟的男女，男的一旦被征召入伍，二人在营门洒泪而别，可是当男的好不容易熬个假期，返乡一看，女朋友已跟别人结婚啦。至于一方忽然陷入逆境，另一方立刻变卦，更是普遍。这些故事，供你参考。

他既然需要你给他一个正确的答案,你就应该给他一个正确的答案。他深爱着你没有什么意义,只是“他深爱着你”而已,并不表示你也必须深爱着他!幸亏只有一个男人深爱着你,如果有八个男人深爱着你,难道为了“不想伤他们的心”,就嫁给八个人?如果你不早日表明你的态度,恐怕不但最后伤了他的心,还更伤了你的心。而且,你为什么不用不伤他的心的方法?这要你自己思考。你已长大成人,以后有太多事情,必须你亲自面对。

柏杨

3. 谈不来就不是佳偶

爱不能单靠怜悯,要靠关心和沟通,理想的婚姻是,即使活到二百岁,照样有说不完的话。

柏杨:

事情是这样的,在我念初中时,他和我是同班同学,可是我们并没有交谈过。直到初中一年级,他便停学了,而我还一直念到初中三年级,今年9月,我便要面临升学考试了。

我和他是在1991年情人节晚上再次碰面的,他便和我谈了起来。从那天起,他一直来找我,其实我们并不是很谈得来,因为他好静,而我又不喜欢主动,所以我们的友情一直维持着一段距离,可是在朋友眼中,我们也许是很配的一对,而且我家人并没有反对我们来往。我感到奇怪,像我们这样的年龄,在一起时应该是谈得来的,可是我们经常相对无言。

他是一个勤劳的好男孩,不吸烟、不赌博,我也很想与他培养出感情来,可是还是没有结果。在一段日子里我们都在冷战中,而且他也不再主动找我，他变了，我每天晚上都看见他吸烟。朋友告诉我他变得爱吸烟又爱赌博，我也觉得心痛，因为站在朋友的立场上，我是不应眼看他学坏的。所以我鼓起勇气面对他，叫他不要再吸烟、赌博，他也当面答应了，他说他一定会改，我们从此又有了交谈。想到和他“谈不来”，我便一心想放弃他，可是想到他是个好男孩，勤劳又没有不良的嗜好，我的心又不想失去他。我应做出如何的决定呢？难道我们只能做永远的朋友？

烦恼者

烦恼者小妹妹：

爱是需要交流的，有些人大概因为性格上的关系，就像吃了哑巴药，他想什么？他爱什么？他恨什么？他期望什么？外人通通不知道。除非你自己的性格跟他一样，否则，我不认为他是一个好伴侣。根据来信，你们还没有发生热战，却先发生冷战，而要你处处去猜。将来，会把你闷死。

互相倾诉，尤其恋爱中的青年（事实上，恋爱中的老头也是如此），有说不完的千言万语，普通情形下要结婚两三年后才会变成哑巴，而你们现在就成了哑巴，岂不让人担心！爱不能单靠怜悯和敬重，要靠关心和沟通，理想的佳偶是，即使活到二百岁，照样有说不完的话！

柏杨

4. 一屋二妻，欺人太甚！

妻子不是宠物，一个不够再来一个，一个玩腻了再弄一个玩。男女是平等的——绝对的平等。

柏杨：

新加坡前总理李光耀曾说："西方奉行的一夫一妻制未必适合东方国度。"个人在一定程度上甚为认同，毕竟同时爱上超过一个女人的情况并不罕见，而最终必须基于法律而被迫放弃其他心爱者，只能选择其一，在感情上，是十分残忍的。况且，所选择的未必尽令人满意，反而能从所放弃那里得到。因此，一夫拥有至少二妻，应不算太那个的，您说对吗？

吕伟国

吕伟国先生：

李光耀先生是不是说过那句话，我不知道，先生既然引用，一定来自文字记载，能不能告诉我们何书何刊？和哪段哪页？这绝对不是不相信你，或是考你一考，而是我们有义务，也有责任替人洗刷谤言。李光耀先生如果真的说过这句话，一定成为世界奇闻，我不相信李光耀先生说过这种话。不过中国有位老留学生辜鸿铭先生，据说倒是讲过一句类似名言，他认为男人像茶壶，女人像茶杯。一个茶壶可以有很多茶杯，一个茶杯不能有很多茶壶。

这些话男人听了无不大乐，因为它完全站在男人立场，替男人讨小婆的壮举提供理论根据。

一个男人讨小老婆，先生赞成；那么，一个女人讨小老公，先生是不是也赞成？如果赞成，我们就可描绘出贵府住屋的温柔景观，除了有一间房子住着一位千娇百媚的小老婆外，另有一间房子则住着一位胳膊上可以跑马的彪形大汉的小老公，三更半夜之时，身为丈夫的你溜到小老婆房间狗屁倒灶，尊夫人也溜到小老公房间里狗屁倒灶，这种奇异的结合——丈夫拥有小老婆不算那个，妻子拥有小老公也不算那个，先生是否满意？

先生说：一个男人必须抛弃其他心爱者，只能选择其一，在感情上是残忍的。那么，一个女人必须抛弃其他心爱者，只能选择其一，在感情上是不是也同样是残忍的？丈夫选择妻子，因未必尽令人满意，就可理直气壮再去找一个；同样道理，妻子选择丈夫，因未必尽令人满意，是不是也可以理直气壮再去找一个？

妻子不是宠物（有些女人心甘情愿当男人的宠物，那是例外），一个不够再买一个，一个玩腻了再弄一个玩。男女是平等的——绝对的平等。很抱歉，我认为你只想到自己，不但没有把妻子当做朋友，甚至你根本没有把妻子当人，这种情形下，"爱"只是借口！真正的"爱"包括尊敬，包括允许对方做你自己也做的事，假设先生一定认为你的爱是真的，你就应尊重你夫人也讨小老公。

柏杨

5. 自励充实·老而弥坚

身为老人，不要自怜，自怜使人生厌，你必须自己先蓬勃起来，世界才会给你美好的回应。

柏杨：

我今年六十五岁，已经退休在家。虽然没退休金可拿，不过由于一向有储蓄，日子过得还可以。我有两个孩子，一男一女，各自嫁娶，目前我和儿子同住。我的太太，五年前因为肾病去世了。

我儿子也不是对我不好，但是，你明白啦，他们年轻人总有年轻人的世界，况且他们又有他们的工作要忙，连唯一的孙子，也要每天送保姆处托管呢。

所以，我平日通常都出门找些朋友聊天打发时间。不过，五个月前，我最好的朋友也先我而去了，在他的灵前，我忍不住寻思：做人又有什么意思呢？反正我该尽的责任都做得差不多了。

我试过信教找寄托,只是偏偏就觉得这是件无聊的事。种花养鱼?一样尝试过,同样觉得无聊。老人本来时日无多,可恨我对所剩不多的日子,竟会感到过多——这一阵子,我甚至还想过自杀呢。

希望你不会像我身边许多人一般,说我身在福中不知福。也别像另外一些人建议我另外找个老伴。我对为找老伴而找老伴毫无兴趣。告诉我,我怎样才能活得起劲一些呢?

老无奈

老无奈先生:

死并不可怕,可怕的是老。希腊神话中有位女神(忘记她的名字)爱上一位健壮青年,就要求上帝耶和华不要他死,耶和华答应了,他果然不死,可是,他却渐渐衰老,像韩愈先生所形容的:"而视茫茫,而发苍苍,而齿牙动摇!"而行动蹒跚,而手脚发抖,而精神痴呆。最后,女神沮丧地再请求耶和华,让他死了算啦。我的年龄比你大七岁,感受更深,老朋友死亡,比率也比你高,每次前往殡仪馆,都忍不住感伤万端,跟你一样,也想到"做人有什么意思呢?"可是,一旦离开殡仪馆,我就又精神勃勃,雄心万丈,忍不住骂句脏话:"老,去他妈的老!"有些年轻人自认为世界所有的路都是他们的,作怜悯状,对我说:"你这么老了,还在写稿,不能享清福。"我就禁不住回敬他:"你别瞧不起老,你要想老,还得提心吊胆再活四十年(假定他今年三十二岁的话)。"而中国人所谓的"清福",不过是"坐吃等死"而已,对社会没有贡献,对自己更没有意义,只要你一劳动,就有人伤心欲绝地说你是"劳苦命",把老头子逼进"肢体僵化""见解顽固"的陷阱,到处惹人讨厌,连慈悲的女神都不得不祈求他死,儿女更巴不得早日摆脱包袱。所以我绝不会抱怨你"身在福中不知福",但却建议你不必一定排斥找个老伴——假设有合适人选的话。人老了,比年轻时更需要伴侣,看那些年轻男女,恋爱得如疯如狂,老人为什么不能恋爱?反对老人恋爱的人都应送到精神病院,仔细解剖。当然也不一定非找老伴不可,尤其当找不到合适的老伴时,千万不要将就勉强，宁可仍过单身生活。我只是强调：如果可能，你有充分权利再度第二春。现在的退休制度使人生断裂，过去的荣耀、权力，像魔术般突然溜走，永不再来。然而，使人恐惧绝望的，还是面对完全陌生的未来，你必须使将来变得跟过去一样充实，心理才能平衡，才没有时间去想到死。

不妨再找找新的朋友，做朋友只要谈得来就可以，比年轻时交朋友更单纯了。或者，你去学学画，学中国画、学西洋画，如果经济宽裕，甚至可以到外国学（法国就有这种学校，我就接到过简章），选一个目标，全力以赴，有一种压力在，想不起劲都不行。阅读，也是重新增加自己活力的能源，仅只译成华文的世界名著小说，一天看八个小时的话，二十年都看不完，你会发现你的灵性和知识，都会突然丰富起来。如果兴之所至，你还可以写作，写下你的感想，写下你年轻时的爱情，写下你童年时种种。不要说："我不会写，写得不好。"当然写得不好，一开始就写得好到顶点，天下岂有这种事？如果写出你的奋斗史，就是价值连城的回忆录，全世界没有第二个人可以写出同样的书。老人们常勉励年轻人："你的前途握在自己手上！"为什么不想到自己："老人活得有没有劲，关键同样握在自己手上。"不要自怜，自怜使人生厌，你必须自己先蓬勃起来，世界才会给你美好的回应。

柏杨

6. 风水？我一百个不信！

假定天地无知，"风水"固是无稽之谈。假定天地真有神灵，难道不看人好坏，而是看他埋葬在哪里？

柏杨：

有一些现象，不知是迷信呢，还是有科学依据？比如手相、风水。

若说手相不可信，然而当手相师一一言中我的生平琐事时，不由我不信。可是，看着手上那几条线，却让我怀疑，难道人的命运真的已被这些线条操纵了吗？

有些人搬了家，事事不顺意，经风水师指点后，即有改运的好趋势，这又怎么说？有些人捞得风生水起，据说是因为祖坟风水好；有些人一世穷途，据说是因为祖坟风水不好所致。难道，一块葬地真能影响后代的旺衰？风水学是否真有科学依据？

还有，有人出殡时，天若下雨，只要丧家点香向天膜拜，不久后多会雨过天晴。或者是出殡时天气晴朗，一下葬，老天立刻哭泣，不知这种现象纯粹巧合？还是天地真有神灵？

每次听长辈说，不要当着婴孩面前说他"健康"、"长得白胖"、"很少哭闹"等，我初时以为是迷信。但当我自己有了孩子后，只要口痒说他"很久没有生病了，现在健康了"，不消两天，孩子就病倒了。或者，有时当着他面前说他如何如何，很快的，他就唱"反调"了。这些这些，怎么解释呢？

思疑

思疑先生：

手相，是一种归纳观察，一种尚有庞大空间可以开发的生命学。我对手相知道太少——我是在台北坐牢时才开始看"手相学"书籍，准备出狱后在街头摆摊谋生的，纯粹土法炼钢。书上从没有解释："一个人高寿，为什么生命线就深而且长？"只是解释说："一个人的生命线深而且长，他一定高寿。"使人无法把它当做一门科学那样的重视，原因在此。我认为内分泌是掌纹的制造者，是内分泌操纵人的个性，而不是掌纹操纵人的命运。所以手相和面相一样，只能告诉我们个性取向，不能预测吉凶，预测吉凶就是算卦先生了。

风水堪舆，完全腾云驾雾，而且有严重的副作用——非常抱歉，请包容我直言冒犯，假定天地无知，“风水”固是无聊。假定天地真有神灵，难道不看人的好坏，而是看他，或他的父母葬在哪里？这样的话，人们追求的将不是美德品格、是非公理，只要追求一座“好”坟地就可以了，天上岂有这种无聊神灵？而且，什么叫“好”坟地？有什么神灵在那里把守？又哪里来那么多神灵，为人间看守那么多尸体，而且还每天跑来跑去，保佑他的子孙？

中国也许是太古老了，且苦难又多，以致被淹没在现实利益中，认为神灵是可以收买的，鬼魂更如猪猡，一切都任由“有钱人”、“有权人”驱使。

假如你信佛教，你可相信佛祖会给人守坟？假如你信基督，你可相信耶稣会给人守坟？然而，无论怎么荒唐的事都有人相信，正是不求长进的人的特征。对不起，我反对了你深信不疑的东西。

柏杨

7. 全身都是病应该如何

只有“正常”才既不累己，也不累人，病算什么？谁不害病？人人都不害病，医生靠什么维生？

柏杨：

我是个既幸福又不幸福的女人。

幸福的是我有一个好丈夫，疼爱我、照顾我、关心我。

不幸福的是我是一个全身都是病的女人。

嫁给他之后，他照顾我比我照顾他多。我本身自顾不暇，身体的病痛让我脾气暴躁。家务多由他一手包办，他可谓内外兼顾，我不知道他会不会身心交瘁？

我常常自责,我帮不了他,我不会是他“成功背后的女人”,我反而处处拖累他。他是个有才干的人,若不是我的牵制,他的事业肯定更有作为。若我死了,他或者能活得更快乐、更顺畅?

柏杨,告诉我,我如何才能不“累人累己”?

苦妇

苦妇女士:

从你的署名,可看出你在叹息自己的命运,而且严重自责。但读了你的信,觉得你心里虽然很苦,但客观上似乎不见得真苦,这样就算“苦”的话,如果丈夫是个暴徒,你所受的,又叫什么?那时候才是真正的苦。人,是一种“喜欢诉苦也需要诉苦的动物”!只要你肯倾听,你就会发现,每个人都有苦水。我有一位美国朋友,她是心理学专家,而且开了一座在美国最赚钱的心理治疗所,但不到一年,她自己决定把诊所关闭,改行专写诗。她说:“我真受不了有些病人,竟会为了根本不成问题的问题,弄得生活支离破碎,鸡犬不宁。”用中国一句俗话说明那些人的心理状态:人在福中不知福。于是乎穷算卦、富吃药。幸福的人必须千方百计找出一点不幸福,一则减少一点自己的不安全感,一则平衡一下别人的羡慕妒忌。

这并不是说你的烦恼不存在,你不会有这种误会吧,事实上你的烦恼可能一天比一天严重,我只是说:你的麻烦并不必要。无论你害的是什么病,都不应轻率的想到死,一个人应该用感恩的心来取代抱怨命运的心,尤其你有一个爱你的丈夫,还有骨肉之情、手足之情,值得你留恋。关于丈夫照顾你比你照顾丈夫多,那有什么好惭愧的?谁规定妻子照顾丈夫一定要多的?谁有能力照顾,谁就照顾!谁需要被照顾,谁就接受照顾。恩爱夫妻,甚至朋友、社会,都是如此。我比老妻大二十岁,依照普通情形,她应该照顾我的,可是她跟你一样是个“全身都是病的女人”,除了头发不痛之外,全身能痛的地方都痛,每天早上睁开眼,我的第一句话就是问:“身上觉得怎么样?”有一次,我抱怨她怎么有这么多病,她说:“你真得感激我,我还没得神经病！”一想到她没有得神经病，我就油然知足，心情轻松起来，我想你丈夫也会跟我有同感。

苦妇女士，对一位女性来说，能有一位好丈夫，真是一生最大的幸福！你要好好珍惜，不要自己把它折断。你说你死了，丈夫的事业肯定更有作为，这话没有科学根据，你如果死了，丈夫固然可能幸福但也可能陷于另一种困境。尤其，从你信上可看出你是那么温柔而善解人意，他还以为天下女子都跟你一样呢？结果，当然不一样，岂不是你误了他！不要把事情想得太复杂，唯一“不累人累己”的办法是，你好好活下去，愉快地活下去，把病治好，一下子治不好，就慢慢治好。你如果一死，可怜的丈夫要跑法院、跑医院、跑殡仪馆、印讣文、找坟地、设灵堂，三更半夜还要哭，你能说不“累”他？只有“正常”，才既不累己也不累人，病算什么？谁不害病？不害病医生吃什么？为了不让医生饿死，你也应安心地治病！

柏杨

8. 施舍给人道

我们没有能力改变不合理的现状，只要不合理的程度不断减轻，就应该欣慰……

柏杨：

中国何其不幸，近年来天灾人祸频频！

不久前，江苏、安徽等十八个省遭受空前的天灾，全国三分之一的地区被洪水淹没，受灾人数超逾数百万。

于是，海外的华人，基于血浓于水，纷纷解囊救灾。

问题是，钱是筹了一大把，只是，担心它们会流到哪里去，真正的受益人，很可能没多少百分比属于灾民。可是，如果不略尽绵力，却很于心不安……请问您，我们该怎样正视这项矛盾呢？

念华

念华先生：

中国大陆水灾，世界各地中华人捐了不少钱，也兴起"会不会直接用到灾民身上"的困惑。我们在海外的中华人，不应先行设定立场，认为铁定的有贪污现象存在，中国政府也正在努力培养形象。看报，台湾的救济物资可以直接运往灾区，这是一个好的措施。用我们一片血浓于水的同胞爱，就够解开心头矛盾。只要不合理的程度不断减轻，就应该欣慰。托尔斯泰先生在施舍一个人时，有人警告他："你被骗了，那个人不配。"托尔斯泰说："如果他配，我施舍给他。如果他不配，我施舍给人道。"何况，我们馈赠的是大祸正在临头的苦难同胞。

柏杨

9. 活得尊严·绝不屈服

我们可以跌倒，跌得血流满面，声声哀号，但心里绝不屈服。这一点，我们可以完全自主！

柏杨：

您因为秃笔不留情，得罪了有权有势的大亨，结果搞到下放牢狱，请问您在得知坐监后的第一个反应是怎样的？这次文字狱给您的"收获"（若可说是收获），又是什么？

李追超

追超先生：

谢谢你关心我的牢房生涯。

当我得知要坐牢时，我的第一个反应是：晴天霹雳，我不相信这是真的。当我得知坐牢已成定局时，我的第一个反应是恐惧，第二个反应是愤怒。恐惧临头的灾难，愤怒对我的迫害。

一个民族是文明还是野蛮，看他们的司法，一个国家的政治是腐败还是清明，也看他们的司法，我对历史上的冤狱相当熟悉，但我绝对想不到会轮到我头上，我从黑暗的法庭和腐败的牢房中，看到统治者的内心深处，使我沮丧失望，我为我们受骗的一代悲哀，我们耿耿忠心，只不过是维持蒋家政权的一颗渺小棋子。

狱中沉思，使人逐渐领悟到这并不全是某一个人，或某一些人的错。诚如孙观汉先生所说，这是我们文化的错，使大多数中华人，都被吸进酱缸，无法自拔——包括你我在内。

但坐牢使我深深领悟：灾难不见得一定是件坏事。不经过长夜痛哭，不足以语人生。有时候，灾难使我们的土壤更肥沃，生命更美。

柏杨

【附注】

信箱来往信件，都写在1991年。校对此稿时，已1993年6月。我在狱中所写的数十首诗，1977年出狱后出版，名《柏杨诗抄》，1979年被译成英文，名*Poems of A Period*。事隔十四年，1992年7月，突然接到设于美国旧金山的国际桂冠诗人联合协会（United Poets Laureate International）通知，颁赠桂冠，我十分兴奋得到这份荣耀，如果说是这场文字狱的“收获”，不能算勉强吧。

10. 治疗失恋特效药

天下最难医治的是心病,失恋又是最严重的心病。当事情要结束时,你必须有智慧和勇气面对。

柏杨:

您好!6 月间,我们在老舍茶馆见过面,还记得那位拿着一本笔记本请您签名、题字的小伙子吗?

我今年十六岁,念高一,学业成绩颇优。今年 4 月,我与一位认识了三年的同学,彼此偶然在一次很巧合的机缘中,感情突飞猛进,有着相见恨晚之意。与之在一起的时刻,我仿佛觉得我找到了自己,而他正是我唯一的知心,许多事情我俩都互相倾诉。可是好景不长,在今年 6 月,我做错了一件事情,使得他很愤怒,对我很失望,于是便不再与我交谈,情况比一位陌生人还糟糕!这个场面一直维持至今,我三番四次请求他原谅,终不得要领,我心很痛、很悲伤,很多朋友叫我忘了他,我做不到,毕竟这是一段刻骨铭心的友谊,叫我如何也忘不了!在前阵子的学校期中考试中,我俩都铩羽而归,难道这就是代价吗?我作出了一个这样的决定,无论他如何对待我,我对他的那份情始终保持不变!我这样做对吗?朋友说我是一位感性的人,是吗?柏老,我该怎么办?我不想这一段友谊就此结束,我真的不想!

如今,眼见他逐渐潦倒,我好痛心,我好想上前去扶他一把,但他连说话的机会都不给,我又有何奈呢?可能柏老您会觉得一位十六岁的大男生竟然还会这么傻、这么痴而感到好笑!但我确实是一位这样的人!师长们都以为我失恋了,哈哈……唉!

难道我俩的感情就这样完了吗?

忠麟

忠麟先生:

你的信写得那么好,说明你的文学素养很高,连有些大学生都得自惭形秽,但人称上的用字,却使人困惑,如果你是同性恋者,恋爱的对象是“他”,用字就没有错;如果你是异性恋者,对象就应写成“她”,而不应是“他”。现在,姑且以你的对象是一位小姑娘,来讨论问题(如果你的对象是一位男孩,那么你只要把我信上的“她”换做“他”就行了,基本上一样)。

不但师长们认为你失恋了,连远在数里之外的我也认为你失恋了,因为从你写出的事实,你的确是失恋了。你说:“十六岁的大男生竟然还会这么傻、这么痴而感到好笑!”十六岁的大男生这么傻、这么痴,一点也没有好笑之处,八十岁的老汉这么痴、这么傻,人们才会前仰后合。不过,如果真的有位八十岁老汉为了恋爱而茶不思、饭不想,我们也不应笑他,爱情是高贵的情操,怎么会感到好笑?无论年轻或年老,只要他是在真正的恋爱,我们就应该对他由衷尊敬——如果一位八十岁老太婆也沉醉爱情,就应该受到更多的祝福。你失恋后的沮丧悲哀,不但正常,而且十分正常。失恋后反而心平如水,那才是病态!所以不要气馁!我没有办法医治失恋,从前,可以找丘比特先生一箭射中小姑娘的心,现在,丘比特先生被一些无聊而枯燥的科学家赶出家门,逃得无影无踪,我们人类只好自己解决自己的问题。天下最难医治的是心病,医治失恋,需要时间,只有时间才能止住伤口流血,不要希望马上就得到答案。你说你做错了一件事,这是一个关键,你只要以后不再犯同样错误,你就仍是一个有福气的小伙子。当事情要终结时,你必须有智慧和勇气面对终结。

柏杨

11. 对人不应太坦诚,对吗?

你既认为社会是如此复杂,就不要想用简单的二分法去排解纷争。

柏杨:

我是在籍学生,烦恼的是不懂得一点人生道理,望能得您指教。

学业并不理想,只是马马虎虎,所以不知道毕业后该怎么办。继续学业又浪费时间和金钱,所以想成为记者,我有这资格吗?我想再念新闻系,费用贵吗?要成为记者须具备什么资格?

朋友很多,但无人了解,有何良方可诉心中苦闷,本有几位好友,但总觉自己了解他们多过了解自己,有何良方改善?

人与人相处是否要保持距离?应挂上虚伪的脸孔吗?我曾试过对别人坦诚,得回来的只是他的欺骗,他告知我,对人不应该太坦白,这对吗?做人最基本的条件是什么?目前正面临毕业这一关,将踏入社会了,您能指点我应如何面对这"复杂"的社会?

杨柳

杨柳小友:

面对着毕业,看情形,你有点慌乱,"毕业后怎么办呢?"这个严肃课题,要自己回答,也只有你自己才可以回答。人,到了某一种年龄,必须自己指导自己,这就叫做"独立"——独立思考、独立行动。看信上的语气,你虽然想当记者,似乎又对记者并不怎么看得起,不知道什么原因使你产生这种误解。或许你看到有些很差劲的人在当记者,但不能把他当做典型,认为记者就是那个样子。一个记者最低条件是文笔必须流畅、观察必须敏锐、知识必须广泛,而且他更必须有正义感，不但不怕挨揍，也绝不会被金钱弄昏了头，有了这些基础，你还要具备语文能力、驾驶车辆能力、专业学问，以及人际关系，以及被采访者的信赖等等，等你读了新闻学校或新闻学系，教科书会条条列出，讲得一清二楚，我只不过报告一点普通常识。

朋友相处，了解不易，不要说朋友，就是夫妻、父子、母女，又能互相了解多少！人的变量太多，所以，人是最难了解的动物。你说："自己了解他们多过他们了解自己！"有这个可能，但也许你高估了自己的判断。

其他问题，你自己已写下答案。"对人不应该太坦白"，什么是"太"？人类行为中的伦理观念和法律约束，恐怕就是为了"太坦白"而设！美国卡特总统就承认他见了美女都会春心大动，但他不能搬出"太坦白"理由，向美女饿虎扑羊。而你又把"保持距离"跟"虚伪面孔"画上等号，事实上二者绝不相同，甚至互相冲突，保持距离的人可能对你很诚恳，虚伪面孔的人可能对你很亲密——直到他的虚伪面孔被拆穿。你既然认为社会是如此地复杂，就不要想用简单的二分法去排难解纷，但你的任何行为必须建立在坦诚的基础上，坦诚还得不到好报，不坦诚的后果岂不更糟？

柏杨

12. 美容师像魔术师

打扮不但是取悦对方，也是取悦自己，有时候，因外形的改变，也使得内心改变！

柏老：

你的著作中，我还是较喜欢小说，《资治通鉴》注释后就算浅白许多,我读起来却依然深感枯燥、闷人。而且一套那么多本,几时才能看得完呢?还是翻阅服装、美容等杂志乐趣更高。对不起,三句不离本行,因为我正是美容业从事者。

我特感兴趣的,就是听说您已经七十多岁,不过当我去参加您出席的讲座会时,偏偏见到您容光焕发,一点也不显年龄,可以告诉我您驻颜有术的秘方吗?

另外,一些作家可能当艺术家久了,他们很不同意文化界人士把多余的时间浪费在打扮上;一点不似您,将一头花白发丝染得乌黑,看起来不晓得多么朝气蓬勃。您可否就这个范围,提供一些宝贵意见?

还有,您同意一般人去美容吗?

艾丽斯

艾丽斯小姐:

你说我:"容光焕发,一点也不显年龄!"看了喜不自胜,这是任何一个老年人都百听不厌的话,因为,美丽的话比实话对老人更实惠!使我大大地原谅你不喜欢《资治通鉴》的"过错"。

我实际上是一个邋遢鬼,在我的北方家乡缺水的苦寒地带,被人讥笑为一辈子只洗三次澡,生下来一次、结婚时一次、死翘翘时一次,这话言过其实,夏天时候,如果村子里有池塘,简直可能天天洗也不一定,我只是说明邋遢不是没有原因,加上上学时力追"名士"派头,以邋遢为荣,就更不可收拾了。西方似乎也是如此,"嬉皮"故意披头散发、衣服破烂、一身肮脏。其实这一切都跟"懒"有关,我真佩服有些女性坐在梳妆台前搔首弄姿那种缠斗毅力,一坐两个小时,毫不嫌累。

追求美是人类的本能,传统一句话:"女为悦己者容",事实上,"男也为悦己者容",一个男生在赴女友之约前,刮胡子、梳头发、喷除口臭水(以便亲嘴),同样忙得气喘如牛。不过,打扮不仅是取悦对方,也是为了取悦自己。美丽的容貌、端庄的体态、整齐的衣服,不但使自己感觉到满足快乐，也增加自己的信心意志。而且，除了取悦，还有尊重，尊重你的朋友——好吧，换个角度来说，你愿意你的客人浑身发臭吗？你当然希望你的客人容光焕发、衣冠楚楚。那么，为什么自己当客人时，却不管主人的感受？不但尊重朋友，也尊重自己，你既有权利，更有义务把自己打扮得干干净净、漂漂亮亮，不管是男是女，是老是少。

我不但赞成一般人去美容院，尤其赞成男士去，而且还鼓励他们去，美容师有时候跟魔术师一样，能把一个蓬头垢面的倒霉汉，变成一个精神焕发的绅士，把一个黄脸婆，变成美女。有时候因外形的改变，也使得内心改变，真得感谢你们。美国一家美容院门口有一幅广告，警告说："不要向从本院出来的漂亮小姐吹口哨，她可能是你的祖母！"我们也可以套而用之："不要向从本院出来的年轻小伙抛媚眼，他可能是你的祖父！"我赞成每个人都是帅哥帅姐，这是上帝的荣耀。

柏杨

13. 老来第二春

天下不是每件事都可以"两全其美"的，在经过怎么努力都无法两全其美时，就应追求"一全其美"。

柏杨兄：

我是个鳏夫，太太十几年前去世，本来也有机会续弦，只是害怕三个孩子（二男一女）受到后母虐待，所以一直缺伴至今。

如今孩子都长大出去做事了（小女儿也有十八岁，有了男朋友）。上阵子有幸（抑或不幸）碰上了一位小我十八岁的女子，由于投缘，令我重起再婚的念头。

这位女子,对我也甚表好感,一切只待我开口求婚而已。我和孩子谈过这个问题,只是他们十分不满,极力反对,口口声声说“那个女人”不过是贪图我的钱财罢了。

当然,我不敢完全排除这种可能性。不过,活了六十多年,一个四十多岁的女子嫁给我,要求一些个人的保障,应该不会太过分吧?

况且,我的孩子剧烈反对(甚至有可能闹至亲情决裂地步),他们也未尝不暗存私心,害怕我两脚一伸,多了个人来分遗产。

到底要如何处理,我才能两全其美解决这个困境呢?

老莫

老莫先生:

中华人传统社会中,孩子没有地位,也没有人权,任由大人摆布,大人不但可决定孩子们的前途、财产、婚姻,甚至可决定孩子们的生死。这种病态现象,随着时代的进步,已经大大不一样。想不到大大不一样的结果,竟颠而倒之,倒而颠之,翻转过来。现代老人反而丧失地位,更丧失人权。有句流行的话说:“美国是儿童的乐园,老人的坟墓。”必须到了美国亲察目睹,才能了解老境凄凉的严重性。就在去年(1990),美国发生一桩杀妻案,一个中风的老人和同样中风的老妻,相约自杀。坐轮椅的丈夫击毙妻子后,手枪滑落在地,无法捡起,法庭上,他要求判处自己死刑,气氛沉重,电视播出他四十岁时的照片,一对英俊的中年夫妇,膝前站着一个十岁左右的男孩,和一个七八岁的女孩,好一对金童玉女。最后,电视继续播出对已经成家立业的儿女们的访问,他们都说爱他们的父母,但没有人说:“我没有尽到奉养的责任。”也没有人说把残存的老爹接来同住。这个活生生的悲剧,使人浑身发冷,难道这就是每个人必走的终结?有时候,我看见年轻夫妇带着活泼可爱的小宝宝,其乐融融,禁不住想到,当这对夫妇年老时,又是什么情景!

老人被轻视,老人的感情被忽略,到底是谁的错?工商业社会结构的强大力量,对人伦关系的冲击,会使亲情发生严重的扭曲,而这冲击似乎也锲入中华人的社会。有人常指控老人脑筋僵化，手抱古老教条，死也不放。这种情况当然存在，但现在社会已很少人还在做“养儿防老”的白日梦，大家逐渐有一种共识：养儿养女，只是一种责任，一种自我完成的“眼前欢”。可是，问题却发生在年轻人身上，他们幼年时的“伟大爸爸”，一旦年老，往往变得“有百非而无一是”，什么都不对劲，什么都不懂，什么都糊涂。而且，一旦想到自己继承的利益受到伤害，就勃然大怒，认为老爹老娘都应重新管教。在这些人的眼中，老爹老娘必须为儿女而活，胆敢多花一块钱买个烧饼下肚，那他将来的继承就少一块钱。胆敢再婚娶一个女妖精（一定是一个女妖精）或嫁一个小白脸（一定是一个小白脸），就要滑到手上的银子，眼看泡汤，那可是犯了天条，非用最严厉的手段制止不可。

父母干涉儿女的婚姻，已经荒唐，子女干涉父母的婚姻，更荒唐得使人生厌。从前，老年人对少年人的爱情嗤之以鼻，现在，少年人也对老年人的爱情嗤之以鼻。我们必须坚持老年人有神圣的恋爱自由，任何人不可剥夺，也不允许对别人作类似“别有用心”、“贪财贪势”肤浅轻蔑的判断，中华人大多数是孔丘先生的信徒，那么引用一句孔丘先生做人道理：“不疑诈！”不要先把别人想得跟自己一样肮脏不堪。

或许，你如果贫无立锥，她不会爱你，但这并不能证明她现在的爱情是假的。而且，即令是假，又该如何，一个受伤的战士，拉住护士小姐的手，祈求说：“告诉我你爱我！我知道是假的，但我需要！”你有追求幸福的权利，假如爱情能使你满足、慰藉，能使你生命发出活跃的光芒，那就足够珍惜。我建议你尽量跟你的公子和女公子沟通，要他们了解：“爸爸有权和任何一个女子结婚！”（“妈妈有权和任何一个男子结婚！”）他们没有权利反对，老爹已老，他们也不应忍心反对。如果怎么说都不行，老哥，我建议你应该反应得像兔子一样地快，跳起来立刻就去结婚（千万记住带上你的万贯家财），这对孩子是一个考验。如果他们发现财产可能流失，反弹得凶蛮，亲情决裂，那么，你就要重重地责备自己，你对孩子的教育完全失败，你往孩子们脑子里灌输的除了钱之外,再也没有别的东西了。你应该承认,孩子们不是因为你是老爹而爱你,而是因为可以继承你的财产才爱你,多么使人作呕的"亲子之情",这种"亲子之情",抛弃得越远越好。

天下不是每件事都可"两全其美"的,在经过怎么努力都无法两全其美时,就应追求"一全其美"。如果难割难舍,结果恐怕是"两不全而又两都不美",那才窝囊。

柏杨

14. 监狱生涯

苦刑和监狱使我了解:灾难不见得一定是坏事。不经过长夜痛哭,不足以语人生。

柏杨先生:

生命从哪里来,死又往哪里去?又是谁主宰了我们每个人的命运?有人很幸福的过一生,但有些呢,则活在痛苦的边缘。就像你和我,你是天上的太阳,照亮了大地,我只是很小很小,活在黑暗里的蚂蚁,你永远都照不到我这只蚂蚁,是因为我太小了。我没有机会读书,所以很笨拙、迟钝,连写封通顺的信也写不出,请你不要因为我写的信不通顺,就不给我回答。在多年之前,你照亮了张四妹的生命,几个月前你又去张四妹的家了,当我从丽的呼声听到你的声音的时候,我是多么盼望你握着我的手说:"好勇敢的第二个张四妹,在狂风暴雨的日子里,有这么大的勇气和命运战斗。"柏杨先生,希望你帮我一个忙,为我写一份文稿,告诉大马的中华人,贫穷和身体有缺陷的人,并不是一个罪人。

秀丽

秀丽女士：

今年(1990)6月间，我去吉隆坡讲演的时候，你为什么不找我？为什么不拨电话给我？为什么不写信给我？假设那时候我们能见面的话，我会握住你的手告诉你说："秀丽，在狂风暴雨的日子里，你有这么大的勇气和命运战斗，我祝福你！"你不会认为这是事情不可能实现时，故意安慰你的吧。我想你是一个身患残障，家庭贫苦，而又刚强不屈的女孩。我不知道你残障的情形，也不知道你贫苦的程度，但我敬重你的挣扎奋斗，更佩服你有勇气写出你的呼喊！

但我对你也有一点意见，你说："你是天上的太阳，照亮了大地！"使我无地自容，直到今天为止，除了耶稣和穆罕默德，世界上还没有出现过你所形容的这种伟大的人物，我和你都是蚂蚁！过度的赞扬是会毁灭一个人的，你不希望我忘了我是谁吧。让我们互相勉励。我的妻子张香华在写给我的一首诗里，有这样的一句话："我们都是行路难道上/苦绝的畸零人！"正是为此，在命运之神无情的鞭子下，我比较多一点幸运，又算什么！你虽然很苦，但只要活得尊严。可以跌倒，跌得血流满面，声声哀号，但心里绝不屈服。这一点，我们可以完全自己做主。你说，是么？寄上无限的祝福。

柏杨

15. 双手扭转贵贱

人的贵贱，有时候由命运决定。你可以兴起改变它的万丈豪情，却不能否认它的存在。

柏杨先生：

请问你，每个人命运会有分别吗？命运有分轻重贵贱吗？祖宗风水可靠吗？本人迷信命运，被人算命次数数不清。

希望你能解答。

命轻人

命轻人先生：

人的命运当然互相不同，祖宗风水当然绝不可靠，如果可靠，修坟去好了，谁还工作！

人的贵贱，有时候由命运决定，犹如日本天皇的儿子，生下来就注定要当帝当王，而我们生下来就非历尽艰苦不可。合理不合理是一回事，我们必须承认，现象确实如此。你可以兴起改变它的万丈豪情，却不能否认它的存在。用它作“命运”存在的例证可以，如果用它肯定命运的无穷威力，就离了谱。在非特定的时空中，贵贱是自己奋斗出来的，其中固然有很多好运气在，但好运气只不过像润滑剂，主要的还靠你自己的努力。

相信命运的人最大好处是：失败时可以使自己戒嗔恐惧，越发谦卑，不至发狂。但如果作为失败时推卸责任的借口，成功时就认为自己“英明盖世”，沾沾自喜，装腔作势。那么，命运可真害了他。不知你属哪一类？你经常找人算卦，我十二万分赞成，我就喜欢找人算卦，听他们说到有一天我“可以跟局长平起平坐”的预言，就觉得当时就“贵”了起来，容光焕发。而且，更主要的是：算卦先生全靠替人算命养家活口，没有人算卦，岂不活活饿死，所以算命也是善事，人己两利。我只有个建议：除非你不相信命运，就千万别算。你如果真心诚意的信得要死，你就会累得要死，谚语有句：“看了《玉匣记》，不敢放个屁！”小心。

柏杨

16. 钢筋神经却噩梦

谚语说:“日有所思,夜有所梦。”梦就是这么简单,不要把它当回事,无论上帝或魔鬼,都没有时间钻到人梦里。

柏杨:

我到高城工作有一年多,之前也在那里完成高中的课程,家乡只离高城二至三小时的车程,然而我很少回家。自小家里就发生很多不愉快的事,如吵架、闹自杀、拿刀追砍人之类,印象很深刻,应该说是重重阴影。我很不喜欢回家,虽然那些当事人已不在了(去世或已搬离)。我的问题是:一、只要有人说话声音高些,就以为有人吵架了,莫名地担心起来,不管关不关我事。二、小时候,被患有精神病的叔叔打过,很怕见到他,虽然他的情况已好转,但总觉得他是座睡火山,很替跟他住在一起的父母担心。三、常做噩梦及怪异的梦,梦里的人都是认识的朋友或亲戚,如亲眼见好朋友被人杀害,而那人原先是要杀我的;见到老妇人抱着只猫,胖胖的有类似松鼠尾巴的猫,走近一看却是穿着猫衣的婴儿。

为什么会这样?我本身是很会胡思乱想的。

阿弟

阿弟先生:

看情形你有一个不幸福的家庭,和一个不愉快的童年,心灵上的烙痕难以排除,甚至越来越清晰。我的遭遇跟你一样,这伤害终身不忘。我小时候同样不喜欢回家,回家就好像投身在一团烈火里,真不了解大人(包括父母)为什么要永无休止地吵闹打斗。所以从小就敬佩那种勇于离婚的人,他们至少解救了孩子。

你现在仍怕高声,是不是和职业有关?我坐牢时,有一次看守所所长训话说:“你们说话要小声,走路要小步,我一听大声讲话和有人跑步,就十分紧张。”那是因为恐惧监狱里发生暴动。假如不是这个原因,就可能跟童年所听到太多的高声有关了,我建议你去看心理医生,有时候,神经必须锻炼得粗壮一点,才能应付这个世界。你小时候被叔父打,直到现在还怕见到他,显示你的神经纤细,这跟我这个钢筋神经不同,小时候我怕的人,现在每一个我都非常盼望再看到他,并且为了不再怕他而高兴非凡,我贡献给你,请你参考。父母的事,你可以提醒他们,由他们去担心。噩梦恐怕跟你上述的两点有关,构成梦境的原因很多,最好的解释是中国的一句谚语说:“日有所思,夜有所梦。”不见得当天的所思,或许是一年前的所思。有一点是确定的,如果你从不想什么,就很难做什么梦,我刚坐牢时,梦也最多,而且都是自由时候的情景,欢乐骋驰,好不快活,一觉醒来,倍感痛苦。可是三四年之后,梦就渐少,后来索性没有了。只因白天不思,所以夜间不梦。请不要把梦当成一回事,上帝或魔鬼,都没有时间钻到人梦里,为你一个人折腾;这是百分之两百的神经衰弱,我建议你去看医生——或让医生看你。你自己承认你很会胡思乱想,胡思乱想又有何妨,梦见妖怪没有关系,它吃不了你,醒来时反而有一种脱离苦海般的甜蜜。如果每天一阖眼就梦见美女如云,麻烦可就大了。

柏杨

17. 作家,不以市场论优劣

如果说只看他写的是不是畅销书,是不是得过什么奖,那不是成功作家，只算是市场作家。

柏杨先生：

我不是您的忠实读者，您的著作，我读得很少很少。不过，我对于当一个成功的作家，却大感兴趣。您既然著作等身，向您请教有关问题，应该是再恰当没有了。

您认为怎样才能成为一个成功作家？流行作家，钱是赚了一大把，但对文学艺术的真正贡献似乎不大，那算是个成功的作家吗？

您觉得自己是个成功的作家吗？您对小说、杂文、散文、报导文学，以及古文翻译等多种文体都写过，如果可以选择的话，您希望独沽一味作专精性发展吗？

或者，如果可以重新再活一下，您还愿意继续当一个作家吗？若不，您想做些什么呢？

当代的成功作家，您最喜欢谁？

准读者

准读者先生：

"著作等身"形容词，对我而言，勉强适合，我已写了一百六十册书，至少可以说"著作等腰"，应可称为作家，但不是一个成功的作家，而只是一个"正向成功目标努力前进的作家"。律师、医师，只要考试及格，政府发给执照，他就拥有无可置疑的律师和医师的资格，作家不然，任何有文学作品出版的人，都可成为作家。如果认为仅靠写作就可以养家活口，甚至仅靠写作就可以使自己生活稍为富足，才能被肯定为成功的作家，这可是一个十分庸俗的形象，简直把作家看成一个文字工匠。我认为成功的作家应该为社会、为人类写出高度创作技巧和高度人道精神，而且具有高度可读性的文学作品，使人的心灵更丰富，更充满爱。

如果说只看他写的是不是畅销书，或只看政府是不是颁赠过什么奖金奖状，那只算是市场作家，或流行性作家。

如果来生可以再活一遍，我还是想当一个作家，因它的天地之大，无与伦比。选择哪一种文体？事实上每一种我都爱，每一种都使我入迷。但跟我什么时候选择也有关系，如果今天选择，我可能选择历史，因为我写顺了手。可是，如再过十年，那时候可能因为一种对历史的疲劳性厌倦，渴望改改口味，可能再写小说，可能再写诗。即令作家这个行业曾带给我九年二十六天的牢狱之灾，和承受使膝盖折断的苦刑拷打，我还是要继续写作，我喜欢它，它的创作生命之长，超过其他任何行业。

我不能列举出我最喜欢的现代作家，因为我看得很少（你认为我还有时间看报吗？不要说看小说），假如只以这么狭小范围作基础，那就不公平，我提出的一定是一份不完整的、挂一漏万的名单。

柏杨

18. 热恋中不可能错上别人床

一失足往往会造成千古恨的，但不是定律，要看你失的是什么足？有时候挫折反而是跳板，要看你怎么面对！

柏杨：

我和男友已相处整两年了，关系也很密切，性格上都很合得来，遇到什么事情都能以温和的态度去解决，但我们有一个未解开的结，那是无奈的，他已订婚了。事情发生在一年前，在一个朋友的聚会上，男友喝了很多的酒，送那个女孩回家（已分手两年的女朋友），过后发生了关系，怀了孩子，男友怕双方的性格不合，也因为我的出现，怕害了下一代，造成悲剧，所以男友叫她把孩子拿掉，但那女孩的条件是订婚，然后在一年内举行婚礼。难道一失足就真的成为千古恨吗？期间，那女孩一再要求快一点举行婚礼，但我男友一再拖延。

目前我正在以半工半读拿一个商业课程文凭，感情固然不是我生活的全部，但却能影响生活的全部，我不知道应该怎样形容我的处境。我男友也不例外，他害病了，胆固醇过高，心跳速度有时不正常，时常胸口痛，憔悴多了。我们若分开，彼此都相信会很痛苦。但，我们所面对的这些问题，那女孩根本一点都不知道，而我男友跟她在一起时，只能讲家常的话题。因为我和男友曾经是同事，工作难题、理想、个人哲学、性格、研究问题等，无所不谈。我们唯一矛盾的地方就是怕讲感情问题，怕计划我俩的将来。

至于男友的兄弟姊妹们，年轻的一代，虽然见过两三次面，我们在电话联络时都谈得很融洽，他们说我男友是一个很心软的人，拿得起、放不下，所以很多事情不知道应该怎样去面对与解决，劝我不可轻易放弃。男孩子有这样的性格是优点还是缺点呢？

我们采取行动的话，是需要一股勇气的，我们很怕对男友的母亲和那女孩造成很大的影响，而那女孩已二十九岁了。事情总要有一个结局，我们真的很怕内疚与痛苦一辈子。在此，希望您能给我一点意见与引导。谢谢！

云儿

云儿女士：

你如果是我的女儿的话，我会为你现在的处境焦灼流泪，你陷进一个你无法承受而又非承受不可的困局，即令不把你压得粉碎，也会把你压得憔悴不堪，身心俱疲。在社会上，你可能被歧视、被责备，甚至被唾弃。最糟的是你的麻烦不过刚刚开始，从信上叙述的有限信息，你男朋友不是一个好丈夫的料，男人固然比女人不太老实，但在热恋期间，却往往是只专属于女友一个人的，怎么忽然间就跟一个女子上了床？他明知道那不是逢场作戏，明知道上床的后果非同小可，如果他不是存心骗你，就一定存心骗她！即令不忍心说他骗，也至少显示他水性杨花,人尽可妻。而在大局已经抵定——跟对方订婚之后,还向你说了那么多情话(我称之为花言巧语)。这是他企图脚踏两条船的手段。他“拿得起放不下”,“很多事情不知道应该怎样去面对”,当然是性格上的缺点,怎么会是优点?看你的语气,好像也可能是优点似的。你怎么这样沉醉?他绝对没有胆量面对因解除婚约而引起的社会打击,所以我敢跟你赌一块钱,你给他再长的时间,他都不可能改变目前的现状,他跟那位可怜的女友是结婚结定了。结婚后我还愿再跟你赌一块钱,到那时候,你这位“心软”的男友,包管会有一万种以上的理由,加上两缸眼泪,要求你继续当他的情妇,因为“太太不了解他”,只有你“才了解他”。我劝你早早离开他,越远越好,如果“分开彼此都很痛苦”,那么,不分开你的痛苦将千倍于分开。一失足往往会造成千古恨的,但不是定律,要看你失的是什么足?你的遭遇我认为使你对男人有更深更广的了解,对你将来的幸福,有正面的影响。有时候挫折反而是跳板,看你怎么面对。寄上无限祝福。

柏杨

19. 只有魔鬼才试探

上帝从不试探人,只有魔鬼才试探人。试探本身便背弃诚信道德,而试探的结果又毫无意义。

柏杨:

两年前,我“认识”了一个从没有与他讲过话的男孩,两年后,也就是今年初,我们才开始了我们的友谊。

在这短短的日子里,他的确很疼我,很宠我,很迁就我,在我不开心的时候逗我开心。

一天，我逗他讲出心里话，他说他会对我专一，因为他喜欢我撒娇、发脾气的样子，最重要的是一头长发。我听了很开心，但一会儿后，我却害怕起来，到底他是不是讲真心话？我的朋友教我找个机会考验他。

结果，机会来了。有一天我心情不好，打电话给他，想向他倾诉心事，他一口答应了。但一出来，又推说有事叫我回家，我听了，气愤难平，写了一封信给他，意思是分手好了，我的目的是要考验他是否关心我、在乎我，岂知他却满不在乎地说算了。

转眼间，分手有半年了，在最近两个月中，他有时还会联络我，与我聊聊。

某天看见他载一个女生过去，起初为他开心，后来却好像打破醋瓶子，不是味儿，总是想为何那个女孩不是我。

我觉得我越来越需要他了，连他的生日礼物都花了许多心思去准备。

我对他是否余情未了？我们同姓，他属鼠，我属虎，听说鼠虎是不会结合的，是真的吗？好想和他再在一起，有可能吗？我是不是很愚蠢，是否应该忘记他？

心很乱的女孩

心很乱的女孩：

为你高兴，你恋爱了！恋爱有甜的一面，也有苦的一面。

由你现在所面临的困境，说明你从前根本没读过我的大作，假如读过，你就不会对你的男友“考验”。至少二十五年前，我就写过不少文章，警告年轻朋友，对人不可试探（考验），尤其不可对你深爱的人试探，因为试探有危险性。上帝从不试探人，魔鬼才试探人。我希望你，以及所有看到这封信的年轻朋友，都能切记。对不起，我似乎在这里借机教训人！只是盼望你知道，试探本身就违背了诚信道德，而试探的结果也不具任何意义。现在会为你跳楼，并不保证将来也会为你跳楼。今天他愿为你在门口站三天;明天可能的情况是,你在门口站三个月他也无动于衷。

但你既然已经试探,懊恼已来不及,除了检讨缺失,以后再也不犯同样错误外,似乎也有所获,那就是:早日发现真相!你这位男朋友对你,绝没有你对他那么情深。而且就在你试探之前,他对你就有一种"呼之即来,挥之即去"的霸气。不但不温柔,而且不讲理,这是一个男人对他所轻视的女人的态度。我猜想,使他顺水推舟,掉头而去的,不会只为了你的一封信。可能以前有多次堆积不满或有很多积怨,这封信不过是"压死骆驼的最后一根草"。

写到这里,我很难过,你失恋了。但人生一世,失失恋也不错,生命会更丰富。如果在平常,我绝对不会教人相信"同姓不婚""鼠虎相克"等鬼话。但现在这种情形,你不妨深信不疑。治疗女孩失恋的唯一妙方是:出现另一位英俊的男人。你必须庆幸你有第二次恋爱的机会。第一次恋爱就结婚的人,可能会幸福,但不值得羡慕。

柏杨

20. 爱上有妇之夫

爱是假,固然可怕;爱是真,同样能成凶手。结,解不开时,用刀把它劈开如何?

柏杨:

事情发生于三年前,我毕业后在一家公司上班。他当然是我的上司,一开始他给我的印象却很好。每当没有其他同事在时,他就会和我谈天,开始只谈工作,后来渐渐谈起了他的家庭,他说他太太并不关心他,又常怀疑他有外遇而和他吵闹,子女大了都不听他教导,这使他很失望,但却没有忘记做丈夫及父亲的责任。

我俩上司与下属的关系只维持了一个半月,就有了亲密关系。然而他告诉我,他是不能与太太离婚的,因为他要对太太负责。当时我也答应了,只要他能公开和我来往(因每次都是偷偷摸摸的)。

他的太太没有与他同住,但有时却会来住上几天。每当他太太来时,他就提早回家,使我没有机会和他单独在一起。他叫我忍一段时间,有时他又对我说为了我的前途,叫我忘了他,但我做不到,我爱他爱得很深。我自杀,这使他很生气,而且引人起疑。这之后他对我更加冷漠,我更加伤心及失望,再度自杀。我写一封信给他,他看了后来看我,对我说爱我。这事之后,我对他说给我时间慢慢忘掉一切,但我俩工作在一起,因天天接触又走在一起。

现在已经三年多了,我俩还是在一起,只是我换了工作。当我告诉他我要辞职时,他流着泪希望我再给他一次机会。我很心痛,就把工作地址及电话给了他。我并不快乐,我想公开和他在一起,但他告诉我还不是时候。最近我很希望拥有小孩,但他却说要迟一点才可以。我觉得很失望。有时我对他的爱有所怀疑,不知他对我的爱,是真是假。

苏小姐

苏小姐:

看了你的信,很是难过,你跳进了几乎大多数最初踏入社会的少女,都可能跳进去的难解的罗网。不同的是,别人的眼泪暗流,而你把它说出来。

我特别再说一遍:这是一个难解的罗网,因为你的爱、你的情、你的欲,使你认为你可以解开,结果就成了现在这种情形,除了上床那段时间外,其他任何时候都是忧心忡忡,愁眉不展。我保证他是爱你的,而且爱你入骨,但前提是,你必须不影响他的家庭、不影响他的名誉,和他的社会地位,甚至不影响他的荷包。你固然不要求他离婚,但你却要求跟他在公开场合,双双对对出现。试想,那是一个什么情况？置他妻子于何地？你可想到他妻子的尊严？而且社会也很难接受这种行为，你们会受到公开的质疑，所以你要求的是他办不到的事，即令办到，当大家公认你已是他的"情妇""小老婆"之后，你怎么能保证你的要求不自动升级，而要他离婚娶你？

事到如今，不要傻兮兮地再去探讨他的爱是真是假了，台北最近像着了魔似的，一连发生两件娘亲把亲生儿女推到河里淹死，或开瓦斯毒死的惨剧。"爱是假"固然可怕，"爱是真"同样能成凶手。你现在应考虑到你是不是安全，包括名誉的安全，生命的安全。小心，当他把你丰富的爱定位为"纠缠个没完"时，你就面对危机。你最好一直保持现状，当然是隐秘的，他高兴时就教你上床办他太太"不了解""不关心"他的事，他不高兴时就说他公事太忙，你就毫无怨尤地含笑而退。一直等到有一天，你人老珠黄，他也从你的生活中永远消失。这是大多数男人们都盼望的一种模式，你能做到，再好没有。

可是看样子，你并不甘心这样，你拼命去解那上天注定难以解开的结，当然痛苦。那么，不妨改个方式，用刀把结劈开如何？傻孩子，你必须忍耐暂时的寂寞，天下好男人虽不多，但还没有绝种，爱是用不完的能源，仍会倾泻到别人身上。

柏杨

21. 现代更容易白手兴家

白手兴家的可能仍然存在，而且成功率越来越高，因为以前是用钱滚钱的时代，以后是用智慧滚钱的时代。

柏杨：

①每个人都认为，多阅读一点书籍，会使你增广见闻，也令你创

作文笔进步。然而,我自认很努力也很喜爱阅读,但却总不见自己在进步,这是什么原因?

②过去,白手兴家、赤手空拳打天下,有很多成功的例子证明及让我们后辈学习,可是,在今天这九十年代的科技社会,还有这种事存在吗?

③我发觉这社会有着不公平的一面,富者更富、贫者更贫。有钱的人是钱赚钱,不需经过劳苦,贫苦的人赚钱过活则是必须经过一番劳苦甚至作出牺牲,才能赚取那微不足道的收入。如何才能改变及扭转这形势呢?

④你对这句话,"性格左右你一生的命运",有何看法?我对之置疑,因为我认为一个人的性格会随着年龄的增长,思想上的逐渐成熟而转变。你认为呢?

明凤

明凤小姐:

①一个人如果长期努力阅读,他的见闻一定会逐渐扩大,文笔一定会逐渐进步,你想不扩大、不进步都不可能。犹如你每天三餐都大量吞吃肥肉,你就铁定的要胖,但不能说吃了三天还不胖,就认为肥肉不能致胖。见闻是累积的,文笔流畅也是累积的,当你觉得没有进步的时候,事实上它在进步,而终于有一天,你会突然发现,你跟从前不一样。

②不要说现在,再过五千年,白手仍然能够兴家,而且成功率更高,因为以后是智慧的时代。昨天在收音机里,还听到介绍一个美国成功的杂货零售商,他拒绝承认他是美国最有钱的资本家之一(这说明他确是美国最有钱的资本家之一)。1984 年,他不过还是一家杂货店的小伙计(老天,1984 年我正在美国,我如果去那家杂货店买东西,真是难得瞄他一眼)。台湾现在正流行"公司内部创业",也就是公司员工用老板的钱创造事业,劳资双方,皆大欢喜。没有钱当然不能办事,这是天经地义的,既不必怀疑,也不必生气,你只要把它认

为是一项挑战,就有希望得胜。钱被称为"通货",因为它必须流通,才有威力,那么,上帝并没有规定钱只往钱多的地方流,但却规定钱只往有头脑的地方流,假如那地方只有钱而没有智慧,钱会流出去的,一切看你自己。

③俗语说:"钱赚钱易,人赚钱难!"贫富的差距因此而生,正因为这种不公平,七十年前共产主义兴起,给资本家带来血腥的惩罚——有不少资本家跪在他们瞧不起的无产阶级脚下。资本主义也开始修正,修正到今天欧美,尤其北欧各国的社会形态。不过有一点我们应承认的,诚如基督教《圣经》所说:"人要汗流满面,才有饭吃。"没有人能消除"贫""富"阶级,只有使它的差距缩小,同时,我们不应该追求不劳而获,因为它不道德。

④"性格左右你一生命运",是一句相当真实性的警语,思想不是性格,思想会改变,性格很难改变——它往往是生理上的,内分泌上的,属于遗传基因,这样听起来好像是机械的宿命论,一切都是上天注定的。可是,一个人性格刚烈,他便是到了八十岁,一样刚烈,一样路见不平,拔刀相助,只是程度上可能稍缓一点而已。一个懦弱的人,你可是怎么对他都没有办法,历史上有"扶不起来的阿斗",使阿斗扶不起来的,是阿斗的性格,不是阿斗的思想。一个智慧的人,应该深刻地了解自己的性格,然后善加运用。

柏杨

22. 不做中国人闯大祸

中国人在私下里,如痴如狂的要当外国人,可是在公开场所,中国人就端起来嘴脸,对别人下辈子不想当中国人,都严词斥责!

柏杨：

读完《丑陋的中国人》，因为你大胆鞭挞中国人的各种陋习，而且针针见血、拳拳到肉，的确令人十分敬佩。

只是，最近你到马来西亚讲演，谈到如果可以重新投胎做人的话，你却只愿当美国人，而不愿当中国人，这就叫我万分失望了。

没想到你竟然也像许多台湾人一样，不只崇洋，并且朝拜的对象，结果毫无二例的还是：美国。

原以为你撰写《丑陋的中国人》，乃是基于“爱之深、责之切”的“恨铁不成钢”立场；归根究底和中国的关系，仍旧“切肉不离皮”。

如今看来，我实在是太高估你了。中国人，真的是丑陋到如此万劫不复，活该被唾弃的地步吗？

失望者

失望者先生：

非常抱歉，因为你错误的高估，导致你发现真相后大失所望，我不知道用什么方法弥补你心灵上的创伤！但我对你这种认真的精神，由衷敬佩。我们不应该和稀泥，当我认为你“对”的时候，我开朗地赞扬你；当我认为你“错”的时候，就毫不讳言地表示我的不满。各人有各人的价值判断，不被任何人（包括“圣人”在内）牵着鼻子走。对保守的意见如此，对激进的意见也如此。

不过，我还是要作一个解释，不是重申我的坚持，也不是收回我的意见，只是单纯地说明事实真相。

直到今天，我从没有想过，更从没有说过：“下辈子愿当美国人”，先生斩钉截铁地一口咬定我说过，不知道哪里来的消息？我有绝对的权利说“下辈子想当美国人”，问题是我从来没有说。你用的是传统的不由分说，先行“抹黑”的斗争手段，我厌恶这种残暴行为。有多少人这辈子都在拼命要当美国人，要当澳洲人，即令我说过我下辈子想当美国人，也不过跟大家一样，大家实在用不着气冲牛斗，有伤身体！我如果真能选择的话，下辈子倒想当圣玛力诺人！1982 年我初次去意大利时,我的妻子香华主张一游翡冷翠,我则提议一游圣玛力诺,僵持到最后,我胜利了,不是靠我大男人沙文主义暴跳如雷,而是我对她说:"圣玛力诺是我一生中最大的憧憬,我年纪够大,再来意大利的可能性不多,让我去看一眼!你还年轻,随时能再回来。"她才欣然同意(写此信的现在,1991 年 10 月 5 日,她正在翡冷翠看她的艺术,偿她的宿愿)。圣玛力诺给我至深的印象,对一个漫长历史都是苦难的中国,圣玛力诺真是天堂,他们已近七百年没有战事,全国像一个巨大的花园,看了那并不比一个中学礼堂大多少的国务厅,我心情宁贴,充满了向往。就在今年(1991)8 月,我所住的台北新店花园新城小区,举办一项园游会,我在致词时,正式提议说:"二十世纪九十年代是流行独立的年代,大家纷纷独立,我提议效法圣玛力诺共和国,建立花园新城共和国。"让那些日夜不停的窝里斗,让那些谎话、童话、空话、毒话、酸话、损人的话,和狰狞的心灵,都远远而去,大国众民既然失败,不妨改成小国寡民。至少,我们绝对有做这个梦、说这个梦的权利。一旦花园新城共和国成立,欢迎你莅临观光。

事情经过是这样的,在马六甲演讲时,一位听众先生提出来"你下辈子愿不愿当中国人"这个预设立场的问题。十年前在洛杉矶,一位听众先生也提出"你是不是以当一个中国人为荣"的预设立场的问题。我的老实话跟他的预期答案恰恰相反,于是惹了大祸。现在,我又遇上当初的镜头。

我知道我如果那么答,一定掌声如雷;如果这么答,一定同样会惹出大祸。为了缓冲大祸的威力(我当时想,听众可能跳起来给我一顿臭揍),所以还特地介绍我看过的报上的一篇文章,一位留美的中国学生写的。一天,各国学生聚集一起,讨论下辈子事情,没有一个学生愿意再当同国人的,只中国学生除外。中国学生说:"我下辈子仍愿当中国人。"各国同学大惊说:"老天,你还没有当腻呀!"记得那位中国同学说,其实他下辈子并不想当中国人,只是如果这样说出来,会有一点罪恶感。

然而，即令我说了这段“前言”，仍挡不住倾盆大雨般驳斥指责。上月(9月)末，和德国马汉茂教授晤面。我问他：“你下辈子愿不愿再当德国人？”他说：“那要看我还能不能保持我这辈子的经验！”这就有学问多了，自愧不如。我叹息中国人在这个问题上缺乏幽默感。马汉茂先生说：“中国人不是没有幽默感，中国人在私下场合，幽默感很多，只是在公开场合没有幽默感而已。”不禁恍然大悟，中国人在私下场合，一辈子都如痴如狂的想当外国人，更别说下辈子了，可是在公开地方，中国人就端起来嘴脸，誓言“生为中国人，死为中国鬼”。对别人下辈子不当中国人，都严厉斥责！

但是我仍然十分抱歉，我们这个民族太脆弱了，连开扇窗子都会被风吹得头痛发烧，而我却鲁莽地撞开了大门。我绝无意冒犯全民族或某一个人，只是妄想：在其他方法都失效后，看看激将法如何。说政治、说道德往往使人终日不安，故步自封！千言万语，只有两个字叮咛我们的朋友，醒醒，醒醒。

柏杨

23. 宁可敢爱而后悔

他连最起码的礼貌都没有，说明他缺乏文明人的教养，不是一个文明家庭长大的孩子！

柏杨：

事情是这样的，在我念初中时，有两个男孩追求我，一个叫华，一个叫聪。华是我在公共汽车上认识的，而聪是同校生，是个很坏的学生，我对他印象很差。可是，却有人谣传我是聪的女朋友，害得华不要和我在一起，经我解释后，我们才和好如初。

时间过得很快,他们都读上午班了,而我则读下午班,我和华见面少了,变成天天通电话,我们的感情很好。但好景不长,有一天,他托朋友交给我一封信,说要和我分手,我哭了几个晚上,后来想清楚,只好接受事实。

那时,刚好学校放假。有一天,我突然接到聪的电话,他要我做他的女朋友。他对我很多情,以前虽然我不是他的女朋友,生日、情人节,他都有送花或礼物给我。而且,很多朋友告诉我,他读了上午班后,变好了很多。

我想了很久,终于答应了和他在一起。他很静,不多话,所以和他在一起很闷,有时大伙玩得很开心时,他忽然丢下我先走。他一时健谈,一时又一声不出,虽然我们同校,但有时一个星期也见不到他一面。他喜欢就打电话给我,不喜欢就几个月也不打电话给我。

有几个月我没见到他,前天突然遇见他,心里有种莫名的感觉,之后就一直想念着他。这时,我才知道我真正的喜欢他。

我真的很想知道他对我是真情还是假意?我真的希望他知道我要的是什么,但我该怎样和他讲呢?要怎样才能让他知道我深爱着他呢?

希望得到爱的女孩

希望得到爱的女孩:

你恋爱了!人,一恋爱就有烦恼。风吹草动,都会心惊肉跳。

有件事你语焉不详,华既然和你感情很好,却为什么写信给你忽然断绝?信上写些什么?是泛泛的官样文章?还是有特别的指摘?如果是官样文章,你可知道真正的原因是什么?你必须有勇气检讨,自己才能成长。不检讨真正的原因,下次还会犯同样的错误。

仅就你信上叙述的数据:"大伙玩得很开心时,他忽然丢下我先走了。虽然我们同校,但有时一个星期也见不到他一面。他喜欢就打电话给我,不喜欢就几个月也不打电话给我。"如果他是故意的,你可要小心了。普通情形下,男女相恋,都会努力取悦对方,现在他不但没有取悦你,反而好像你根本不存在。而且,他连同学间,普通朋友间最起码的礼貌都没有,说明他缺乏文明的教养,不像一个文明家庭长大的孩子,粗野和蛮横将逐渐显露,除非你甘愿冒着被他殴打的危险,不然,最好离他远一点,继续观察。如果他不是故意的,"一时健谈,一时又一声不出。"那么,他的这些行动说明他的性格有问题。可能心理上不平衡,这种人不但不是好爱人,可能也不是好朋友,他会把你折腾得很累。

你既然爱他——不知道他什么地方吸引你?不肯离开他,你就得忍受他的"阴阳怪气",最后连自己也变得跟他一样的阴阳怪气。假设你一切都不在乎,那么,就不妨找一个机会,当气氛融洽时,直接告诉他你爱他。宁可敢爱而后悔,不可不敢爱而后悔。

柏杨

24. 信仰宗教·生命充实

宗教信仰可以使生命充实、灵魂不再飘泊,它不能消灭犯罪,但可使犯罪减少。有宗教信仰的人,比较不容易做坏事。

柏杨:

请问您相信宇宙间有一位主宰者——神吗?为什么很多人都这么自傲地说:"我主宰我自己,我相信我自己。"人,真的能胜天吗?而有些人则认为教育是可取代宗教的,可是越来越多的知识分子犯罪,人性的败坏堕落,是教育还是宗教的失败呢?

宗教信仰在您认为,有什么价值?

不明者

不明者先生：

先生之问，可说是“大哉问”。我没有资格回答这个问题，连中国最伟大的圣人之一的孔丘先生都加以回避，他是一位很好的教师，谆谆教诲，但他从不为学生解决“怪力乱神”的困惑，虽然他是靠鬼吃饭的——“儒”，就是“祭鬼时的礼宾官”，但他却小心翼翼的不对鬼定位，不过他内心的想法也因而呈现：他既不信神，也不信鬼。儒家的“天”不是一个实体，而是一团空气，而是一个概念，而是纸面上的一个字；这也是使“儒家”只能当一个学派，不能提升到宗教层次的原因。

“神”有没有，对一个东方人来讲，不是问题。不知道什么缘故，东方人的宗教情感要比西方人淡得多——这只是一项事实，与“好”“坏”“优”“劣”，毫无关系。但如果有人自傲地说：“我主宰我自己，我相信我自己。”他的牛皮可真吹得有点嘣嘣响。普通情形下，这都是十五岁到二十五岁之间心理年龄气壮山河的豪语。一个人刚离开爹娘的怀抱，初入社会，内心多少还有点谦逊，天老爷是老大，我是老二。过了几天，节节高升，事事如意，于是，他就成了老大，天老爷就成了老二。反正天老爷既不生气，又不说话，只呆在一旁，露齿而笑。

每个人都经过唯我独尊的阶段，时间会改变一切，福气和智慧使自己成长。一个人一定要成长到某一种程度，才会知道人是多么软弱。中国传统有一句谚语：“痛呼父母，穷极呼天！”“穷”不仅指身无一分，也指无法克服的困难。大者像一个世界性的形势变化，小者像你走在街上，忽然飞来一块砖头，打得头破血出。这都使我们无法主宰自己，而不得不把命运交给神，无论是上帝、阿拉、佛祖。只有这样，在失败时，才容易抚平创伤，在成功时，才不至于骄傲凶蛮，败坏自己的品德。

无神论者认为教育可以取代宗教，但经过苏联长达七十年之久的试验，证明教育并没有那么大的功能。人，生下来就有宗教情感，教育不过是加强宗教情感的一种手段，手段不能代替目的。我们是不是可以这么说：教育和宗教同样重要，人类固然需要知识，也需要道德，更需要心灵安宁，当我们四顾茫然，面对失控的复杂局面时，只有宗教可以带领、安慰、勉励。

先生说："越来越多的知识分子犯罪"，不知道有没有根据？可能只是一种揣测，从前知识分子人数少，犯罪比率自然也少，现在知识分子人数多，几乎全民都是知识分子，犯罪比率自然吓人。当然，教育宗教的式微，也是原因，但不过是原因之一，不是唯一原因。工商业发达、性泛滥、赌泛滥、枪支泛滥，引人犯罪的诱因，触目皆是。

宗教信仰可以使生命充实、灵魂不再飘泊，它不能消灭犯罪，但可使犯罪减少。一个有宗教信仰的人，与一个没有宗教信仰的人，他们内心不同。有宗教信仰的孩子，不容易做坏事。

柏杨

25. 莫待无闲空惆怅

你现在正进入你一生中最美好的时代，你的烦恼说明你需要爱情，你就要恋爱了。不满足也是一种享受，请享受你的不满足。

柏杨：

我是一位游子，由于当初是在本市念书，很自然地就在这里找了份工作，生活还算安定，家庭方面也没有很大的负担。可是，我行我素的日子，始终无法让我的心情定下来。

三年了，在这个大城市里，我其实并不孤单，我有一班志同道合的朋友。为了使生命更多姿多彩，我也常参加青年活动，在团体中，也算是相当活跃的一员，然而，就是不明白自己为什么还不满足这样的生活？还常常想回家乡，有时又很厌倦这里的一切，很想飞到外国去流浪，可是总是没有这份勇气。

是不是每一个年轻人都有类似这种的心情？总是漂浮不定，无法真正地去体验生活里头的乐趣，难道说，年轻的路就是一段摸索的旅程吗？

黄慧琼

慧琼女士：

你是一位年轻姑娘，从别的城市或乡下，来到大都会里，无论是寻找工作或结交朋友，都十分顺心。但你仍有许多苦恼，彷徨不乐，坐也不对劲，卧也不对劲。反正怎么都不对劲，都不满足。

亲爱的小妹妹，你现在正进入你一生中最美好的时代，如果你想到外国流浪，那么，就到外国流浪吧，还停在原地徘徊干什么？年轻朋友必须紧抓住黄金岁月，去开拓眼界，打开心灵。告诉你，等你有一天忽然遇到了一个男孩子，恋起爱了，除非二人同心，否则，你就很难再有专属于自己的空间了。外国有什么可怕的，值得你这么畏惧？年轻人应该有一颗闯荡四海的野心。

不过，真正烦恼的原因，我想你恐怕是需要爱情了，适婚而又没有对象的青年，就像随风飘浮不定的气球，看它高升天际，灿烂夺目，真叫人羡慕，但必须把它拴到一块石头上，它才能稳定。爱情就是这块石头，能使你安静。不要心烦，更不要为你的"万事都不对劲"苦。一切都是正常的，而且是黄金岁月中年轻人的特权，好好享受吧——不满足也是一种享受，享受你的不满足。

柏杨

26. 提出的问题是两个极端

一个人如果每时每刻都强调金钱的重要，后遗症就很可怕了。

在缺少强烈的智慧和道德制衡之下,人人都会变成无情杀手。

柏杨先生:

我是名专科学校毕业的就业生,现从事的行业与过去在校所念专业风马牛不相及。之所以念那行却做这行,确实是因为发觉自己并不适合从事所念的,勉强继续走下去只让自己长期活在压力下。这一点,我看得很透彻,所以毅然的从事现在所做的。

在现在的工作上,我感到自己完全能溶入那种工作热忱中,也能勃勃不休地想探取所不知的,能充分地发挥自己的兴趣与专长,所以自认没入错行。

凡事有利必有弊,从事这份行业虽然说满足自己的要求,可是却也发现:这是一份没什么发展的事业!我想我是较现实的,在以后的日子里,如果还是两袖清风,却堂皇正正地搬出理由说:我干的是自己所喜欢的事,赚不赚钱是其次!我想我是办不到的。我不知道当自己年华逐渐老去,做的还是那份虽有兴趣,却不见前景的工作时,是一种怎样的悲哀呢?

金钱对正年轻的我当然不是迫切的,可是对将来的日子不可说不重要。从我父母花钱供我们几个兄弟姐妹念书的费用,到我妈患病至病逝所花费的巨额医药费,我深深领略到金钱的重要。

发了一大堆的牢骚,我很想知道,依柏老您见过风风浪浪,以及步过大半辈子的人,金钱在您眼中又是占着怎样的地位呢?对于一份持有高薪但却宛如行尸走肉的工作,以及一份如我以上所述的工作,您有怎样的见解呢?

张之

张之先生:

先生问我金钱的价值,真不知道我应该向你说谎,还是向你口吐真言。如果说谎,一时心理上还没有准备好;如果口吐真言,似乎又不能登大雅之堂。现在只好说个中性答案:“金钱的重要,仅次于生命。”我说这答案是中性的,乃有感而发。我在台北住了三十多年,一连几个阴历新年(春节),我都看到新店闹市一个摆地摊的小贩,脖子上挂着麦克风,一面抖动着地摊上的衣服,一面反复地高叫:“要钱不要命,要钱不要命!”声音高亢嘶哑,使人神经错乱,这可是“生命的重要,仅次于金钱”!不过最近几年已看不到,大概上帝接受他的誓言,把满口袋都是钱的那位地摊小贩,接到天国,坐在他的左边。这是地摊的故事,还有我现身说法的故事。有一年,大概是1980 年,我和妻子香华在新加坡(也可能在吉隆坡),一位记者问我:夫妻间最重要的是什么?我说:“钱!”结果,报上登出来,并且还加按语,说是我的经验之谈,害得香华张口结舌,质问我说:“纵是一个呆子,也会说夫妻间‘爱情’第一,你是怎么啦,我难道那么爱钱?”打死我我也想不到竟会反过来倒扣到老婆头上,道了三百六十五次歉都没有用。我的意思是:地球上最重要的东西是空气,谁能离开空气?但从没有人强调空气重要,因为它的重要已得到共识。爱情也是如此,哪对夫妇不是为了爱情而结婚的?爱情是基本要件,跟空气一样,不必啰嗦。钱却不是每对夫妻都有,而且还是大多数夫妻所缺的。中国有句诗说:“贫贱夫妻百事哀”,西方谚语也说:“贫穷从前门进来,爱情从后门溜走。”(从没有听说过:“爱情从前门进来,贫穷从后门溜走!”当然,遇到仙人跳例外,但仙人跳不是爱情。)

我强调金钱重要,是告诉年轻朋友不可忽略它的破坏性,同时,我讨厌有些人见了钱眼睛都冒出凶光,可是他却硬是告诉别人钱并不重要。不过,话又说回来,一个人如果真跟新店地摊小贩一样,特别强调金钱的重要,银子第一、生命第二,似乎后遗症更可怕。在缺少崇高的智慧和道德制衡的情况之下,人人都会变成无情杀手。

先生提出的问题是两个极端,一端是高薪的走肉行尸,一端是心爱的工作但将来有使全家挨饿的危险。我想,在现实社会里,恐怕很少出现这两种极端,如果那工作只是走肉行尸,就不会有冤大头老板给他高薪,除非他另有企图。而一个工作如此令人倾心,它的前景就不可能没有发展。我不认为你会沉醉于海滩上捡破罐过日子吧,那才是你所形容的不会有成就的工作。

我的建议是，请排除两极论证！假如我还年轻，要我选择工作，我会选择我喜欢的工作。很少工作没有前瞻性的（除了刚才说的海滩捡破罐），看你自己有没有本领突破！

柏杨

27. 为他背叛上帝

你如果为了爱情而改变你的信仰，我相信上帝绝对不会认为你背叛他，因为，他是一位仁慈的神。

柏杨先生：

我的男朋友刚离开我去美国深造了，情伤的痛苦才开始了一阵子而已，想不到现在又有第二个烦恼来了。有一位条件相当好的男士在追求我，我想，我很快就会“招架”不住他的追求了。你可能会想我是个三心二意的女人吧？刚走了一个，又来一个。其实不是的。我同第一位男友的确相爱过，但我已下了决心，也已经坦白地向他表明，我们的情缘，将会随他的离去而逝。原因是很简单及无奈的——我是基督徒，而他是回教徒。当然，我也很痛苦。

现在的第二个，他也是个回教徒，天啊！我相信他是一个可以托付终身的人，而我也慢慢地爱上他了。我不想一次又一次的，亲手毁掉难得的情缘，而且，感情不是像水龙头一样，可以开关自如的，我想接受他。

请问有没有两全其美的办法？我是不会背叛上帝的。我很难过。

盼望的蓉儿

蓉儿女士：

我的小女儿读高中时，有一天，我询问她交男朋友的情形，她不耐烦（叛逆期的儿女，总是嫌老爹与老娘冥顽不灵）地说："爸爸，你放心，我不会交很多，我会只交一个！"我大吃一惊，说："我担心的就是你只交一个。"她说："那你要我怎么样？"我说："我要你交很多男孩子。"交很多男孩子才有机会选择，只交一个男孩子，碰上谁就是谁，危险率可以说高达百分之九十。自由恋爱的意义就是自由选择，不能选择的恋爱，一开始就从一而终，叫什么自由？又叫什么恋爱？

你第一位男朋友出国后，结识第二位男朋友，跟"三心二意"没有关系，即令有关系，他既不是合法婚姻下的丈夫，你就有再寻觅另外男孩子的权利，这权利是神圣的，除非你自己甘愿放弃，谁都不能要你放弃。你做了我认为非常非常正确的抉择。假如你又有第三、第四位朋友，我也赞成，只要你高兴。但是，宗教的不同却是一个地雷，你真是得小心翼翼。

根据我的经验，要回教徒放弃宗教信仰，目前来说，根本不可能，因为对一个回教徒而言，那不仅是宗教信仰而已，还是一个社会互相吸引的规范，有强烈的族群认同意识，你必须了解这一点。好在是，现代基督教的包容性要大得多，组织性也松懈得多，所以，当你必须放弃你的宗教时，你受的压力也小得多。

我想你会明白我的意思，世界上很少两全其美的办法，如果你誓死都不背叛你的上帝，那么你又怎么能盼望你的男友背叛他的阿拉？我也是基督徒，我认为你如果为了爱情而改变你的信仰，相信上帝绝不会认为你背叛他。他是一位仁慈的神，让我为你祷告祈福。

柏杨

28. 姑嫂大战·老哥受罪

看你的信，小姑有理，可是看一下《孔雀东南飞》，当媳妇的却是有泪难垂！

柏杨：

所谓“家家有本难念的经”，而我家的经就是围绕在姑、嫂之间的冲突。原本我有个很和谐的家庭，自从嫂嫂进门后，家里就像埋了炸弹般，随时爆发。

嫂嫂是一位受宠惯的女孩子，所以养成一种好吃懒做的性格。嫁进门后，从未料理家务，更无时无刻不绷着一张黑脸，胡乱发脾气。令人觉得难堪的是，姑、嫂同住一个屋檐下，大家却不瞅不睬，更时而为件小事情发生口角，闹得整个家鸡犬不宁。

母亲更是生气她的态度和行为，但碍着“家丑不可外扬”，时而要我们忍一忍。

柏杨先生，您是否能告诉我，怎样才能避免这些不愉快的事情发生？我们用“忍”这方法是否会太纵容她？其实我很痛苦的，尤其是面对这个家及她的态度，长久下去，我会崩溃的。

衣凡

衣凡女士：

只要是大家庭——传统的三代或五代同堂，就一定会发生姑嫂大战（有些还同时发生婆媳大战），你只不过没有料到会由你扮演主角，所以惊怒交集。你对嫂嫂的指控，我相信是真的，任是谁都不愿家里的人不顾家，也不愿经常看到绷得紧紧的晚娘脸。不过，问题却出在:你既不能把嫂嫂赶出大门,而自己又不能为了躲避嫂嫂的缘故,早早嫁掉;环境逼得你们必须同住在一个大门之内,你就必须运用你的智慧,想一想除了每天怒目相视,把自己气得鼻冒青烟外,还有没有其他方法,使紧张敌对的热度降低。

西方有句谚语:"当你无法消灭敌人时,就不妨试着和他做朋友。"姑嫂之间,更应如此。

你有没有想到:嫂嫂是你哥哥最心爱的人,为了哥哥的缘故,也要让她三分,否则,真正受苦者是你的哥哥。小姑和老娘加到嫂嫂身上的压力,她都会原封不动转嫁到哥哥身上,哥哥可谓天下最倒霉的家伙,既不能开除老婆,又不能开除妹妹,更不能开除老娘,不但不能开除,连说句重话都会招来滔天大祸。和哥哥过一辈子的是嫂嫂,他都可以包容她,你这个顶多再共同生活五六年的妹妹,为什么要挺身而出,摩拳擦掌,徒叫哥哥头大如斗?尤其不可把老娘也拉进漩涡,以增声势,如果逼得倒霉分子在老娘、妹妹和老婆之间,只能选择一个,家庭就非发生悲剧不行。看你的信,小姑有理。可是看一下《孔雀东南飞》,当媳妇的却是有泪难垂。

你们有一个亲密的家庭,对一个忽然闯进来的陌生女人,当然不习惯,可是要想的是:嫂嫂来到一个陌生的环境,她也不习惯,她怎么知道早上几点钟起床?她怎么知道排骨要八分熟?她怎么知道婆母跟娘亲不一样?她又怎么知道丈夫的妹妹这样地难以伺候?她又怎知道不能跟在家一样,累了就收回笑容困一觉?试着多了解她,多同情她——在我们家,她是多么孤单啊。你将来也要结婚当嫂嫂的,想一想,你希望遇到一个什么样的小姑,就以那小姑的地位先待嫂嫂。

柏杨

29. 人生就是不能预知

人生犹如苍鹰，需要两只翅膀才能起飞，一只翅膀是努力，一只翅膀是幸运，缺一只都飞不起来。

柏杨：

我是战后出世的Baby Boom一代，比起父母辈，我承认无论在生活安定和物质上，幸福很多。七十年代，我甚至有机会放洋留学。

在英国读书时，我结识了不少和我出身相近的同乡。那时大家心比天高，几乎都等不及要学成就赶快回国，大展宏图。

现在，我们大部分都回来了，大家分别进入不同行业去闯天下。能够真正大展宏图的，却似乎没有几个。这没什么，理想和现实本来就总有距离的，这恐怕是理想主义者都必须经过考验认清的事实——只要经过考验，仍能把持，不曾"与众同污"，那就已经是一项大成就了(我这样认为)。

我这儿最困扰的是，为什么我们当中的不少人，不管生活如意不如意，竟会从无信仰变成有信仰，有的甚至比一般贩夫走卒更迷信，或者寻找算命先生指点迷津！当然，还有些人，则干脆沉迷紫微斗数之类命学，业余替人算起命来了。

你相信命运这回事吗？你见多识广，再加上岁月的智慧，能否代为解惑一二呢？

志光

志光先生：

先生如果每次都读"柏杨信箱"的话，一定会有一种印象："柏杨是相信命运的。"我绝不希望别人误会我不相信命运,但也不希望别人误会我会驯服得让命运牵着鼻子走。基督教认为"人神同工",事业的完成,人的努力占一半,神的帮助占一半。用一个比喻说明,人生犹如苍鹰,需要两只翅膀,才能起飞——甚至一飞冲天。一只翅膀是努力、一只翅膀是幸运,缺一只都飞不起来。命运不受人类的主观意识控制,然而有些朋友却硬是想用杀一只鸡、宰一头牛的手段,把向东走的命运改为向西走。命运如果用一只鸡、一头牛就可以改变,那还能叫命运之神吗?那只能叫贪污之官,只要给他银子,他就改变判决。假定有仙界,仙界绝不会有这种事。

找算命先生算卦,或找紫微斗数,以及花一大笔钱把大师级的预言家,从山的那一边,或海的那一边,请到山的这一边,或海的这一边来,求他掐指一算,指示迷津。这说明人的愚昧,也说明人的脆弱和缺乏自信,所以情绪上充满了不安。我亲眼看到一位经理,早上办公桌一坐,第一件事就是拨电话给张铁嘴(或王半仙),问今天银行会不会退他的票。我在旁禁不住口呆舌出,生意做到这种地步,如果还能赚钱,岂不奇怪?历史更是一系列的铁证如山:凡在会战前算卦不利的,往往胜利;凡算卦大利的,往往失利。要靠卜卦才能做决定的事业,即令有远景,远景也有限。

不过,如果并不是因为相信它,而是为了满足好奇,听听腾云驾雾之言,也是一种享受。人生有太多层面,谈命说运,有时也可能探讨出另外一个世界,充满趣味,只要你不听大师的"破解"之术,你就赚回票价。

柏杨

30. 人不助我,我去助人

耶稣是神,他才要人在左脸被打时,再献上右脸。我这个凡夫俗子的意思恰巧相反,我建议你也打他的左脸!

柏杨:

打从1987年,开始接触您的作品《丑陋的中国人》之后,对您所提及的种种缺点,略有感想,要纠正您所指出的那种缺点——谈何容易呢?

目前的金钱世界,已经悄悄地蒙住了每一个人的眼睛(尤其是炎黄子孙们),利益都排在第一位,为了达到目的,往往不择手段,抛妻弃子、背信弃义的事,屡见不鲜。就如现在我正在阅读的《德川家康全集》一样的情节,虽然我目前只看到第四集而已,可是我却在您所写的序言中,大约了解了德川家康的性格。这种大和民族所崇拜的民族英雄,竟是这个样子,而身为彼岸的炎黄子孙,又怎不拥有这种"美德"呢?可悲的是中国人的病比较严重了一些,事事只以个人为中心,顶多只为一小撮人——自己的儿女着想!如果说把关心的对象扩大到整个民族,那么我相信您一定会开心得感动不已吧!就像犹太人的团结精神一样。其实这也是我一直想见到的,只是这个愿望不晓得何时才会实现,也许有生之年也见不到。

写到这里,不晓得您对我的观点又有何意见呢?让我以喜悦的心情等待着您的回响吧!

另外,很想听一听您的人生观,我目前所持的态度是人不负我、我不负人。这种心态是否正常呢?还是像耶稣所说的"当被人掌掴左脸时,要呈上右脸让他再掌掴”一次呢?

邓汉明

汉明先生:

德川家康先生的政治斗争手段,来自中国政治文化,在这方面,不是中国受日本影响,而是日本受中国影响。德川家康小说出现于第二次世界大战日本投降之后的悲惨时代,所以特别强调德川家康成功的要素——忍。全国人民含垢忍辱,不作零星的、小动作的反抗,而要忍到力量充沛的那一天,全力反击,而且是无情的反击。西方人,尤其是美国人,早已警觉到一种兆头:“凡是忍人所不能忍的人,一定狠人所不能狠。”他们恐惧日本人一旦翻身后的结局。忍是弱者的武器,它充满了仇恨。不过,忍也是一种艺术,长期而过度地、一味地忍,也能摧残一个人的自尊,使性格扭曲。

德川家康的政治斗争,残酷而无耻;中国传统的政治斗争,无耻而残酷;但这并不是日本和中国特有的罪恶,任何一个国家,只要它是专制独裁制度,政治斗争都跳不出这个铁框,罗马帝国、英国、法国,当初全是如此,并不比日本、中国文明高尚到哪里去。在这一方面,中国人不必气馁。

先生的人生态度是“人不负我,我不负人”。我敬仰你的严正,不过,人与人之间的关系是千头万绪的,不限于谁辜负谁。道德与法律构成保护网,也很难有机会出卖别人。假如把它扩大为:“人不助我,我去助人!”恐怕将带给我们更大的喜悦。

耶稣先生是神,他才要人在左脸被打时,再献上右脸。我这个凡夫俗子的意思恰恰相反,有人打你的左脸时,我建议你也打他的左脸,至少,不让他再打你的右脸。忍,对立志报仇的人,才有价值,这应由当事人选择。

柏杨

31. 生五百个照样私通·爱情没有保证

中国人没有儿子不但不快乐,还有一种罪恶感,认为那是一种对祖先的严重失职。儿女不仅是婚姻生活的压舱物,使婚姻稳定,也是一种人格的完成。

柏杨:

最近我离婚了,原因是:我没替丈夫生孩子。

事情是这样的,我和丈夫结婚已四年,他认为我不替他生孩子,于是,他有了婚外情。我受不了,只好提出离婚。

这里提出这件事,不是我惋惜婚姻失败,而是,为什么在这一场离婚中,我竟然几乎承受所有错的压力——破坏婚姻承诺的不是我,而是我的前夫呀!

我没替他生孩子,根本不该是我的错。因为,结婚之前,我已经和他彻底谈过,表示就算我同意跟他结婚,我也不会要孩子。因为他愿意,我才答应嫁给他的。

我承认我的思想有点过分,觉得这个世界人口太多了,而且一直对生命感到有点悲观,不想在没做好心理准备之下,把孩子带到人间来受苦。

我们起初两年的婚姻生活十分美满,只是,到了第三年,我的丈夫就开始提出"不如我们生个孩子"的建议。我自然没同意。后来,我无意中发现了他在外头养了另外一个女人(离婚时,该女人还未替他生下任何孩子)。

我们大吵时,他责怪我不替他生孩子,并要求我让他两全其美:同样做他的发妻,却又允许别的女人替他生孩子。我又怎能如此委屈自己呢?

难道我做错了吗? 否则,为什么连我的父母也不太体谅我的不愿生孩子原则(夫家人说我自讨苦吃自不在话下了)?

Echo

Echo 女士:

听到你的离婚消息,十分难过。你问,难道你做错了吗? 是的,你做错了! 不是你离婚错了,而是你"相信爱情的承诺"错了。在热情如火时候,不要说不生孩子,就是三年不吃饭,他都会满口答应。热恋中的话不能认真,并不是谁要撒谎,而是以你们那时候的年龄和心理状态,你们都没有了解"不生孩子"的真正意义。有一个案例可以帮助我们说明这个问题,一个年轻女郎结婚前夕,忽然接到一封奇怪的信,警告她不可毁弃已有的婚约,而另嫁他人,而且他会寄上他跟她的婚约证据。第二天,果然接到一个同样奇怪的小邮包。里面是一个古老陈旧的洋娃娃,和一个染有血迹的小手帕。女郎怎么想都想不出是怎么回事。最后案情大白,女郎七八岁时,有一个也是七八岁的男玩伴,洋娃娃是她送他的"订婚"礼物,血手帕是"两小无猜"刺出手上的血所作的证言。女郎早忘得一干二净,但已长大成人的男玩伴却坚持盟誓仍在,婚约有效。女郎既惆怅又哑然,认为那不过是一场"儿戏"。现在大家都已成长,应该了解那是"儿戏"——真正的"儿戏"。

这比喻绝无意影射你前夫成长而你没有,只是说人生的变量太多,感情的变量尤其难以预测,还债可以保证,二十年后本利黄金五百两,一次还清,很容易办到。但二十年后一定仍然爱你,连上帝都不敢保证。何况,人类天生的有一种要当父当母的强烈冲动,我年轻时曾经有首诗,说:"有妻万事足,无子一身轻。"中年之后,思子之心,与日俱增,而且有很多当年被我讥笑的动作,忽然出现在我身上。举个例子吧,我最小的儿子就一直使我担心,因为他迄今虽然已当了大学教授,却仍没有结婚,每次我催他结婚,他都十分奇怪老头怎么这般不识相？却不知道我年轻时也同样奇怪过老人。

儿女不仅是婚姻生活的压舱物，使婚姻稳定，也是一个人人格的完成。也许，你还没有到需要儿女的年龄。在西方文化中，独身无子，是平常的事。所以他们永远不能明白东方人非要儿子不可的心态。中国人没有儿子不但不快乐，还有一种罪恶感，认为那是一种对祖先的严重失职（事实上，“祖先”不过是一个抽象名词，祖父以上的名字，恐怕没有几个人知道）。美国是一个最“不孝”的国度，但他们对儿女也最需要。跟中国不一样的是，他们不是“养儿防老”，而是要发挥他们的父性母性。多少人为了争取孩子的监护权打官司，只因为世界上没有一件东西可以代替亲情。站在阳台上接受千万人欢呼的英雄，如果他回到家里，没有扑到他怀里喊他一声“爸爸”的孩子，那荣耀就是一场空虚。所以，很可能有一天，你会改变你的想法。当那一天到来时，请你不要拒绝改变。

不过我对你的前夫颇有意见，他可以因你拒绝生儿育女提出离婚，却不可以因你拒绝生儿育女就去通奸，我猜测生儿育女不过是他婚外情的借口。你即令生五百个儿女，恐怕他还是要私通。所以你早早离开他，可能是福。你是一个有理念的女孩，前途无量。

附带一点：女人生孩子，是为自己生孩子，不是“替他”生孩子，孩子是自己的，丈夫只有一半权利，妻子不是丈夫雇来的女工，只要管饭，就得“替他”扫地洗衣。千万记住：孩子属父母共有。

柏杨

32. 从沟通中抢回自我

爱情产生妒忌，但也产生宽容，爱情有独占性，但也使人自我牺牲。没有宽容，没有自我牺牲，那就是假爱情、真虐待。

柏杨：

情到浓时，一对相恋的人进行同居，尚且不管这种做法是不是合乎法律及道德，但是突然之间，两个人的生活空间及时间，都全被对方所占据，似乎不能拥有私人的天地，难道这就是所谓的代价？

我的男友自从和我“共处一室”后，就限制我的去向，我偶尔和朋友、同事等，作较长时间的相聚或谈天，他就会不高兴，我只好在以“大局为重”的情况下迁就他。

久而久之，我发现我的朋友越来越少，世界越来越小。我担心有一天会与世隔绝，我该怎么样让他知道，我也很想在爱他之余，拥有自己的社交圈子。

小西

小西女士：

你的麻烦大了，因为你和一个充满了不安全感的男人生活在一起。有爱情才有嫉妒，但嫉妒并不是爱情，有时候只是拿爱情作挡箭牌。嫉妒是被允许的，甚至是可以歌颂的，但一旦升高到沸点，那就不是为了爱情，而只是为了满足私欲的虐待狂，你所面对的，可能就是这样的一个男人。因为，爱情也产生宽容，爱情固然有独占性，同时，爱情也使人自我牺牲。

没有宽容、没有自我牺牲，那就是假爱情、真虐待。我就看到一位漂亮的少妇，她丈夫用软硬功夫，只十年时间，就斩断她社会上所有关系，包括同乡、同学、同事，以及其他新生友情，最后几乎不准她跟娘家人来往。他的目的就是要虐待她，她哭诉无门。最后，丈夫爱上另一位女子，逼她离婚，她却早已两眼漆黑，什么人都不认识，完全没有适应能力了。社会成了“黑洞”，无情地把她吞噬，只留下几声叹息。

我建议：趁你还没有被完全砍掉手脚之前，认清危机的严重性。找一个时间，不要用愤怒的态度，而要用绝对理性的态度，找你那位

“丈夫”谈一谈，婉转而明确地让他知道：你跟他一样，也需要朋友，你不能接受跟社会隔绝的生活。婉转而明确地告诉他：丈夫和朋友并不冲突，他没有权利叫你只选择其一。婉转而明确地告诉他：除非他也斩断他所有的朋友和社会关系，他就不能要你这么做。婉转而明确地告诉他：你不是他“承包”下来的泄欲器。

人，需要不断地沟通，偏偏中国人最缺少的是沟通文化，你应该把新的观念介绍给你的男友。如果他的脑筋外面罩着一个塑料口袋，滴水不进，一点新的思想都不能吸收，可千万不要认为你的爱可以改变他。不过，事情往往峰回路转，沟通后，他可能恍然大悟，感谢你的沟通，岂不更美！

柏杨

33. 卖屋医父，义不容辞

不要背弃那些认为你绝对不会背弃他的人——包括父母、儿女、丈夫、妻子、朋友！尤其是父母，因为他们如果走了，你将永远无法弥补。

柏杨：

“久病床前无孝子”这句话，有其道理。

以前听到别人这样说，就算我能明白，也只是隔靴抓痒，不能了解个中酸楚。直至我父亲因为患上严重糖尿病，并发了肾病，我才“听”如身受。

父亲病发已经一年多，除了每周三次上医院洗肾和固定吃药外，偶尔还这样不行那样不行，必须留院察看。这些那些加起来，是好大一笔医药费。

我们兄妹三人,由于我赚钱比较多,又是长兄,自是理所当然挑起大部分的重担。为了父亲的医药费,我的妻子已经开始发出怨言了。这也难怪她,她工作多年和我共存的一笔以防急需之用的储蓄金,和孩子的教育费,已被我支用殆尽。目前,甚至只靠她的入息来支撑家用。

而父亲的病情,却只是日见恶化。我已经在经济上支持不下去了。弟妹建议我卖房子(他们没有房子)来渡过难关。否则,恐怕唯有眼巴巴让父亲等死一途。

老实说,我也不愿意卖房子,因为父亲的医药费根本就是个无底洞,填也填不完。房子拖着没卖,父亲只好减少洗肾的次数,我最小的妹妹为此更与我翻脸,骂我不孝。我能说什么呢?她还未结婚,人生的担子挑得不多,她一定可以凡事大义凛然的。

只是房子不卖,眼看着父亲大部分时候痛苦的样子,我又于心不忍。不过,我已经四十出头了,好不容易节衣缩食买来的房子一卖掉,以后恐怕也没什么能力再买一间来让家人挡风雨了。我又怎能把房子说卖就卖呢?何况一旦坚持卖掉,只怕妻子也不会轻易放过我。

"久病床前无孝子",我这是不孝吗?而我这不孝又真的是情无可原吗?我自己也有两个孩子,每次望着他们,再想到一直疼我如命的父亲,我的心确实痛如刀割。你说,我该怎么办才好?如雨而下的泪珠,若能变成珍珠就好了……

何不孝

不孝先生:

在台北信义路跟新生南路交叉口,距我办公室不远,有一座佛堂。我常从那里路过,一天,我看到一个衣冠楚楚的中年妇女,面向神像,双膝下跪,前额碰到地面,两臂前伸,掌心向上,嘴唇发出喃喃祷告,我伫立在窗外凝视,希望她站起时见到她的面貌,但她久久不起,我终于离去。回顾虔敬的背影,我虽然是基督徒,但心里忍不住也为她祈求:"菩萨,保佑她,成全她的愿望吧!她是那么无依无靠,只有靠你!"读了你的信,我又看到一位双膝跪地,掌心向上的佛家子弟，走投无路。

亲爱的朋友，我敬佩你有勇气说出你两难的处境，容我率直地说：假如两难的主角是我，我会卖掉房子，去医治父亲的病。卖掉房子而父亲的病仍不痊愈的话，我愿意全家流浪街头。金钱散尽可以再聚，房子卖掉可以再买，父亲死亡却永不能再生。如果不继续洗肾，难道手握钞票却眼睁睁看着父亲痛苦而死？我宁愿卖掉房子，即令永没有房子，全家都住西风里，但我内心平安，我走路昂扬，我在子女面前可以满面骄傲地说："很抱歉，当初为了医治爷爷的病，爸爸卖掉了房子，使你们没有完成大学教育！"我不愿有一天，我住在高楼大厦，仆从如云，脑海里却浮起拂不去的父亲含恨而终的音容。而且当我的女儿问我："爸爸，爷爷怎么去世的？听说……"我不能把钞票贴到脸上遮住羞愧，我更不能在儿女心中建立尊严。

你看过《日瓦戈医生》吗？当女孩子叙述她的父亲拉着她的小手正在街上走时，战乱发生，她父亲丢下她逃走，男主角立刻警告她："他不会是你的亲生父亲！"为什么？"因为，亲生父亲不会丢下她的亲生女儿！"在现实生活里，我介绍我自己，我入狱后，当我的前妻在窗口提出要跟我离婚，扭头而去时，看守员把我扶回押房，我浑身像煮在滚水里一样，我希望流下眼泪，却流不出来。

请原谅我说得拉拉杂杂，但我的意思是：不要背弃那些认为你绝对不会背弃他的人，包括父母、儿女、丈夫、妻子、朋友！尤其是父母，因为他们去了，你将永远无法弥补。从来信上，看出你是一个忠厚的人，而忠厚的人遇到事情，往往承担更多的痛苦，上天会祝福你！

柏杨

34. 不老心·美化人生

不要被自己的“老化”“卑俗”吓住,人都有下沉的时候、绝望的时候,你要一跃而起!

柏杨:

有时,会忽然间对生存感到厌倦,觉得活着没什么意义。

少年时候,总以为自己比较特别,不是一般“俗人”。然而,走过三十岁后,不禁发觉自己也是个庸妇,与常人无异,童年、少年、求学、恋爱、结婚、生子……我走的也只不过是我老妈曾经走过的路,何异之有?

少年的狂傲,或者因为自己年轻,又喜舞文弄墨,自视高人一等。然而,一踏出校门,生活的担子压逼下来,什么文啊墨啊尽速消失,有的只是柴米油盐酱醋茶,蓬头垢脸之外,比一般凡人更卑俗。

柏杨,告诉我,为什么人的心境竟然可以那么快老化?难道生活真的催人老?生命,难道真的是一个注定的框框,循着前人的步履运行?我如何去摆脱自己心中的困扰?重新“高傲”起来?

迷糊

迷糊女士:

看了你的信,兴起淡淡的伤感。人生,岂不就是这样,随着年龄的成长,心理上发生很多变化。小白马、小天鹅般的少年时代,在懵懂中悄悄逝去,留下来的是逐渐卑俗的心情。这是大多数人“注定的框框”,聚成芸芸众生。

只有少数例外,这少数人仍保持少年时代的心,和少年时代的憧憬，永远不息的追求，你可以在他们身上看到与众不同的特质，觉得他们才不虚此生。事实上也是如此，他们是社会的中坚。

你能警觉到自己老化，警觉到自己卑俗，这就证明你还没有老化，而且也不卑俗，真正老化卑俗的人，是安于老化卑俗的，不要辜负上天赐给你的异禀。我读过一本关于非洲传教士的传记，一个男教士在从美国到欧洲的客轮上，遇到一对度蜜月的年轻夫妇，那位新娘美丽、富有、快乐，除了跳舞和唱歌外，什么都不懂，也什么都不关心。可是在她从传教士那里听到非洲世界种种，有千万人待人援救，使她藏在内心深处的高贵情操，全部释放出来。他们到欧洲后，立刻转往非洲，直到她的这本传记出版，三十年之久，从没有离开非洲一步，可惜我忘记书的名字和人物的名字，我所以记得这故事，是我当时曾想到另一个问题：如果不是那位传教士，高喊“芝麻开门！”唤出她心灵里沉睡的潜力，她这一生又将如何？终其生不过一个社会“名媛”而已，以她的智慧，她会感到空虚，像你现在所感受到的一样。

我没有能力具体地帮助你，这要靠你自己：你喜欢什么？比如在艺术方面，你喜欢画时，不妨学画；你喜欢文章时，不妨学写作。不限于非自己创造不可，你也可以学习观赏，观赏也是一种享受，你可以阅读，阅读能使人满足。我非常羡慕“待晴日奇书看罢，卧小窗午睡听黄莺”，多么美的人生！听音乐也是一样，仅只贝多芬的交响曲，因乐团或指挥的不同，恐怕就有几十种唱片，一一品味，足可以使自己提升。

不要被自己的“老化”“卑俗”吓住，人都有下沉的时候、绝望的时候，你要一跃而起！

柏杨

35. 看面相·批八字！

如果今生活得不好的话，最好有来世改善。如果今生过得快活的话，一世当然不够，盼望来世再过一遍。

柏杨先生：

你相信相学之说吗？

最近很多人都流行看脸相、看手相，你说是什么原因？

相学之说的可信程度有多少？我本身就很想去看相，但又害怕。

虽然这个世界上有很多东西在冥冥中早有安排，但我却相信有改造命运这回事，你说呢？

还有，你相信有前世今生吗？

冰心曾说过：如果今生活得不好的话，不必要有来世；如果今生过得快活的话，一世也就足够了。柏杨先生，你的看法又如何呢？

追梦人

追梦人先生：

人类最大的课题是："怎么才能知道未来？"迄今都得不到答案，恐怕直到地球爆炸成碎片，人类仍不能预知。一方面当然是人类智慧不够，另一方面恐怕也是上帝的旨意，不肯给人类更高的智慧。因为，人类一旦能够预知未来，那将是空前绝后的大灾难，我们敢肯定地说：人类能够预知之日，也就是地球开始毁灭之时。希特勒如果预知被火烧焦、墨索里尼如果预知被执行枪决、斯大林如果预知被鞭尸，他们能把整个国家摧毁。即令不如此，每个人的一举一动，以及生老病死，都早有定案，这世界将没有兴奋，没有喜悦，没有奋斗，大家都行尸走肉，坐等最后一刻，世界将不再多彩多姿，所看到的只是一片哀愁。

面相、手相是"预知学"中比较有科学根据的部分，"批八字"则属于神话的部分。无论面上和手上的肌肉组合和纹路形状排列，都受内分泌支配，所谓"相由心生"，它的准确度来自统计。但绝不可信相师们真能看出吉凶——他告诉你的"流年"：某年如何，某月如何，以及如有"大灾大难"如何改造。对一个根本不能肯定的未来，他怎么改造？

每个人都能说出一大堆清凉剂一样的名言隽语，听罢一笑而已，跟别人吵架抬杠时用来作为帮手，也可增加声势；平常三五好友相聚，也可当做谈资，但千万别当成定理。冰心女士那样说，十分有趣，我们也可以说恰恰相反的话："如果今生活得不好的话，最好有来世改善。如果今生过得快活的话，一世当然不够，盼望来世再过一遍。"

我真希望有前世今生，人就活得更热闹！

柏杨

36. 爱情不能靠法律保护

结婚当然不能保证你对她真心，但可以保证：当你玩腻了遗弃她的时候，你要丧失一半以上的财产，使那个被"描述"为弱者的黄脸婆，有屋可住，有饭可吃。

柏杨：

我的事业刚开始，我不知道自己是不是会有一个光明的前途，但是我的收入算是不错。

最近,我和一个相识不太久的女子同居。我知道这对一个女子来说,是极没有保障的,尤其是以法律的角度来看待。

也许你会认为我的思想比较开放,但是我认为男女相爱,在你情我愿的情况下,没有对谁公平、对谁不公平的说法存在。女子被认为是不公平的一方,是因为她们一向被描述为弱者的关系,还是保守观念的人所重视的贞操?我现在可以对她承诺,待我觉得需要安定的时候,我想我应该会和她结婚,可是,难道只有结婚才能保证我对她的真心?

我越来越迷惑,到底天长地久是什么?说真的,我不太想保证些什么,谁知道未来会怎样?可是如果我真的变心,会被千夫所指为负心汉。爱情到底应该怎样衡量才不会出错?两情相悦到翻脸不相识之间,难道真的要计较其中的得失?曾经拥有不是最美好的回忆吗?

迷惑者

迷惑者:

你能有一份收入相当好的工作,又有一位爱你入骨,愿意服从你的意思,只同居而不结婚的女孩,这是一个男人最难得的幸福,真为你高兴,也盼望你多多爱惜。

你虽然声明男女只要相爱就好,没有什么公平不公平的存在,但从你整个信件的内容和措词来看,你内心显然认为这种同居关系,对女子是不公平的,所以你才说出:“我知道这对一个女子来说,是极没有保障的,尤其是以法律的角度看!”不知不觉露出大男人沙文主义的嘴脸。不过,同居对女子固没有保障,对男子同样也没有保障。现在,你认为你是强势的一方,有一天,找到一位如花似玉,另结新欢,把现在这位曾经“相爱”的黄脸婆,赶出大门,她身无分文,年华老去(年华都“爱”你爱掉了),四顾茫茫,大家除了为她洒一把同情泪之外,她没有任何保障,因为法律不保障“爱”,只保障“婚”。同样,如果女子是强势的一方,有一天,她找到一位青年才俊、美男帅哥,另结新欢,把曾经“相爱”,那时已成了老汉的你,赶出大门,你身无一文，青春不再（青春都“爱”她爱掉了），四顾茫茫，大家除了为你洒一把同情泪之外，你同样没有任何保障。先生，你从不曾想到你会被抛弃，因为你自认为手握乾坤，你没有把你心爱的女友放在平等地位。

“女子是受害的一方，是因为她们一向被描述为弱者的关系。”探讨女性问题，竟然得出这种奇异结论，实在使人吃惊，女性常居于受害的一方，是因为她们实质上是弱者，不是她们“一向被描述为弱者”！五千年来男性中心社会里，千万女子被卖为娼寮、被禁闭深宫、被男人缠小脚、被男人不当人，男人可拥有一群小老婆，女子即令被野人强暴，也成奇耻大辱，非自杀不可，男人抛弃妻子像抛弃破鞋破袜，做妻子的也只敢“哀”，不敢“怨”，难道这不是“事实”，而只是“描述”？先生，你还没有对你现在这位女友下手之前，已经用锋利的剑封别人的口了。

你说：“保守观念的人所重视的贞操！”我不认为你不重视贞操，你只是不重视自己的贞操。贞操是互相的，守贞操是男女都应有的义务，你如果自己不能守贞操，就没有权利要对方守贞操。你说：“我现在可以对她承诺，待我觉得需要安定的时候，我会和她结婚！”咦，我的上帝！这不是一个文明男人对女友的态度，而是一个奴隶主对奴隶的态度，你只知道你的“感觉”，你可曾把她当一个平等的人，问问她的感觉？到时候她是不是还会跟你结婚？我为你这位同居的女友悲哀，你吃定了她，你从来不管她的感觉，而只管自己寻乐。

你问：“难道只有结婚才能保证我对她的真心？”那么我问：“难道只有同居才能保证你对她的真心？”结婚当然不能保证你对她的真心，但可以保证：当你玩腻了遗弃她的时候，你要丧失一半以上的财产，使那个被“描述”为弱者的黄脸婆，有屋可住，有饭可吃，她的美丽被你磨尽之后，她还有能力哺养嗷嗷幼子。

你说：“我不太想保证些什么。”我想这才是真心话，芸芸众生中，有很多人天生的没有责任感，可能来自遗传，也可能来自阴谋，那么，我建议你找一个同质量的——也没有责任感的女性，最好不要生孩子(那会害了孩子),男女二人就可快快乐乐地度过一生。你说:你不知道天长地久是什么?没有人敢保证爱情可以天长地久,但应该有这种憧憬。如果连这种憧憬都没有,跟两条狗在街头大干一番有什么区别?你说:“爱情到底应该怎么样衡量才不会出错。”这问题我原封不动送回给你,问你:“出什么错?”

迷惑者先生,我不认为你爱你现在这位同居的女友,也不认为你对现在这位同居女友满意,我希望我看走了眼,但是,假定真是这样的话,我建议你不必再努力寻觅借口了,那掩饰不住真相,你应该离开她,离开她越早,她受的伤越少,你受的伤也越少。

柏杨

37. 学习成为民主人

从我们本身开始,多听逆耳之言,不断跟别人调换一下位置,体会别人的感觉和反应。能做到这两点,就可自豪,我们已开始学习做民主人了。

柏杨:

我校校长为人固执、独裁,不肯听老师们的劝告,曾用一些卑鄙的手段压制对他意见多多的老师。他说话口是心非,比如说要发扬中华文化,但却将自己儿子送去英校念书。思想封建,不肯认错,许多老师对他作出批评,他就利用各种手段对付。学生对他提出一些他认为对他不怀好意的意见,就天天要学生见他,向他们施压。他总被传“吃钱”,现在热心捧商家的脚,为自己的前途铺路。他过去曾迫害的老师,一般都是真心对教育作出贡献的老师,如今,许多老师被他这种独裁手段压制得心灰意冷。校长这种教育主流人物,满口仁义道德,对董事毕恭毕敬,对学生却摆权威的架子。

该用什么办法,使我校部分老师能发挥他们的智慧,学生能认识民主精神,不致被这校长的专制危害?

智者

智者先生:

从先生来信上,对你所抨击的校长,印象十分深刻。我相信不仅你所抨击的校长如此,恐怕很多校长也都如此。在教育界,校长比教师重要得多,等于一艘军舰,舰长的影响力远超过所有的枪炮官。舰长如果差劲,这艘军舰不但没有能力作战,而且总有一天会撞到礁石上,使人忧心忡忡!

可是,从另外一个角度思量,先生所用的是一连串由形容词组成的抽象意象,如果没有事实使它凝固,就很难了解实情,好比说:“他现在热心捧商家的脚,为自己铺路!”

热心捧商家的脚——如果是为学校好的话,有什么错呢?最受人尊敬的武训先生,为了兴学,他还向有钱的大爷下跪叩头。难道你希望所有校长见了商人就怒目而视,使捐款断绝,学生陷于窘境?如果校长确实为了学校而捧商家的脚,我们不但不应责备他,反而应该感激他、尊敬他。

先生说校长:“对董事毕恭毕敬!”难道必须仰头阔步,鼻孔朝天,才算有礼?董事关系学校的兴亡,校长为了莘莘学子,有时即令受点委屈,也应忍耐,何况仅只是毕恭毕敬?

在我们没有具体证据之前,而讨论非有证据才能讨论的指控,未必合适,不如全力以赴先生所盼望的:“如何使学生认识民主精神?”有个非常严重的课题一直摆在眼前:就在台湾,为民主献身的人,往往不知道什么是民主!提倡民主的人的行为,往往专制独裁!怎么解决这个问题,千言万语都说不完。

我们只好用一句话来叮咛:从我们本身开始,多听逆耳的声音,多包容相反的意见!不断地跟别人调换一下位置,体会别人的感觉和反应。贪多就很难嚼烂,能做到这两点,虽不敢自豪我们已是民主人,但可自豪我们已开始学习做民主人了。

柏杨

38. 中华文化正在堕落

强势文化一定会吞吃弱势文化,靠着关住门暴跳如雷,绝对阻挡不住,必须不断修正改革,才能生存;必须吸收更多的营养,才能转弱为强。

柏杨:

我是马来西亚的中华人,对自己的文化问题,似乎十分敏感,一有什么风吹草动,各种言论便此起彼落,大家仿佛陷入歇斯底里状态。

几个月前,国阵成员党之一的马华,因提出一个兴建"华人文化城"的计划,在华巫领袖之间,触发了一场唇枪舌战,结果华裔又再次为华人文化自由的式微,哀叹一番。

在马来西亚,中华文化到底包括了什么?有人认为只要我们能保留自己的固然生活方式便行;另有一些人则要求保存祖先流传下来的每一项风俗习惯,包括民族性和宗教性的。

你呢?你认为中华人应怎样把自己的文化融合在现实环境中?依你看,政治权力能否抑制一个文化的流传和实践?

传薪者

传薪者先生:

先生所提到的"华人文化城",我于今年(1991)6月底在马来西亚时,便听到很多朋友谈及,而且追溯到过去历次马来人和中华人之间的不愉快事件,使人深为忧虑。不过我不忧虑中华文化受到排斥,而只忧虑中华文化已不再是强势文化,中华人却懵然不知。先生信上说:“有些人要求保存从祖先传下来的每一项风俗习惯。”就属于这一类。如果不经改革的全盘承受,那只有使已经萎缩的中华文化,更加速萎缩。我们也不要只一面倒地责备政府,而应责备自己。我在马六甲郊外,看到两座坟墓,其中一座墓前石碑上的贴片脱落,陪我的朋友立刻抨击说:“你看,这些竟然没人管,政府对中华文化古迹,毫不关心。”我当时就说出我的感想:“墓是光绪年间的墓,应不算古迹,依世代算,也不应没有子孙,损坏了应由子孙修补,子孙都毫不关心,政府又如何关心?”

中华人必须改变自己,才能受到尊重,一位中华朋友告诉我:“我不喜欢跟中华人做生意,中华人贪得无厌,我喜欢跟马来人做生意,他们坦荡,有节制。”另一位中华朋友告诉我他那正在学校读书的孩子的话,他宁愿交马来小朋友,因为他们纯洁简单,包括他们的父母在内,都不会跟你比穷比富,他们不会因你穷就看不起,因你富就浑身不是滋味。

强势文化一定会吞吃弱势文化,弱势文化必须不断修正改革,才能生存;必须吸收更多的文明营养,淘汰所有的落伍细胞,才能转弱为强。我在吉隆坡,曾参观过新落成的伊斯兰教清真寺,那种庄严肃穆,一尘不染,使人敬慕。相形之下,中华人的佛寺,就太脏太乱,如果这就是中华文化的话,我担心它因缺乏竞争力,甚至因缺乏生存力,而终被驱逐出局。政治力量和文化力量是相辅相成的,如果是强势文化的话,政治力量根本抑制不住。我们如果爱中华文化,必须先使中华文化可爱,先把不可爱的部分除去。

我在《星洲日报》上阅读过陈应德先生的文章:《马来西亚中华裔的认同问题》,小标题是“一个中华裔公民的观点”,中华人都应重视他提出的观点。马来西亚跟加拿大的建国架构,几乎完全相同。马来西亚只有一个难以克服的困难,那就是中华人跟马来人因宗教的差异,不容易通婚。但组成一个国家的现实,却是相同的,相处的艺术也是相同的,要尊重相异的文化,时常跟对方调换位置,小心翼翼的不去触犯对方的禁忌,假如对方做了,我们的反应越迟钝越好,不是装傻,而是有容乃大。

柏杨

39. 儿女的事,父母别插手

一个记得自己年轻时不断犯错的父母,不但自己有福,儿女更有福,这里面有深切的了解、宽恕、包含、疼爱!

柏杨:

身为父母者,对于儿女的感情问题,应该站哪一个角度,或者站在什么立场去看待?

是否做父母的在儿女陷入自作多情的情网困扰时,不但没有给予及时的劝导,反而变本加厉地帮助自己的儿女做出种种不可思议的事情来?例如,不惜使用各种手段去严重打击无辜的一对情侣,势要非拆散这对情侣不可。

而且做父母的也深知感情的事情根本是不能够勉强的,再加上自己的孩子只是想不通而一时迷失在感情的十字路口罢了,为何他们不曾想到去帮助自己的孩子上岸呢?反而要愚昧地去中伤他们?

虽然说做父母的教育程度不高,但是以他们年过半百的人生经验,难道真的比不上年轻的小辈吗?

还有,一个受过相当教育的成年人,为什么对于自身的感情问题不能冷静地处理呢?难道说一定要劳烦到明知“愚昧无识”的父母来解决吗?现在搞到事情变成吃力不讨好的局面,还一味执迷不悟,对大家又有什么好处呢？有时我真的怀疑，我们受的教育真的是在我们遇到困难时，起不了半点作用！

省观

省观先生：

前些时在电视上看到美国一个影集，一位受丈夫虐待，拖着小女儿逃亡的少妇，问母亲说："妈妈，我结婚时，你为什么不阻止我？"母亲说："我阻止过呀。"少妇又问："妈妈，你为什么不强力阻止我？"母亲怜惜地抱住她，说："等你的小女儿长大恋爱时，你就知道做母亲的功能有限了！"

想一想真是一场引人入胜的景观，做儿女的用浑身解数争取婚姻自由，等自己做了父母，又用浑身解数压制儿女的婚姻自由，结局永远只有一个：儿女嫌父母老顽固、父母嫌儿女不懂事。这种生产线如果拍成电影——最好是卡通电影，应该是有相当的教育意义，显示着父母对儿女无尽的爱，和儿女之急于摆脱父母的管束。

先生的来信没有告诉我你的问题是父母一方，或是儿女一方？但我认为对儿女的婚姻，只可沟通，只可劝导，甚至只可哭哭啼啼，苦苦哀求，却绝不可强迫。有些受过高等教育的父母，发起蛮来，不亚于江洋大盗，不但对儿女酷刑拷打，还把儿女囚禁起来。那是最笨的办法，能把姣儿乖女逼上绝路，父母本是为他们好，结果反而害了他们。最理想的情况是：儿女的对象，父母看了后，也龙心大悦；如果不能龙心大悦，父母在说破了嘴皮仍不能使儿女回心转意的话，那么，让步的应该是父母，不是儿女。先生问："年过半百的人生经验难道真的比不上年轻的小辈吗？"当然比得上，但也不见得。社会疯狂的跳跃发展，"经验"已不再具有从前那种权威。我小时候，老年人打死都不会相信一个职业画家可以维生。而我一直活到六十岁，同样也不相信一个职业作家能够免于饥寒！因为没有这种经验。也是前几天，在一次聚会上，有三位将军级的老友，谈起当年追求他们太太时的莽撞辛酸，那时他们才是中尉，最高的一位不过上尉，地位固低，薪俸尤其有限,一个比一个穷得叮当响,到小姐家按门铃,既怕狗又怕人(怕狗咬人,怕人纵狗)!当初誓死反对嫁给可怜兮兮"阿兵哥"的岳父母大人,现在一提起女婿,就笑得屁都出来。请问:当初是谁对谁错?

当然,我们也可以举出一千一万个,不听父母之言而婚嫁,结果悲惨的例子。问题就在这里,父母再聪明再智慧、经验再多,也不能保证他们看上的对象,儿女一定喜欢。更不能保证父母选定的对象,儿女一定幸福。父母选择的婚姻不幸福,不但儿女怨恨,父母也自咎自悔。儿女选择的婚姻不幸福,自己负责。一个人,只要成年,他就要对自己的行为负责,父母不宜乱插嘴,更不宜乱插手。

事不关己,关己则乱,教育的功能有它的极限,一旦涉及到感情,哪里还有理智?我们要充分同情理解。中国医学界有件著名的故事,大医师叶天士的娘亲害了伤寒,病势危急,他在院子里不停徘徊,口中喃喃自语,说:"如是他人母,定用白虎汤!"但他不敢用,因为看别人的病,他是医生,心情冷静,而看自己娘亲,他是儿子。恰巧被隔壁一个庸医听见,登门献艺,一剂下去,霍然而愈,从此也成名医。

一个常记得自己年轻时不断犯错的父母,不但自己有福,他们的儿女更有福。这里面有深切的了解、宽恕、包容、疼爱。

柏杨

40. 龅牙和走错路

多少年来,凡抨击柏杨的,用的都是纠缠不清,跟和稀泥的手段,把问题弄得面目全非,连鼻子、眼睛都分不出。

柏杨：

其实我想向你请教的是关于你所作的《丑陋的中国人》的真正动机是什么？扪心自问——中国人或是中华人，真的是如此不堪吗？从你的书中所叙中国人真的是如此千疮百孔，分文不值吗？真的是奇丑无比吗？或许你会觉得我明知故问找话题，但这问题我很早以前就想向你请教了，却苦无机会。

除此之外，我想知道你写《丑陋的中国人》书时，是站在哪一个角度？哪一个立场来写呢？当你在着手著书之际，可曾记得自己的"身份"？

你是否觉得你这样的写法，对于广大的中国人或是中华人有点"一根竹竿打翻全船人"之意呢？

疑思

疑思先生：

先生对于已知答案的问题，仍然提出，似乎太浪费你的时间和报纸的篇幅了。但从大函字里行间跳出来的悻悻然之气，可以预见，我怎么回答，都不可能使先生心情平静。不过我仍把先生已经知道的答案，重复一次。第一，先生问："中国人真的是如此不堪吗？"我回答："是的，中国人真的是如此不堪。"第二，先生问："你书中所叙述的中国人真的是如此千疮百孔，一文不值吗？"我回答："是的，我书中所叙述的中国人确实如此千疮百孔，一文不值。"第三，先生问："你书中的中国人真的是奇丑无比吗？"我回答："是的，我书中所叙述的中国人确实奇丑无比。"第四，先生问："你作《丑陋的中国人》真正的动机是什么？"我回答："我作《丑陋的中国人》真正的动机是想当汉奸，抹黑国家民族。"第五，先生问："你写《丑陋的中国人》书时，是站在哪一个角度、哪一个立场来写？"我回答："我是站在一个目光如豆的角度，和希望中国人越来越坏的立场。"第六，先生问："当你着手著书之际，可曾记得自己的身份？"我回答："我任何时候都记得我是一个死不认错的中国人。"第七，先生问："你觉不觉得对于庞大中国人或中华人,有点‘一根竹竿打翻全船人’之意?”我回答:“不但‘有点’,根本就是企图一根竹竿打翻全船人,大小全包!”

问题回答已完,先生预期的答案,全部化成白纸印黑字,立此存照,不知意下如何?如果先生预期的答案是:我千解释万解释,左一个声明我的动机纯正,只是恨铁不成钢,右一个声明我只是说少数中国人丑陋,大多数中国人都沉鱼落雁,闭月羞花。那么,先生恐怕会大大地失望了。非常抱歉,先生咄咄逼人的拷问,使我不得不这么回答。多少年来,凡抨击我的,用的都是纠缠不清的和稀泥手段,把问题弄得面目全非,连鼻子、眼睛都分不清。却没有人敢指出中国人从来不脏、从来不乱、从来不吵、从来不窝里斗!没有人敢指出中国人是守法的,中国人有能力实行民主、有能力组织一个清廉的政府。像一个病人,从不敢诘问医生:“你说我得砍杀尔,你有什么证据?”而只敢老羞成怒,向医生咆哮:“你是什么动机?你是什么立场?你是什么居心?你是什么角度?我真是那么危险吗?我真是那么不堪吗?你油头粉面(或老态龙钟),一眼就瞧出你不是个好东西。”有一次,我的妻子开车,我坐在前座,告诉她路走错了,她一向自封为“台北之鼠”(以媲美电视影集《沙漠之鼠》),显示她对台北大街小巷了如指掌,对我指出她的错误,嗤之以鼻,于是到了后来,当她不得不承认路确实是走错了的时候,我忍不住手舞足蹈,放声大笑,她不但不表示歉意,反而大怒说:“有什么好笑的,看你那两颗龅牙,丑都丑死!”直到今天我都不明白“龅牙”跟“走错路”有什么关联?不过,拜读了很多指摘《丑陋的中国人》文章后,终于发现,大家都在怒斥龅牙,却没有人管到底走错路了没有?这就是酱缸文化,酱在里面的人不会思考,不会行动,只会问别人是何居心!谢谢!

柏杨

41. 暴发户只有钱文化，没有文明

再向你道歉，包括我在内的台湾同胞的肤浅无知，不但把人丢到南洋，而且是丢遍了全世界。如果听到大陆对台湾同胞的印象，恐怕更使人惭愧。

柏杨：

您是台湾人，就让我问一些关于台湾人的事情好了。

在马来西亚，有不少台湾女子嫁到这儿。可能是偏见吧，因为她们当中不少人十分精明（许多且自认高人一等，态度傲慢），于是给人“台湾婆都是厉害女人”的错觉。

其中佼佼者，要数一些本地的台湾女作家。她们努力于登台作秀，往往超过努力真正写作。譬如某位太太花了一笔钱到中国出席某个座谈会，发表了一篇有关马来西亚女作家的“论文”，里面提到七十年代马来西亚最有代表性女作家，竟然便是她自己和另一位台湾太太，就十分令人啼笑皆非。除此，翻阅报刊上的台湾新闻，不时看到议员们在国会里大打出手的报道，也同样令人没好感。

还有，台湾游客来到这儿观光，一年前台湾股市大好时，可能是赚多了，于是不管买什么、吃什么……老是开口闭口就说：“好便宜，怎么会这样便宜？”态度之嚣张，更是叫本地人受不了。

这儿提出这些，并无意对台湾人一竹竿打翻一船人。我们马来西亚中华人同样也有不少的缺点，不过您认为台湾人的“暴发户”心态，只是我个人的偏见吗？

马生

马生先生：

非常抱歉，台湾同胞惹你生气，然而最难过的还是，你的抨击几乎全是真的，一点也不过分。美国《时代周刊》曾讽刺台湾是贪婪之岛，用词比你更锐利，更接近事实。台湾同胞也是中国人，而中国人穷苦的时间太久，所以一旦有了几两银子，穷人乍富——你所说的“暴发户”嘴脸，就油然出笼，每个人第一件事要做的就是千方百计要对方惊讶他的财富，假如他一表态你就向他肃然起敬，他就飘飘然而然然飘；假如他炫耀了半天，你还不能知趣地向他表示敬意，你就死定了，他会恨你一辈子。一个法国朋友曾大惑不解地问我：“你们中国人是怎么搞的，一些巨商在介绍办公厅米罗、梵谷的画时，不管是手迹还是复制品，总要加上一句：‘我花了几百万几千万买的。’他为什么不能就画论画，而总是提钱?”因为巨商的生命中没有画，只有钱。《笑林广记》有则笑话，一只驴走到前村，被人在身上挂满了铜钱，它阁下兴高采烈回来夸耀，它的主人失笑说：“你虽然满身都是铜钱，仍是一只驴。”台湾有些人的财富真可跟西方有些人的财富相当，却只有一项差异，西方富人有钱又有文明，台湾富人虽有钱却仍属丛林动物。国会天天开打，公共场所乱吵，嗓门一个比一个大。这正是中国人发挥得淋漓尽致的一面，我们还没有学会如何克制自己。

我在马来西亚，虽然只短短几天，但已不断听到“台湾太太”如何如何，好像每位从台湾嫁过去的女士，都受到特别瞩目。从某一个角度来看，马来西亚不应对“台湾太太”不满意。我们台湾最能干、最美丽的女孩，都嫁给你们了。她们生在台湾、长在台湾、受教育在台湾，却把下半辈子的青春和力量，贡献给夫家的社会，我认为马来西亚的中华人和马来人，都应感谢她们，以及感谢她们的娘家——台湾。然而我却听到不少埋怨，真抱歉我们没有把女儿调理得使婆家上下大小一片欢心，但追根溯源，恐怕还是社会文化的差异，马来西亚社会保守，台湾社会比较开放，是不是有这样一种情形：马来的中华族女性消极谦让，台湾太太积极进取！先生所说的某女作家提到七十年代马来西亚代表性女作家，竟然只有她和另一位台湾太太，恐怕是一种误会或讹传，假设真有这件事，受伤害的是她自己，只能证明“台湾婆愚蠢”，不能证明“台湾婆聪明”。事实上，台湾也有这种事，一个大概叫周锦的先生写了一部《中国文学史》，只介绍他自己跟他的同伙如何伟大，被人改名为“中国文学尿”，用以针对他的“中国文学屎”。

再向你以及马来西亚中华同胞道歉，包括我在内的台湾同胞的肤浅无知，不但把人丢到南洋，简直丢到了全世界，如果听听大陆人对台湾同胞的印象，恐怕更使人作呕。请不客气给我们鞭策，使我们早日脱离蠢驴的困境。

柏杨

42. 家有同性恋的儿子

即令结婚生孙儿这件事非常重要，那么，让你儿子去担心吧！各人担心各人的下一代就够了，不必越级而跳！

柏杨：

我实在很担心。

我只有一个儿子，他是我们李家两代单传，万一他是同性恋者，我可怎么办才好？

我的丈夫去年已经去世。他去世前的最大遗憾，就是儿子不愿结婚给他抱孙子。

我的儿子三十五岁了，国外留学回来好几年，已有事业基础，但是他却连个女朋友都没有，成日只是和一群同性朋友交游，的确令我十分担心。

不是我杞人忧天，我会这样怀疑，因为他在国外留学的最后一年，曾有同乡自国外写信回来，说见他多次进出同性恋酒吧。

当时他父亲大发雷霆，还特别要他回来澄清，经过他多番解释保证后，我们才比较放心——但是在他正式结婚以前，都难以释怀。

最近，我又疑窦再起，主要是那天我进他房间拿东西，发现了一卷录像带，他当时不在，我闲着无聊，便播来看，谁知道竟然是男人和男人发生关系的片子，好令人难堪。

我真的害怕儿子是同性恋者，我到底做错了什么，会有这种报应？如果儿子是同性恋者，我强迫他改变性取向，他会由于承受过多的压力而变得不快乐吗？也难怪，每次我们提到他的婚事，他虽然没说什么，但是总有一阵子闷闷不乐。

儿子其实是好儿子，他很孝顺，又没有不良嗜好，唯一令我们不快的，不过是不肯结婚生孩子而已。万一迫得紧，他一怒而去，我岂不是连儿子都没有了？如果我向他摊牌，他承认了，我又到底要不要接受这个违反常规的儿子？还是，我应该付出更多的爱心，因为他心里已经够苦了——也许，他一直遮遮掩掩过活，很可能就是怕母亲伤心和被人看不起呢？当个同性恋者，应该是天生的吧，要不然，谁愿意做个没好处，反而受到社会许多人排挤的异物？

语无伦次问了一大堆，请你多多原谅，我实在是思绪太过混乱了。

李老太太

李老太太：

我替你难过，你遇上了没有一个人可以解决的难题。在我写这封回信时，台北英文《中国邮报》上恰恰刊出一函，投书的读者和复信的信箱主持人，都是西方人。投书的读者说：他结婚十有余年，育有一男一女，家庭生活十分幸福，可是经过一段使他诧异的日子后，他的妻子向他摊牌，告诉他她是一位同性恋者，而且有了性伴侣。这位男士听了后如雷轰顶，但他热爱他的家庭和孩子，不愿离婚，妻子也不勉强非离婚不可,但她的性伴侣要搬进来跟她同住,并且向丈夫声明:他只是她的朋友,不再是她的丈夫,他不能对她作任何性的要求。这位丈夫一切都接受,那位性伴侣也搬了进来,奇怪的是,连孩子都对这位性伴侣喜欢,看起来这个家庭简直是其乐融融。这位痴心的丈夫始终认为他的妻子会回心转意。一过就是五年,现在,他问信箱主持人,他怎么办?信箱主持人的回答简单明了,只有寥寥几行(长度只有来信的十分之一),直爽地告诉他:五年是一个漫长的日子,对方仍没有改变的话,那么,他自己应该放弃对方会改变的想法,而使自己改变,为了自己跟孩子的幸福,赶快搬出去,另行建立家庭。

我不是有意介绍这则故事,只是这故事恰在手边,说明人生有许多无奈,有时候眼睁睁看着自己被击败。记得我被国民党政府逮捕,以死刑起诉时,我几乎疯狂,因为所有置我于死的罪行,我都没有做过,我用种种方法拯救自己,却每一次都归失望,在崩溃的前夕,我终于承认我在这场战役中,无法战胜、无力回天,与其绕着铁笼不断地奔腾咆哮,不如停下脚步,闭目养神,等待机缘。很多难友都因无法消化他的悲愤而精神失常,以致后来栅门打开时,他已走不出去。

人是多么脆弱,在万能的上帝之下,当他创造你是一个同性恋时,你有什么能力抵抗?诚如你所说:"谁愿意做个没好处,反而受到社会许多人排挤的异物?"我们对同性恋患者不但不要把他当做妖魔,因为他当然不是妖魔,而只是他的内分泌跟我们的内分泌不同而已,也不是他愿意使自己的内分泌跟我们不同,而是上帝使他跟我们不同。你儿子身不由己,你教他跟一个女子结婚,犹如他教你跟一个女子结婚一样,简直不能忍受。李老太太,你必须接受这个事实,天下有很多纠葛,最好的反应就是不反应,让它自然发展下去,如果这样的话,将来还有一个可能,他可能过了激荡期之后,变成双性恋,照样给你生孙子,甚至可能完全恢复异性恋,虽然可能性太低,但它存在。如果惊怒过度,反应过度,好比,想靠打骂说服使对方改变,我敢写下保证单,保证你们母子所受的痛苦,将超过不反应百倍。我建议你积极起来,自怨自艾是弱者的行为,你应成为强者,用平常心去待儿子,教他觉得在这个他所畏惧的世界里,只有妈妈了解他,支持他!他会求你指引,以致变得精神抖擞,如果他非同性恋不乐,不妨就鼓励他同性恋,你要当儿子的避风港,儿子生活正常,你就应高兴。至于要生孙儿,李老太太,你可孝敬过你爷爷?反正我祖父有我这个孙儿,实在没有意思,我连他的名字还是我成年后偶尔听说。即令生孙儿这码子事非常重要,那么,要你儿子去担心吧——各人担心各人的下一代就够了,不必自作多情,越级而跳!

转悲为喜,只在一念之间。

柏杨

43. 请一思、二思、三思!

人生不是那么简单,有钱就行,任何事情都要付出代价。当强盗的代价是付出自由或生命,当捞女的代价是付出尊严和健康。

柏杨:

我是个公司的接待员,每个月薪水在生活水平高的 T 城,可以说过得相当辛苦,顾得了吃,就没多少剩下来供衣、住和行了。

住,我和另外一位朋友在工作地点附近合租一间房间,这样一来,既不用负担那么多的租金,兼可省下了上下班的交通费。

问题是,二十岁出头的女子,有几个不喜欢打扮得漂漂亮亮呢?凭我们的收入,想多花一些钱在这上头,可谓难之又难。如果薪水还要贴补家用,那就更惨,非兼差不可了。我的朋友便是这样,白天是电话接线员,晚上则在一家私人诊所帮忙。然后,我看着她逐渐变了。起初是每周有一两个晚上打扮得特别漂亮出门,我还以为她谈恋爱了。再后来,她把私人诊所的工作辞掉了,晚上出门的次数则更密。身上的漂亮穿戴也越添越多，起初，我当做是她交了阔气男朋友，曾经劝她不要随便接受礼物，以免吃亏。

直至有一天，她告诉我要搬出去，我才知道她原来夜晚出去是偷偷从事应召工作。我记得她走前说过一句话："我穷怕了，现在是我过好日子的时候了。"

她真的从此就过着好日子吗？我可不敢说。我只知道在这个笑贫不笑娼的社会里，一个年轻，尤其是漂亮的女子，如果懂得运用她天赋的本钱，她可以获得许多的物质享受。

我最近失恋了，身心受到极大的创伤。洁身自爱了那么久，还不是一切毁于一旦，什么好处都没得到！在难以自遣的夜晚，有时我会想到联络那位朋友，干脆豁出去算了。反正亏早吃了，再也无法纠正过来，不如趁年轻多赚点钱吧。

不可靠的男人，我恨死他们了。心情太乱了，或者，我该冷静冷静，再决定我的路向？

金凤

金凤女士：

首先向你呼唤：你真的要冷静！像美国《警察守则》上告诫的："数到第三才开枪，就不会后悔。"你在决定纵身从悬崖往下一跳之前，至少应考虑三十天，不要凭一时气愤，因为你面对的是一个年轻女孩最可怕的诱惑，而在你向往的那个世界里，却充满了你根本不了解的危险。

你的同伴从事的行业当然是"应召女郎"，这个名词美化了一个丑陋的罪恶，听起来不觉得十分冲击，事实上，她不过是一名"暗娼"而已，认为只要做得小心隐秘，便可以瞒住别人的眼睛，这可是绝办不到，她的曝光率跟上过床男人的数目成正比例。一个纯洁的"隐秘爱情"（也就是外遇），一旦曝光，还满城风雨，所有的眼光都盯着她，使她跌跌撞撞，连路都走不好。如果大家发现她是暗娼，投射过来的将不是眼光，而是乱箭，而是动作凶暴猥亵的双手。很多人之所以当上强盗(不包括迫于饥寒的可怜虫),只因为“他只看见强盗吃肉,没看见强盗杀头”。血气方刚的青年看到报上注销强盗的照片,看到强盗在街上开车跟警察追逐,枪声大作,市民纷纷逃走;又看到强盗总有美女相伴,保镖护身,有花不完的钱,一语既出,四座震惊,好不威风,大丈夫当如是也。结果在街头一枪毙命,或者被带上脚镣手铐,跪在刑场,执行枪决。然而,女孩子用她的性器官(恕我粗鲁)赚钱,看起来钱真好赚,既不要资本又不要头脑,妙不可言。问题是,自从人类发明了通货——钱以来,就出现一项铁律:钱难赚、屎难吃。女性同胞不要认为捞女只需要脱衣服上床就可以拿到白花花的银子。这其中还有刻骨的痛苦历程。最主要的她内心的自尊,和外在的荣耀,将全被摧毁。其次,她将冒着被殴打、被虐待、被杀害的危险。第三,她有百分之百的机会染上花柳病、梅毒、淋病,甚至艾滋病。第四,娼妓除了继续当娼妓或经营妓院外,没有第二条生路,她只是在畸形地活命而已,没有幸福,甚至连正常生活都没有。

不管“明娼”“暗娼”,她只要踏出第一步(第一次出卖肉体),她就被黑社会流氓抓住,永远失去自由。最初还是合伙关系,后来她便成了奴隶,他吃她、喝她、玩她、摆布她,当他要她一天接二十个客人,而她只接了十九个客人时,不管她是不是有病,或是不是需要休息,惩罚是使人发抖的。而且,她不能事先知道客人是不是患有梅毒、淋病、下疳,她不能教客人先脱裤子检查,何况,淋病、艾滋病,肉眼根本看不出来,但客人却可以先教她脱裤子察看。去年,台北一位嫖客在看到妓女患有疱疹时,打了她两个耳光,掉头而去,妓女就在原房间流泪上吊,害得嫖客被法院找上门来。如果不是百分之百,也是百分之九十九的妓女,都有性病,如果染上国际梅毒,能活十年不烂塌鼻梁,毒菌入脑,就很幸运了。

娼妓永不再有独立人格,现代传播媒体使稍有姿色的捞女,一辈子无法逃生,电影《麻雀变凤凰》,是演给智商不足的观众看的——或者,是演给社会经验不足的观众看的。女主角只要一卷床上节目的录像带,她就随便什么都“变”不成。天下第一富豪也挡不住黑社会的勒索,试想一想,谁愿意娶一位暗娼当妻子?谁又愿意做这样女子的儿女?即令顺利得出奇,最后也会被家庭问题压碎。

人生不是那么简单,有钱就行,任何事情都要付出代价。《圣经》上说:“罪的代价就是死。”当强盗的代价是付出生命或自由,当娼妓的代价是付出尊严和健康。在一篇医院访问的报道中,记者询问一位淋病入眼,因而一眼已盲的老妇人,她因不能继续负担医药费而被赶出来,等候警察处理,她惆怅地说:“凡是女人所能犯的错误,我都犯了。”你所提的“笑贫不笑娼”,是一句激愤的形容,愤慨社会价值标准的颠倒,并不是真正的“不笑娼”,一个货真价实的娼妓——好吧,一个货真价实的“阻街女郎”,在你的客厅出现时,你能镇静如恒?如果成为邻居,你会对她敬重有加,即令她腰缠万贯?

你劝你的朋友不要随便接受男人的礼物是对的,有些年轻女孩子常把男人当冤大头,女孩子应该切记:痴情的男人有,厚道不计较的男人有,冤大头的男人却不多。小礼物当然可以大大方方地接受,但稍大的礼物却必须想到如何回报,天下没有白吃的午餐,也没有白送的庞大礼物,靠小动作玩不了男人,靠大动作那就是大的赌博。男女相处,要诚要爱,一旦用肉体做买卖,像你信上形容的,“如果懂得运用她天赋的本钱,她就可以获得许多物质的享受。”这种想法,正是女人所能犯的错误中最严重的一种。

你的失恋,所受的打击很大,从来信可看出你的愤怒,看情形,恕我直言,你可能已经失身给他,结果他却扬长而去,假使如此的话,我特别叮咛你,为爱情而失身算不了什么,你可以恨他,但并不是“一切毁于一旦”,老天在上,即令再失身十次,也不会“一切毁于一旦”,男女相爱,一定会有上床之事,你不应自责,更不应产生“干脆豁出去了”的负气想法,要知道,“为金钱而失身”,那才是“一切毁于一旦”。趁年轻时多赚点钱,这观念十分正确,但当应召女郎,却只能赚上梅毒大疮、黑社会混混,和名誉扫地。你说男人不可靠,那么我问你,女人就可靠了吗?将来如果有位女人骗了你,你将怎样地活?你岂不是恨透了人类?一竿子打落一船人,是幼稚的想法,爱是广泛存在的，而罪恶往往只是个案。我愿用我自己作个例证，我被投入监狱，死刑起诉，我的前妻带着我唯一的一栋房子，离我而去，使我在死囚牢中孤独熬煎。但我不认为天下女人都不可靠，都是“最毒妇人心”，十年之后，我遇上我现在的妻子香华，使我反而有点感谢前妻当初幸而弃我而去。

我说这些，不是说我比你聪明，而是说我比你年纪老，想得复杂一点。我相信，你将来也会有一天，感谢那男人幸好抛弃你。第一次恋爱就结婚的人，值得我们祝福，但不一定值得羡慕。经过一番寒霜，你会更成熟。

柏杨

44. 皈依宗教，另有世界

你看过海明威的《日出》吗？你们总会有办法解决的！

柏杨：

我可以说很不幸，却又可以说很幸运。

为什么呢？先说我的不幸吧。我今年三十六岁，已半身不遂躺在家中快五年了。我的不幸，是我遇上了一场车祸，搞至这般田地。

我的幸运，是娶了这么一位贤淑的太太。五年来，她除了没有抛下我，一方面要好好照顾我和一个儿子的衣食住行外，另一方面，她还要出外工作养家。

看到她日渐憔悴，我很心痛，也很内疚。我真的很对她不起，因为那场车祸，完全是我个性好胜与人赛车所付出的代价，她是没有理由和我一起吃苦的。

她今年才二十八岁，样子又长得不错，改嫁应该不太成问题。我也和她谈过这个问题,只是她坚持不愿离开我——她认为失去性生活的夫妻生活,也不见得就那么坏。

她还开玩笑地说,如此反而可以完全拥有我,不必害怕我出外拈花惹草呢。她嫁我之前,我确实颇为"花心",同时有好几个要好的女朋友。

只是,我依然觉得拖累她,对她是件很不公平的事。反正我已是废人一个,死不足惜,我有什么办法让她毫无牵挂地离开我(要我死亦无所谓),继续去追寻她的幸福呢?

自找苦

自找苦先生:

我为你半身不遂躺在家里五年之久,感到悲伤,但愿能分担你的痛苦。

恕我没有能力回答你的问题。

我唯一想到的是,你们夫妇是否可以皈依宗教,多过一些宗教生活,那是一个跟世俗截然不同的世界,能消除短暂人生中立刻就会成为过去的烦恼。

看过海明威的《日出》吗?我把男女主角最后悟出的一句话,转赠于贤夫妇:"我们总会有办法解决的!"

请接受祝福!

柏杨

45. 好像无限透支的支票簿

诗人的气质是先天的,没有这种气质,靠着故意喝酒装疯,不刮胡子不洗澡,写不出好诗。

柏杨先生：

很想学写新诗。

不知新诗除了不受平仄音韵及格律的限制外，是否还有某些方面受约束？或完全自由发挥，无拘无束？

写新诗要有什么条件？

有情怀、意境外，布局与技巧是否重要？

新诗要求的是什么？

烦柏杨先生以经验教我，怎么起步学写新诗，怎样才能把新诗写好？

从散文至新诗，在内容与表达方面，应有怎样的调整？请柏杨先生教我。

诚心

诚心先生：

真高兴你喜欢新诗。

新诗是从传统诗演变而来，最初只不过形式解放，不再拘束字数，但保持押韵。可是七十余年下来，现在解放得连韵也不要了，以致有人要问："没有韵的新诗，跟散文有什么区别？"诗人往往回答："新诗还是有韵的，只不过不显露在句子末尾，而隐藏在句子中间。"可是到了二十世纪六十年代之后，简直连隐藏的韵律也没有了，"分行写"也可以取消，想怎么写就怎么写，写得越不通越是好诗，谁要是说它不是好诗，谁就得有天大的勇气。我曾经有过一篇小说《打翻铅字架》，提出我的控诉——现在铅字架已被淘汰，都用计算机排版，应该改做"打破磁盘片"了。

这是"韵""律"之争，不过，事实上，没有韵律的诗更难写，等于你手上握有一本可以无限透支的支票簿一样，反而不容易处理，因为它的世界太广阔，广阔得如外层空间，什么都是诗材，又什么都不是诗材，大多数诗人都没有能力掌握，只有少数杰出的诗人留下少数好诗。

写新诗不要什么条件，甚至不识字也行。这不是对新诗的贬词，而正是说明它没有任何限制，一个樵夫在母亲逝世时，哀号说："哭一声、叫一声，儿的声音娘惯听，为何唤娘娘不应！"这就是一等的诗篇。但也不是说就不需要布局和技巧，天籁固然有，对你我这样普通人，却要靠辛苦经营。樵夫可能突然作一首好诗，却不能作很多好诗，要作很多好诗，需要有作诗的修养，也就是条件。不但作诗，所有的文字工作都需要多读、多写，没有快捷方式，不过作诗还需要有诗人的浪漫气质，胡适先生是一代大师，但他不是一位好诗人，原因在此。诗人的气质是先天的，没有这种气质，靠着故意喝酒装疯，不刮胡子不洗澡，照样写不出好诗。

散文和诗同源，以致有"散文诗"的名词，你一定可以融会贯通。

诗，可以使生命爆出火花，大多数人看不清这火花，但你自己可以看见，智慧的眼和文学史也可以看见，祝福你。

柏杨

46. 似水流年谁不伤感

不要气馁，不要被一时的感伤影响一生。握牢自己手中的方向盘。

柏杨先生：

人到中年若事业、家庭皆顺遂，那便是成功的中年，成功的中年当然没问题。

"人到中年百事哀！"失败的中年分三类：（一）家庭美满，但一事无成；（二）事业有成，惜家庭困扰；（三）一事无成，且家庭欠平静。

现今社会很照顾青少年，许多活动都专为年轻人开放，年轻人只要有参加的热心,不愁没有健康的文娱和消闲去处,许多团体都特别为年轻人安排活动、旅游、歌唱、健身、进修种种,年轻人有烦恼(学业或身心的)辅导中心为他们开放,也可向父母或导师求助,所以年轻人虽有彷徨,但消除的途径多的是。

被社会忽略、遗忘的应是失败的中年人,他们彷徨的处境比年轻人恶劣,无导师可请教,父母又已年迈帮不上忙,朋友则不便倾诉衷情(毕竟这是内心的挣扎,不足为外人道也),又不愿烦及太太(太太若不谅解,更难倾诉),就这样积在心中,苦闷得很。

中年人一事无成,会有两种心态:(一)是消极的,找同路的人喝酒,麻醉自己,懒洋洋、自暴自弃、得过且过,这类中年人认命,今朝有酒今朝醉,及时行乐。(二)是积极的,更珍惜时间,希望能有迟来的成功。他们加倍努力学习,尽力吸收知识,补偿失去岁月的疏懒,他们要跟时间竞赛,反败为胜!

我是属于后者,偶尔也稍微倾向前者(当身心疲倦时)。

我现已四十余岁,工薪阶级,欲跳槽高不成低不就,欲改行又没把握,家庭负担的责任迫使我不敢轻举妄动,冒险创业,心情彷徨拿不定主意。

柏老是过来人,曾经走过这一段路,冀柏老提供一些线索,这一段应怎样走才正确,诚请柏老凭经验,指引我不至走冤枉路,以最有效率的方法和心情走这后半段的人生路。

彷徨中年

彷徨中年先生:

人,岂止中年百事哀,到了老年百事更哀。我们可以发现,一旦活到四十岁,似乎一切已经定案,走对了路的人固然喜不自胜,走错了路的人,也难以回头。俗语说:“男怕选错行,女怕嫁错郎”,四十岁时才见分晓。不过,四十岁的悲哀,比八十岁的悲哀如何?老年岂不严重百倍!四十岁的朋友如果要走另一条路,照样还可再走四十年,八十岁的老翁恐怕还没有转过身,就栽倒在地,一命归阴。

所以我不认为人到中年才百事哀,几乎每个年龄,只要你成长,你就百事都哀。流年似水,谁不感伤?连几岁的孩子都在悲伤儿时不再。记得我读小学五年级时,午觉睡醒,院子里骄阳如火,一点声音都没有,我上台阶时,忽然难过起来,长叹一口气,惹得屋里的大人哄堂大笑,说:"小孩子有什么烦恼!"他们的笑深深地伤了我,他们的教育使他们不了解,人的日子,不分男女老幼,总是悲多乐少。

你的积极态度将给你带来成功和喜悦,所谓成功,我的意见是人格的完整,得到心灵上尊贵的责任——对国家、社会、妻子儿女的责任。假如你现在还没有实现,但你已走到可以实现这项目标的路上,你会走到的。

不要气馁,不要被一时的感伤影响一生。任何创业都要冒险,不冒险就没有成功后的特有欢愉,但冒险也不见得成功,我不能作更具体的建议,方向盘握在你自己的手里,路,要你自己走!

柏杨

47. 炫耀,才是祸根

强势妻子的责任,要比弱势丈夫的责任大。如果不断地炫耀(无论有意或无意)自己,对方的日子一定不好过,最后他可能强烈反弹!

柏杨:

有人说:"貌由心生",由人的外表大致上可看出那个人是有识之士或肤浅之士,是忠是奸,是善是恶。

可是,越来越发觉到,斯文败类比比皆是,穿戴整齐、眉清目秀的匪徒越来越多,为什么?是否世界已颠倒,连"心地好"的人也不甘寂寞啦？

人说“丈夫”是“一丈之内才是夫”，一丈之外就不必去管啦？他若在外花天酒地，拈花惹草，只要他仍回家养家，是否就该“没眼看”？

千古以来，一对夫妻，都是“男的资历比女的高”，才有美满结局，“女的资历比男的高”却鲜少有善了。为什么？是否是男的自尊心永远比女的强？还是因为男的自卑感远比女的重？

爱丝

爱丝女士：

看起来，你是一位贵妇人，大概受过男人的欺负和丈夫的欺骗，假如这个推测是不错的话，你的愤怒是应该的，而且也有助于心理平衡。可是，仅只愤怒，不能解决问题，反而使问题更为纠缠，难以整理。

不知道你说的“斯文败类”的罪行是什么？这是一个严重的指控，有时候甚至并不公平。在爱情的领域中，因为认知的不同，往往使弱者的一方，发出这种反弹。“眉清目秀的匪徒越来越多”，智能型的罪犯，不但眉清目秀，而且学问奇大，台北最近破获一件“手提电话复制”刑案，“大哥大”密码只要一不小心被人测知，他立刻就复制很多具出售，无论国际电话或国内电话，全都记到你账上，而且连查都无法查。但你指的似乎不是这个，可能是情场上的小白脸吧！如果真的如此，当事人的一方——你，恐怕不见得会像“大哥大”的主人那么无辜吧，你是不是要反过来看看自己？

“男的资历比女的高”，有它时代的背景，没有什么好稀奇的，而且也不会保证有美满的结局。“女的资历比男的高”，现在已开始逐渐流行（还有，女的年龄比男的大也颇为普遍，举目皆是）。丈夫不能接受妻子比他高的学历，是他自己心理不够健康，唯恐妻子瞧他不起。所以也看妻子的态度，如果她有意无意地一直在炫耀她的“博士”“硕士”“学士”和“专士”学位，做丈夫的日子当然不好过，挣扎反抗，只不过求得心情舒服一点。女人因为几千年来的重男轻女文化（这可是全世界性的，不是中国人所专有），比较愿意扮演被保护的角色。若干年前，英国王夫菲利普亲王访问澳大利亚时，在一个酒会上，遇到一对太太是博士、丈夫只不过高中毕业的夫妇，做丈夫的结结巴巴介绍说："这是我的妻子，打狗脱……打狗脱……"不知所云，菲利普亲王安慰他说："没有关系，在我们家介绍起来，也有这种困难。"不过，不同的是，菲利普亲王当然不必向朋友介绍他的老婆，万一有那个场面时，恐怕也得结结巴巴地说："这是我的妻子，英国女王伊丽莎白……"试想一想，妻子是部长，丈夫是一个科员的滋味吧，你又怎能忍心说男的自卑感比女的重？遇到这种情形，强势妻子的责任要比弱势丈夫的责任大，你以为如何？

柏杨

48. 爱上老师最麻烦

在普通情况下，"有志者，事竟成"是真理。皇天绝不负苦心人，只看你是不是苦心人。

柏杨先生：

我今年十九岁，目前正在念先修班，功课颇繁重。我相信凭自己的成绩要进本国大学是件难事，我依然很努力地埋首苦读，因我要对自己负责任。目前我有一个心愿，就是到外国深造，因为一来我十分喜欢读书，二来我也希望多看看外面的世界以扩大自己的眼界。然而我实在不知这愿望几时才能实现，因家境并不富裕，如果是靠工作储钱，实在不知到何时何日才能储够到国外的生活费及学费。也许到时，我也到了适婚年龄，那么也就要面对更多的问题了。柏杨先生，一个人是否要量力而为？抑是相信"有志者，事竟成"的道理呢？

另外，我也遇上了一些感情问题，我喜欢上一名老师（大约三十岁出头),我想这并不是爱吧?只是欣赏他的学识及成熟处事态度而已,然而,有很多时候我都会想起他,我实在搞不懂呀!这到底是爱还是喜欢?我十分相信这种感情是无花无果的,所以常告诉自己这是成长过程中必然会遇到的感情困扰,过久了就会消失,你认为这想法对吗?

小星

小星小姐:

我想你是一位女士,因为我无法在信上判断你的性别,如果判断错误,还请原谅(因此,我特别喜欢洋人有时候在自己名字前面加注 Miss 或 Mrs,或 Mr,或 Ms,使对方一目了然。我敢打赌,若干年后,中文方面一定会出现这种自我辨识的称谓,减轻困扰)。

你恐怕年纪还轻得很,二十岁左右吧。这正是一生中最美丽、最兴奋的年龄,对世事似懂非懂,而又充满了浪漫憧憬。在普通情况下,"有志者,事竟成"是真理。但你如果立志要当英国女王,最后当然什么也不能成;但你如果只是上大学,我敢向你保证,你就非成不可。因为这种愿望合于经验法则,在欲望的前景中,阶梯相连,没有断层。世界上多少青年(包括五十年前的柏杨),因一贫如洗(我还加上没有高中毕业证书,连报名资格都没有),而望着大学校门流泪,但到了最后,绝大多数都进了大学,只是必须比其他同学付出加倍的苦。皇天绝不负苦心人,只看你是不是正常的苦心人。

我想,你已爱上了那位老师,问题在于他三十多岁,恐怕已经结了婚,除非你真的不在意,不然,千万别再往前迈步。尤其,你不是要上大学吗?怎么忽然恋起爱来?恋爱和求学本不冲突,但你的情形却恐怕有冲突,因为你必须把全副时间和精力投到读书和赚钱上。假如你烦恼不堪,诚如你自己所说:"这是我成长过程中必然会遇到的感情困扰,过久了就会消失。"我建议你开拓自己的天地,多认识一些异性朋友,你会发现在新天地里,有更美好的伴侣。

柏杨

49. 当继母得有心理准备

我不赞成因家人的反对而放弃爱情。有些家人的反对是恶质的，爱自己远超过爱儿女！

柏杨：

他是一名离过婚的男人，有一个四岁的女儿。认识他时，从未想过日后的发展。不知是否他的真诚打动了我，还是他是我所认识男性中条件最好的一位。故此这几年来，大家也互相接受。

我生长在一个比较保守的家庭，起初我也对他们谈起男友的背景，他们只觉得对方不知是否适合我而已。但后来逐渐知道多一些的时候，反对的声音扩大起来，他们担心我和他不长久，又忧虑他的女儿能否接纳我，这些压力对我而言实在是很有影响。现在回到家中，他们把我当陌路人看待，认为我自寻烦恼，不过，他们却不了解我内心的感受，我是否该为家人的问题而放弃这段感情？

AMY

AMY 小姐：

恭喜你在恋爱了，恋爱使人什么都看不见，所以你也看不见男朋友的四岁女儿。我不知道你今年几岁？如果你年纪太轻，好比你今年只不过芳龄二十，我就劝你等你再长大，再长大到有能力爱一个继女的年纪。有些年轻的新娘，心理还没有准备成熟，就生了一个娃娃，她不知道带一个孩子比带一个军团的士兵还要使人劳累，于是生活大乱，只因为是她亲生，她还可以忍受，但接踵而来的是教育问题，对孩子管教方法的不同,是促使夫妻感情破裂的重要原因之一。一方认为打骂是对的,棒头出孝子;一方认为要容忍说服,打骂只能造成孩子性格的扭曲。结果父母间先就自己内斗。何况,继母难为,亲生之子打两巴掌没关系,继子继女打两巴掌试一试?你看过京戏《宝莲灯》吗?亲爹心痛地告诉继母:"对这个没娘的孩子,你就少打几下吧!"听众都会落泪。这还是孩子可爱的,如遇到孩子"反抗期",或遇到孩子顽劣,继母的负担就更沉重。我不认为一个初恋的少女会考虑得这么多。

但是,假如你已经考虑过继母的责任,那么,就应该坚持到底,对一个四岁的女儿而言,你一开始就应做她的朋友,你跟男朋友约会时,鼓励他带着她一块玩,要让她喜欢你,你要像亲娘一样照顾她(但绝不可纵容她,在保护她的原则下,例如:不准她做危险的游戏,你要坚持原则),久了之后,她自会接纳你,甚至主动要求你当她的妈妈。这是一项考验,假使在婚前都不能使她喜欢你,你就应该自我检讨:你还没有准备好做继母,你的母爱还没有释放出来。假如你的母爱使小女儿喜欢你,总有一天,她会把你当做亲娘。爱,固然不能解决所有问题,但可以解决很多问题。家人反对,是他们爱你,唯恐你受到你应付不了的局面伤害,因为连你自己也还是一个孩子呢。但他们的反对不能发展到恨你、卑视你,把你当陌路人看待的程度。他们要做的是向你作种种分析,竭力说服你,如果你仍不接受,他们应怜惜你、祝福你、帮助你,而不是打击你。否则,那就是恶质心肠,他们爱自己远超过爱你,所以我不赞成因家人的反对而放弃这段感情。而且也盼望你,二十年后,你也有女儿发生这种事情时,你要回想到今天,不要重犯你家人的错误。

柏杨

50. 生不出儿子应怪丈夫

凡是拒绝到医院检查有否生育能力的丈夫,一定患有暗疾,百试不爽!

柏杨:

"不孝有三,无后为大",可说是根深柢固地深种在中国人的传统观念里,没有儿子延续香火和送终,似乎是件遗憾的事,有一些男人甚至还以此作为讨小老婆的借口。

我的一位邻居(是独生子)就碰到这种问题,因为结婚十多年后仍无所出的妻子坚决不肯让丈夫再娶,结果两口子三天一小吵,五天一大吵的,不但吵到家无宁日,我们这些做邻居的也被吵到烦死了。

而那位做婆婆的,更不时在旁煽风点火,自艾自怨他们家的香火将在儿子这一代截断了,将来她儿子去世时,将没有孩子送终。

她看得真长远,她儿子才不过四十来岁,若无意外的话,至少还可活二三十年,真亏她就已想到"没人送终"这回事……

听他们的吵吵闹闹,我有个疑问,难道有人"送终",会死得比较不痛苦?再说,世上人口已够多,少了他们这一脉传宗接代,制造人口,大概也没有什么损失吧?

中国一些农村的家庭,据说因为人口政策所限,结果宁可把女婴弄死,以便将来可望搏回个男儿。这些事,相信只会发生在中国人身上。

莫非是我们的文化出了问题?是中国酱缸文化的遗害?

何玉芬

玉芬女士：

中国传统文化中，“不孝有三，无后为大”，深深地种植在人们心中，一个男人如果没有儿子，就有一种沉重的罪恶感和空虚感，而且还会被别人讥笑，认为他们受的是一种“天谴”——断子绝孙。内外夹攻所造成的压力，使人坐卧不安。对于这种情况，西方朋友一万个不了解；而中国人也同样不了解：西方人没有儿子，怎么还快乐得起来！在我们的文化里，儿子是一切，荣华富贵都是身外之物，只有儿子才是真的，于是，人生的目的遂跟动物的目的逐渐吻合，传种第一，“有子万事足”，最后更单纯化，为了生儿子而生儿子。甚至，为了生更多的儿子而生儿子，中国人口遂满坑满谷。现在虽然也在改变，但脚步太慢，还需要经过加倍努力，在这段艰难的过程中，我不知道现代妇女同胞，能不能享受到成果。

但是，有一点必须要弄清：那对年轻夫妇不生儿子，责任到底在谁？医学界一份统计：不孕症的责任，男女各占一半，而只生女儿不生儿子，男人的责任要占百分之八十（因为是精子的染色体决定性别），但在封建社会中，所有的责任却全由女人一肩挑，不但不公平，而且愚昧得使人生厌。我建议你告诉你的朋友，要她坚持让她丈夫去做身体检查，弄清楚到底责任在谁？假如做丈夫的反应是勃然大怒，拒绝检查，那么，事情就真相大白，那丈夫已公开招认他身有暗疾，责任在他；如果他愿去检查，结果也是他的精子有问题，情形就完全一样。如果发现毛病出在妻子方面，那么，满可以收养一个孩子！最简单的是到孤儿院认领。

不过有一点是最重要的，告诉你的朋友，不要说三天一小吵，五天一大吵，即令一天一小吵，三天一大吵——即令每小时一小吵兼一大吵，做妻子的也绝不可以允许丈夫讨小老婆。妇女的地位与尊严是自己争取来的，不能由别人代替。不过，如果有下列两种情形中的一种，当然可以让步，随你想怎么讨就怎么讨！

第一，妻子同样也讨一个小老公住进家门。或者——

第二，索性离婚，但要分到丈夫现在全部家产的一半，以及他将来收入的一半。

婚姻是神圣的,没有谁保证非生儿子不可,如果有钱的大爷不能认识这一点,就得帮助他认识。倔强,誓不屈服,是唯一法门。

柏杨

51. 人生空虚都因没有真爱

纯肉欲生出的占有行为,不是爱,至少不是真爱。只有真爱,才会使生命充实。

柏杨先生:

有好几次,我都有结婚的冲动,只是,后来我又打消了原意。

我想结婚,也不晓得是否由于寂寞?

又不太可能呀,我的女朋友一大批,大家都爱称我"花蝴蝶"的。我既然有大把牛奶喝,又何必去买一头牛回家呢?只是,表面上的风光,有时当曲终人散,一个人面对自己的时候,会露出背面的孤独无依。

早几年,我绝对不会这个样子的。现在,可能朋友都陆陆续续结婚了,越来越少时间和我瞎混,再加上男欢女爱的游戏玩太多了,有点厌倦了吧?

如果我厌倦了,为什么又不愿意结婚呢?我觉得我做人很失败,我可以同时爱上那么多女人,"爱"力充沛,为什么到最后我却发现自己整个人原来空空洞洞,好像心底没有爱这件东西存在似的。

是因为爱总不能给我充实的感觉,所以我一直没让自己结婚。还是我始终未曾遇上真爱?否则,为什么我和这个谈情说爱时,又觉得另一个她更可爱?谈过那么多次恋爱的"花蝴蝶",竟然还问什么是真爱，这岂不是荒唐？我真害怕，再过几年，我会沦为一个纯粹“为结婚而结婚”的男人。

宏志

宏志先生：

你有那么多女朋友，真叫人羡慕。想起来我年轻时，连一个女朋友都没有，好不容易上了大学，有时鼓起勇气，想约位女同学压马路都不敢，因为压过马路，总得吃碗猪肝面吧，可是我连一碗猪肝面的钱都没有。

经常有一种现象，男女恋人分开，像是女孩子到美国留学（男孩子到美国留学也一样），离情依依，两个月后，写信来了，说她这么迟才写信，十分抱歉，因为她太忙，时间不够。这是一个危险的信号，事实上她不是时间不够，而是爱情不够。看了先生的叙述，似乎也有这种感觉，你之所以不愿意结婚，不是你拥有大量牛奶，而是你目前似乎还不太知道什么是牛奶；不是你的牛奶太多，而是真正的牛奶太少。男欢女爱只是肉欲，肉欲是爱情的一部分，甚至是最重要的一部分，但不是爱情的全部。爱情除了肉欲外，还包括尊重、了解、包容、支持、勉励，以及责备和批评，否则不过一阵床上热闹而已。一个男人悄悄溜进他情人住所，他情人的咖啡、甜点以及蜜样的言语，他都觉得毫无意义，他唯一的目的就是上床，等到上床之后，脑筋充血退去，抽一支烟，忽然大悔说：“他妈的我跑到这里干什么？”

这不是爱，爱是难舍难分，愿终身相守，你虽然有很多可以向朋友夸耀的床上热闹，但你没有真爱经历，所以你才发现整个人空空洞洞，沉湎在爱情中的人会觉得空空洞洞吗？他会感觉到人生的充实和快乐！爱情会创造生命，激起火花，纯肉欲才使人有一种失落的寂寞。

在一个资本主义多元化的社会，男人当一个“花蝴蝶”易如反掌，但当一个享有真情真爱，生活得幸福、温暖、满足的男人，可是凤毛麟角。一旦到了“沦为一个纯粹为结婚而结婚的男人”，就像一个

“老大嫁作商人妇”的女子一样，那滋味恐怕有点难以回首。

你需要的是祷告，我为你祷告！

柏杨

52. 不要把希望寄托在别人的原谅上

遇到威胁，应该立刻反应，K君真是三生有幸，遇到善良的你！

柏杨：

二十一岁的我，心境是无比地老，我不曾快乐过。命运注定如此，我有得怨吗？我只有认了。

我的生母在我满月后就把我送给一个有钱人家，那家人只有个残废的女儿，不敢再生了，我才“幸运”地让他们收养。但三个月后，养父生意失败，他就将一切不幸的事情赖在我身上，养母不忍心看我这样，就将我交给奶妈照顾，一直以来，养母都有来看我。

在我八岁那年，因养父要出外奔波，养母就带我“回家”住几天，不知是否是命，我“回家”的第二天就给养父的一名工人强奸了。一直以来，我都不敢将此事告诉别人。也就在那个时候，我发誓再也不回“那个家”了。

十六岁那年，养母病了，虽然我曾发誓不回“那个家”，但养母对我这么好，我怎能不回去呢？结果，回去后一个月的晚上，我养父的妹妹说我偷她的钱，天啊！我知道我再也无法住下去了，只留下一封信给养母，我就离家出走了。岂知我这一走，却害得养母更是一病不起，最后，我连她最后一面也见不到。你说是不是我害了她？

十九岁那年，我又遇到惨事，我被轮奸。从那一刻开始，我满身只有恨，我离家来到这个城市。两年来，我不曾回去看过养父及那个残废的姐姐,我是否太无情无义了?

今年年初,我认识了 T 君,他是我的上司,我知道 T 喜欢我,但我却对他没有这种感情。T 的上司 K 君,是个已婚男人,他也说过喜欢我,但我一直把他当哥哥看待。

也许,该发生的事逃也逃不掉,因我与 K 有公事得去外地,刚好酒店只剩下一间房间,我俩被逼同房,就在当晚,我和 K 发生了关系,翌日下楼时却见到 T 在下面坐着,我呆住了。

从此,T 就以另一种目光看我,也不再来找我。而 K 却一直来找我,有时也住在我那儿。我感到不安,我好像在破坏他太太的家庭?我一直避开 K,但他却依然找我,怎么办?

就在这时,我与 H 君一见钟情,但我爱得很痛苦,因为 K 不让我和他来往。我怎么办才好?而且 H 君已向我求婚了,我该答应吗?以往的事,我该向 H 君说吗(他最不喜欢人家欺骗他)?我怕 K 君会将我与他有关系的事告诉 H 君,那时候,我又能怎么办?

"家"我回不得,我真想有个家,但 K 君偏不放过我。事业和爱情,我如何选择?假如我要爱情,我将失去辛苦打拼来的事业;假如我选事业,我将失去爱情。

柏杨先生,我该怎么做才算两全其美?

痛苦者

痛苦者女士:

你的问题看起来很复杂,但解决的办法很简单:K 君胆敢阻挠你自由恋爱,或胆敢把你们之间隐秘的事告诉别人,我建议你把他对你的追求诱骗,以及其他下流手段详细地记载下来,如有照片更好,写妥后封妥,拷贝七八份,分别交给你最可靠而又有胆识的朋友保存。然后,你走进 K 君的办公室,正式要求他离婚跟你结婚,并要求他预付一千万美元的保证金,否则他就应退出你的生活圈。你应大声警告他:如果他认为他仍可控制你,就叫他试试。届时,你应该公开他的丑闻,招待记者,或发出传单。在最后一击之前,你不妨告诉 H 君你的委屈。二人同心协力对付K（假设H君不能接受你的遭遇，就分手得越早越好）。K既然有社会地位、有“钱”又有妻室，他都不在乎身败名裂，你还在乎什么？他只是利用你的懦弱性格，出言威胁，一个小流氓而已，而小流氓最怕反威胁，如果他为了你真的不在乎身败名裂，他就应跟你结婚。目前明白摆在眼前的是，他希望的是在茶余饭后，有个女人玩玩而已。他真是幸运，碰见了你这个胆小如鼠的女孩，如果碰上了捞女，他即令拿出百万千万，跪在地下乞求她放手，都不能达到目的。不要怕，事先写的信，就是保护网，防他害人灭口，也防他揍你一顿。

如果可以在充满善意的情形下分开，那才是你的福，也是K君的福。那么，往事如烟，我建议你千万不要向你的新爱人H君吐露半个字，即令别人告诉他，你也誓不承认。你如果相信“无论什么事，他都可以原谅”，你就是个傻瓜，连上帝都会惩罚你。

苦尽甘来，幸福已经在望，寄上由衷的祝福。

柏杨